21世纪经济管理新形态教材·电子商务系列

跨境电子商务概论

陈燕燕　刘子敏　王小君 ◎ 主编

U0274506

清華大学出版社
北　京

内 容 简 介

　　本书对跨境电子商务的交易内容、交易主体、交易结构、交易平台这四大部分给予了全景式展示，分析了跨境电子商务营销、跨境电子商务支付、跨境电子商务物流等环节的基础理论以及实务操作要点，并介绍世界上主要市场的跨境电子商务政策及发展，引领学生及从业者防范跨境电子商务风险。

　　为便于教学，书中每个学习项目末还提供了跨境电子商务基本术语的汉英对应及丰富的习题。本书可作为大中专院校跨境电子商务学科或相关专业的入门教材，亦可为跨境电子商务从业人员提供参考。

图书在版编目（CIP）数据

　　跨境电子商务概论 / 王小君，陈燕燕，刘子敏主编 . —北京：清华大学出版社，2022.1
　　21 世纪经济管理新形态教材 . 电子商务系列
　　ISBN 978-7-302-58884-9

　　Ⅰ . ①跨…　Ⅱ . ①王…②陈…③刘…　Ⅲ . ①电子商务－高等学校－教材　Ⅳ . ① F713.36

　　中国版本图书馆 CIP 数据核字（2021）第 159605 号

责任编辑：徐永杰
封面设计：汉风唐韵
责任校对：王荣静
责任印制：沈　露

出版发行：清华大学出版社
　　　　网　　　址：http://www.tup.com.cn，http://www.wqbook.com
　　　　地　　　址：北京清华大学学研大厦 A 座　　　　　邮　　编：100084
　　　　社 总 机：010-62770175　　　　　　　　　　　　邮　　购：010-62786544
　　　　投稿与读者服务：010-62776969，c-service@tup.tsinghua.edu.cn
　　　　质 量 反 馈：010-62772015，zhiliang@tup.tsinghua.edu.cn
印 装 者：天津安泰印刷有限公司
经　　销：全国新华书店
开　　本：185mm×260mm　　　　印　　张：15.75　　　　字　　数：330 千字
版　　次：2022 年 2 月第 1 版　　　印　　次：2022 年 2 月第 1 次印刷
定　　价：49.80 元

产品编号：088262-01

前　言

为响应地方高校服务地方经济及应用型转型升级战略，莆田学院外国语学院积极寻找转型升级的路径，基于地方产业特色及往届毕业生就业去向调查，最终转向跨境电子商务应用，在商务英语专业设立跨境电子商务人才培养方向。

跨境电子商务是融计算机科学、市场营销学、国际贸易、心理学、外语、管理学、经济学、法学和现代物流于一体的新型交叉学科。要想学好跨境电子商务，并成长为一名优秀的从业者，不仅需要掌握电子商务理论框架，同时还需要具备国际贸易基本理论知识。而市面上鲜有集国际贸易理论与电子商务理论于一体的教材。从自身的外语专业出发，我们在跨境电商人才培养方面可发挥外语优势，弥补学生经济学理论方面的缺失，强化外语在跨境电子商务中的应用能力。本书作为我院编写的一系列跨境电子商务教材的入门之作，努力做到让读者既可以训练语言技能，又能习得国际贸易基础理论及跨境电子商务理论。

本书旨在使学生掌握跨境电子商务的基本理论、发展趋势及前景，认识跨境电子商务的特点及模式，了解目前国内外几种常用的跨境电子商务平台及相关知识；熟悉外贸第三方电商平台的规则及平台基本操作、业务推广和客户服务；掌握外贸市场网络调研、选品、采购；掌握在跨境交易的整个过程中相关问题的正确处理等专业知识和业务操作。本书有以下几个特点。

（1）基于国际贸易理论来构建跨境电子商务的基础理论框架，对跨境电子商务的交易内容、交易主体、交易结构、交易平台这四大主要构成部分给予理论架构。

（2）结合案例，分析跨境电子商务网络营销、支付、物流等基础理论以及实务操作要点，且每个章节的案例均基于真实的企业数据调查及实践内容整理。

（3）立足全球，调查分析世界主要市场的跨境电子商务政策及发展，了解全球主要市场的跨境电子商务发展方向。

（4）提供跨境电子商务基本术语汉英对照，设定丰富的习题，使学生在学习过程中掌握跨境电子商务理论及实务的基本术语，并学会自主思考。

由于跨境电子商务行业实践性较强，因此本书由学校教师和企业一线人员合作编写。

教材开发设计思路如下：调研咨询（同类院校、相关企业调研及专家咨询）—教师培训（理论培训、行业实践）—课程设计—拟订教材目录选取典型案例—编写初稿。在调研咨询和课程设计中，编写教师与企业人员不定期探讨，共同分析、归纳出完成跨境电子商务活动所需要的工作岗位及其岗位能力，根据岗位能力对应的任务进行教材内容设计，以工作任务为中心，通过案例式教学，实现技能训练和企业一线对接，将理论知识和能力目标贯穿于工作任务的执行中，依托实践人员的经验设计出实用性较强的教材，真正实现应用型人才的培养。在此过程中，企业人员为教师开展行业实训，同时也提供机会让教师能去企业实践，通过实战提升教师的业务能力，弥补实践能力短板。在教材案例方面，合作企业尽可能地提供自身销售过程中的业务数据及案例，并提供知名研究机构的调查数据、报告供参考。对于实践性较强的项目，合作企业也积极承担起编写任务，共同完成本书的编写。本书项目1至项目4由陈燕燕负责编写，项目5至项目8由刘子敏负责编写，王小君负责提供案例。

我们希望本书能实现教学内容与岗位工作内容的一致性。在教材开发过程中，我们与一线企业人员多次深度交流，这不仅提高了我们自身的"双师型"能力，也使得我们能借鉴企业人员的思维方式，以工作思维指导教学内容，提高学生发现、分析和解决现实问题的能力。

互联网的发展让人们的生活方式发生了巨大的转变，在未来，随着技术的不断创新，跨境电子商务也一直在不断地创新、改革，本书尝试通过介绍现有的行业概况，并提出各种问题的解决手段以启发读者，诚挚地希望读者能通过本书对跨境电子商务形成基本认识，并以此为起点，对这一经济领域产生新想法、新观点。

本书在编写过程中参考了许多相关的教材、论文以及众多网站的文章，已在参考文献中罗列出处。由于时间仓促，小部分引用的文字、数据和图表未能一一列出原作者，在此一并表示衷心的感谢和歉意。鉴于编者的水平和经验有限，加之跨境电子商务行业发展迅速，书中纰漏之处在所难免，敬请各位读者不吝指正。

编者

2021 年 10 月

目　录

1 学习项目1
认识跨境电子商务

1. 能完整描述电子商务、跨境电子商务、无形商品和交易平台等概念。
2. 能准确分析跨境电子商务的交易主体、交易内容与交易平台类型。
3. 能熟练掌握跨境电子商务的结构。
4. 能熟练掌握相关术语的英文表述。

建议学时

3学时。

学习任务 1 掌握跨境电子商务的概念

1. 能完整描述跨境电子商务的概念。
2. 能准确分析广义电子商务与狭义电子商务所指代内容的不同。
3. 能准确分析跨境电子商务与电子商务的不同。
4. 能准确分析跨境电子商务与跨境电子商务零售的不同。

建议学时

0.2 学时。

企业情景引入

大四学生小陈今天要去一家跨境电子商务企业实习，但是他之前没接触过电子商务，对此一无所知。他忐忑地走进企业，眼前的情景让他有点局促不安，只见同事们都埋头敲击键盘，客服部传出各种各样的语言，仓库里有琳琅满目的商品以及一堆堆包装完毕的包裹。小陈跟着企业负责人经过一间拍摄工作室和一间样品展示间，来到会议室，等着企业负责人给他做跨境电子商务方面的工作培训。

知识点 1：电子商务的概念

电子商务的定义有广义和狭义两种。广义的电子商务（electronic business，EB）是指各行各业，包括政府机构和企业、事业单位各种业务的电子化、网络化，可称为电子业务，包括狭义的电子商务、电子政务、电子军务、电子医务、电子教务和电子公务等。狭义的电子商务（electronic commerce，EC）是指人们利用电子化手段进行以商品交换为中心的各种商务活动，如企业与企业、企业与消费者利用计算机网络进行的商务活动，也可称为电子交易，包括网络营销、网络广告、网上商贸洽谈、电子购物、电子支付和电子结算等不同层次、不同程度的电子商务活动。二者的差别如图 1-1 所示。

知识拓展 1.1

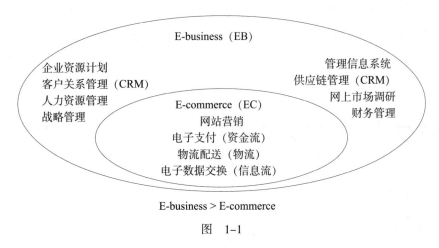

图　1-1

知识点 2：跨境电子商务的概念

　　跨境电子商务是指分属不同关境的交易主体，通过电子商务的方式完成进出口贸易中的展示、洽谈和交易环节，并通过跨境物流送达商品、完成交割的一种国际商业活动。它的主要成分包括交易主体、交易平台、交易内容和交易流向。

　　从字面上看，跨境电子商务由跨境、电子、贸易三个成分组成。就语义组合而言，它由国际贸易和电子商务构成，但它又不仅仅是国际贸易的电子商务化。其实，当今经济活动中的跨境电子商务，不是指"电子商务化"，而意指通过电子手段寻找商机达成交易的"跨境电子交易"。它是一种商业活动，而不是事务处理手段。跨境电子商务中的"商务"专指商品交易的商务活动。

　　就"跨境"而言，跨境电子商务包含两方面的内容：①交易主体的跨境。②商品移动空间的跨境。两者必须同时具备才能构成"跨境商务"，缺少任何一方面都不是真正意义上的跨境。同时，在贸易实现方式上，必须是通过网络方式，要求交易达成的电子性和交易完成的电子性，否则就不能称得上"跨境电子商务"。就"交易达成的电子性"而言，最早的跨境电子平台的信息黄页形式，即平台的功能只限于展示商品和企业信息，这种模式并不是跨境电子商务，国际上也一般不把贸易撮合型和信息服务型的 B2B（商业对商业）平台纳入跨境电子商务统计中。就"交易完成的电子性"而言，在物流环节，由于商品属性的特殊性及科学技术的有限性，跨境电子商务还无法使所有商品都实现电子化。物质和非数码化的商品无法通过互联网供货，它仍需要依靠一些外部因素和方式来实现空间转移。因此，跨境电子商务在物流环节存在一定的不完全性。但在其他环节，现有的技术都已使它能够电子化。

知识拓展 1.2

总之，跨境电子商务必须具备：①渠道上的现代性，即以现代信息技术（IT）和网络渠道为交易途径。②空间上的国际性，即由一个经济体成员境内向另一个经济体成员境内提供的贸易服务。③方式上的数字化，即以无纸化为主要交易方式。

学习任务 2　认识交易主体

1. 能完整描述跨境电子商务经营者的概念。
2. 能准确区分网络交易当事人与网络交易服务提供人。
3. 能准确分析跨境电子商务交易主体的"跨关境"特征。

建议学时

0.25 学时。

通过企业负责人的解释，小陈大体上理解了何为跨境电子商务。企业负责人打开企业的 ERP（企业资源计划）业务流程管理系统，通过企业以往的订单和库存、进货管理数据，向小陈介绍企业的供应链及网络客户的情况。从介绍中，小陈了解到自己将要实习的这家企业是否为生产性企业，所面对的客户为本国的还是海外的。

知识点 1：跨境电子商务的交易主体

在贸易活动中，贸易主体是贸易活动得以开展的前提条件。同样，跨境电子商务的开展也需要这类主体，即作为买卖双方的交易主体。跨境电子商务的交易完成过程中，消费者，构造、运营跨境电子商务平台，市场管理主体，互联网服务提供商，支付企业以及从事网上经营或服务的企业、物流企业等，众多行业都参与其中，它们共同构成跨境电子商务，缺一不可，大致可分为以下两种。

（1）网络交易当事人。网络交易当事人是指参与交易的买卖双方，为电子商务交易的直接主体。

（2）网络交易服务提供人。网络交易服务提供人是指包括交易平台提供者、金融服务机构、认证机构、货物运输机构等在内的第三人，为交易的间接主体。

跨境电子商务限定其交易主体必须分属不同关境，因此，跨境电子商务定义中的交易主体指的是网络交易当事人。跨境电子商务的网络交易当事人为跨境电子商务经营者和消费者。

跨境电子商务经营者是指通过互联网等信息网络从事销售商品或者提供服务的经营活动的自然人、法人和非法人组织，包括跨境电子商务平台经营者、平台内经营者以及通过自建网站、其他网络服务销售商品或者提供服务的跨境电子商务经营者。

跨境电子商务平台经营者是指在电子商务中为交易双方或者多方提供网络经营场所、交易撮合、信息发布等服务，供交易双方或者多方独立开展交易活动的法人或者非法人组织。作为交易的直接主体，此处的平台经营者侧重指 M2C（manager to consumer）模式中作为代理销售的平台经营者。有些平台会为企业提供平台职业经理人（manager）。平台职业经理人通过网络获取该企业的产品或者服务信息，为该企业提供产品销售或者企业服务。在此模式中，平台职业经理人代替真正的商品提供者面对消费者。

平台内经营者是指通过电子商务平台销售商品或者提供服务的电子商务经营者。根据电子商务经营者在贸易活动中的作用，可将其分为生产商（manufacturers 或 factory）、贸易商、代理商（agents）等。

从法律角度看，无论是商品的提供者还是商品的消费者，都包含政府部门、自然人、企业三种情况。政府部门参与电子商务，如电子商务 B2A（business-to-administrations），其是指商业机构对行政机构、企业与政府机构之间进行的电子商务活动。例如，政府将采购的细节在国际互联网上公布，通过网上竞价方式进行招标，企业通过电子的方式进行投标。例如，瑞典政府已决定至少 90% 的公共采购将在网上公开进行。在跨境电子商务中，政府部门是否参与因国家的不同而不同，在我国，根据《中华人民共和国政府采购法》，供应商必须在我国注册且有纳税记录。因此，跨境电子商务的交易主体的身份更多的是自然人和企业。就自然人而言，尽管目前我国并没有专属的跨境电子商务法律法规，但根据《民法典》来看，作为交易主体的自然人需具备一定的民事行为能力。

知识点 2：跨境电子商务交易主体的跨关境特征

在跨境电子商务中，交易主体必须分属不同的关境，关境是海关学的一个基本概念。关境是指适用于同一海关法或实行同一关税制度的领域。在一般情况下，关境的范围等于国境。但在如欧盟等关税同盟国之间、国内的经济特区等场合，由于这些地方免征关税，因此关境与国境不相等。但是，它们只是商定"不征收关税"，各个国家的海关法或关税制度还是不同体系的。只有在如中国香港、澳门、台湾等地，虽然它们属于我国国境，但各自实行单独的海关制度，是单独关税区，与我国其他地区的关税制度不一样，因此分属不同关境。

商务部、财政部等六部门联合发布的《关于完善跨境电子商务零售进口监管有关工作的通知》（商财发〔2018〕486号）中对相关主体做出如下的规定，指出了跨境电子商务的交易主体必须分属不同关境。

（1）跨境电子商务零售进口经营者（以下简称"跨境电子商务企业"）：自境外向境内消费者销售跨境电子商务零售进口商品的境外注册企业，为商品的货权所有人。

（2）跨境电子商务第三方平台经营者（以下简称"跨境电子商务平台"）：在境内办理工商登记，为交易双方（消费者和跨境电子商务企业）提供网页空间、虚拟经营场所、交易规则、交易撮合、信息发布等服务，设立供交易双方独立开展交易活动的信息网络系统的经营者。

（3）境内服务商：在境内办理工商登记，接受跨境电子商务企业委托为其提供申报、支付、物流、仓储等服务，具有相应的运营资质，直接向海关提供有关支付、物流和仓储信息，接受海关、市场监管等部门后续监管，承担相应责任的主体。

（4）消费者：跨境电子商务零售进口商品的境内购买人。

学习任务 3　掌握交易内容

1. 能准确分析跨境电子商务交易内容的所属类别。

2. 能准确掌握跨境电子商务无形商品与有形商品的跨境物流特征。

3. 能准确掌握跨境电子商务代表性平台上的平台类目。

0.3 学时。

　　企业负责人带小陈参观了企业的样品展示间，样品展示间琳琅满目的产品让小陈看花了眼。这里面囊括了各种各样的产品，如各种小配件、户外户内用品等。企业负责人解释了企业所经营的产品范围，以及每个产品在上传平台时所属的大、小类目，叮嘱小陈在之后的工作操作中要特别注意这方面的分类，同时还介绍了选品及选品的小窍门。

知识点 1：国际贸易中交易内容的有形贸易与无形贸易之分

　　交易内容即指贸易的商品。商品有狭义和广义之分，广义的商品除了可以是有形的商品外，还可以是无形的商品及服务，如保险产品、金融产品、电子书、游戏产品等。也因此在国际贸易理论中，国际贸易按商品的形态可划分为有形贸易与无形贸易。前者指有实物形态的商品的进出口，如机器、设备、家具等有实物形态的商品。后者指没有实物形态的技术和服务的进出口，如专利使用权的转让、旅游、金融保险企业跨国提供服务等没有实物形态的商品。它更加具体地分为货物贸易、服务贸易与技术贸易三种。

　　跨境电子商务从手段上看是电子贸易，从范畴上看是国际贸易，而且作为一种贸易方式，它的交易内容也同样可按上述内容划分为有形商品、无形商品。

知识点 2：跨境电子商务的有形商品及其跨境特征

知识拓展 1.3

　　从表 1-1 的各大跨境电子商务平台的类目可看出，在有形商品方面，目前的跨境电子商务交易内容更多的是工业制成品，初级产品因为自身的属性，如不易包装、不易保存等原因，在跨境电子商务中所占比例很小，

特别是资源类初级产品。工业制成品中，中、高技术工业制成品占比较低。在对外贸易活动中，优化进出口商品结构一直是对外贸易转型升级的关键。跨境电子商务的交易内容范畴比传统国际贸易小，也比国内电子商务小。究其原因在于商品本身的特性以及跨境电子商务的跨关境性质，同时也取决于每个国家的关税政策。

表 1-1

平　台	商　品　类　目
美国亚马逊	图书；手机、摄影、数码、电子配件、智能生活；家居、厨具、家装；计算机、办公文具；家用电器；美妆、个护健康；食品、酒水、生鲜；玩具、母婴、家庭会员；运动户外、汽车用品；服装、鞋靴、箱包；钟表、首饰；游戏、影视乐器；家庭服务（保洁）
雅虎日本	时尚；食品；户外、垂钓、旅行用品；瘦身、健康；化妆、美容、护发；手机、平板、计算机；电视、音响、相机；家电；家具、家装；花、园艺；厨房、日用品、文具；手工、工具；宠物用品、动物；乐器、手工艺、藏品；游戏、玩具；婴儿、幼儿、孕妇；运动；轿车、摩托车、自行车；CD、音乐软件、门票；DVD、电影；图书；租借、各种服务；成人用品
阿里巴巴国际站	农业、食品；服装、首饰、配饰；汽车、运输；箱包、鞋子、配饰；电子产品、电子元器件、安防；礼物、运动、玩具；健康、美妆；家居、灯具、家装；机械、五金工具、劳保、冶金、化工、橡胶、塑料；包装、广告、办公
亚马逊海外购	鞋靴、服装服饰、箱包、腕表首饰、母婴用品（包括奶粉）、玩具、美妆护肤、家居厨具、食品（个护健康营养品、奶粉、婴儿零食、糖果、饼干、调味粉、方便米饭、豆类罐头、速溶咖啡、鲜花篮）、电子数码、户外运动用品、办公用品
eBay	服装、鞋类及配件；书籍；收藏品；计算机、网络；数码相机、摄影器材；电子产品、电器；珠宝、首饰、钟表；玩具、个人爱好；美妆、健康；家居、园艺；宠物用品；个性服务；门票、经验；旅游；邮票；运动产品；贺卡、优惠券

为了缩短物流时间、提升用户体验，作为新的跨境物流方式，海外仓、保税区等物流方式被跨境电子商务所采用。它们各有不同，但都是"提前将货物运送到买家关境内"，在交易实现后再通过买家关境内物流零散送达。这种物流方式在不改变商品所有权的前提下，将商品的跨关境转移环节提前到交易实现之前，使交易实现之后的商品送达只需完成买家关境内的物流送达，改进了跨境电子商务的物流缺陷，促进了这一贸易方式的发展。

知识点 3：跨境电子商务的无形商品及其跨境特征

从表 1-1 也可看出，跨境电子商务主流平台几乎没有无形商品类目，如 eBay 的个性服务具体所指的也并不属于无形商品。现今流行的私人定制最终指向的还是有形商品。因此，跨境电子商务主流平台上的交易内容小于国际贸易商品范畴，也小于国内电子商务（图 1-2），它所涉及的商品大多是狭义上的有形商品，平台只有针对本国国内消费者时才能更便捷地提供服务贸易。

更多服务

生活团购	餐饮美食	冰淇淋	火锅	购物卡券	买房租房	住在帝都	住在魔都	住在杭州	住在南京	儿童培养	少儿英语	小学教育	潜能开发	家长训练
	体检配镜	美容美甲	保险理财	婚纱摄影		住在广州	住在青岛	住在宁波	住在成都		孕产育儿	少儿绘画	婴幼早教	音乐
淘宝游戏	Q币充值	点卡充值	充游戏币	游戏代练	挑个好房	潇洒一室	靠谱二室	舒适三房	大四室	成人教育	实用英语	网站制作	IT技能	会计职称
	超值账号	手游充值	电竞比赛	游戏帮派		私藏别墅	景观居所	轨道沿线	学区房		一对一	办公软件	日语	编程
游戏中心	英雄联盟	侠侣情缘	征途2	魔域	吃喝玩乐	自助餐	个性写真	儿童写真	电影票团	生活兴趣	魅力健身	时尚美妆	手工DIY	舞蹈
	我叫MT	刀塔传奇	DOTA2	DNF		上门服务	周边旅游	境外旅游	基金理财		减肥瑜伽	个人形象	美剧英语	摄影

生活服务

婚庆服务	婚纱摄影	婚礼策划	三亚婚拍	厦门婚拍	在线清洗	任意洗	洗外套	洗西装	洗鞋	家庭保洁	开荒保洁	厨房保洁	公司保洁	家电清洁
	青岛婚拍	北京婚拍	杭州婚拍	上海婚拍		洗四件套	洗烫衬衫	皮包护理	洗窗帘		空调清洗	洗油烟机	冰箱清洗	擦玻璃
汽车服务	上门养车	洗车	封釉镀膜	内饰清洗	健康服务	上门按摩	常规体检	入职体检	老人体检	母婴服务	月嫂	催乳师	育儿嫂	营养师
	空调清洗	汽车维修	充加油卡	年检代办		四维彩超	孕前检查	体检报告	专业洗牙		普通保姆	涉外保姆	产后陪护	临时看护
宠物服务	宠物寄养	宠物美容	宠物配种	宠物洗澡	家政服务	居家搬家	公司搬运	空调拆装	家电搬运	便民服务	跑腿服务	代缴费	叫醒服务	宝宝起名
	宠物摄影	宠物托运	宠物训练	宠物医疗		家具搬运	打孔	电路维修	甲醛测试		学车报名	代邮代取	代送鲜花	同城速递
商务服务	专利申请	法律咨询	专业翻译	开发建站	数码服务	手机维修	Pad维修	修台式机	相机维修	招聘服务	名企招聘	高薪岗位	文案编辑	网店推广
	图片处理	视频制作	名片制作	商标转让		修笔记本	修复印机	修游戏机	修导航仪		开发技术	活动策划	美工设计	金牌客服

图　1-2

但是，现实中的经济活动存在无形商品的跨境电子商务交易。比如独立网页模式的网络英语外教授课，还有全球短租民宿预订平台 Airbnb、在线旅行社（online travel agency, OTA）等。OTA 是指旅游消费者通过网络向旅游服务提供商预订旅游产品或服务，并借助网上支付或者线下付费，即各旅游主体可以通过网络进行旅游服务产品营销或产品销售。这些模式下的商品都是无形商品，且交易环节以及营销方式都符合跨境电子商务的定义要求，如它们的交易主体是分属于不同关税的，而且也是通过电子商务平台达成交易、进行支付结算。因此，在教育、租赁、旅游等无形商品方面，现今的电子手段可以实现交易，并且能使整个过程都电子化。只是它们目前是独立于其他平台存在的，它们利用的是自己专属的平台，还没融入有形商品的跨境电子商务平台。据我国商务部发布的《中国服务进口报告 2020》等服务贸易数据来看，2020 年我国知识产权使用费出口、运输出口和个人文化娱乐服务出口增长最快；电信计算机和信息服务、保险服务等知识密集型服务占比提高。受疫情影响，旅行服务进出口大幅下降。在市场需求的刺激下，未来越来越多的无形商品将加入跨境电商平台的销售品类之中。

现有的无形商品跨境电子商务交易中，国际核心服务类的占比大，如国际旅游、国际租赁、国际视听服务、国际教育服务等无形商品；而国际追加服务类的无形商品占比小，如需要售后维修的无形商品等是跨境电子商务的痛点之一。由于交易主体的不同关境特点，人力、物力的跨境传送都会大幅度地增加成本，因此这也成为跨境电子商务的短板。正如国际经济关系发展的历史形态是先有商品贸易、后有跨国投资、再有服务贸易的，国际商品贸易以及国际投资在逻辑上是国际服务贸易形成的前提。因此，跨境电子商务的这一短板需要有形贸易的繁荣昌盛才能解决。

与有形商品相比，无形商品由于形态上的虚化使得物流运输较为方便。它的跨境转移不需要现实的物流运输，可以通过网络直接送到购买者手中，因此无形商品的整个跨境电子商务流程是完全电子化的。对于买卖双方而言，因为可以免掉物流的费用以及物流耗费的时间，所以成本、价格、购物体验等都可以做到最好。当然，由于物流环节的缺失，无形商品的跨境交易给海关统计、监管带来了不便。这也是国际贸易中有形贸易和无形贸易的主要区别。

如上所述，跨境电子商务的交易内容既包含有形商品，也包含无形商品。它们物质形态上的差别，在实现交易的物流环节造成了不同。无形商品交易不需要跨境物流来完成交易。跨境电子商务在交易内容的跨境方面，应该具体体现在交易内容最终移动空间的跨关境上，而不是交易内容运输方式上。传统的"跨境物流"，意指实物的跨关境运输方法。因此，把它用在无形商品的传输上是不太确切的，无形商品是不需要通过跨境物流进行传输的。

学习任务 4　学会使用交易平台

1. 能准确分析跨境电子商务各平台的性质。
2. 能准确描述跨境电子商务交易平台的概念。
3. 能准确掌握跨境电子商务交易平台的各大类型。

1 学时。

参观完样品间，企业负责人回到会议室，打开企业目前在各个平台及站点上开设的店铺，按照各平台后台模块的设置，结合实际工作内容向小陈逐一进行解释。

知识点 1：跨境电子商务平台

跨境电子商务的实现需要一个电子媒介来连接卖家与买家，展示商品、洽谈交易信息，并完成交易，这一电子媒介就是平台。平台原指计算机硬件或软件的操作环境，泛指进行某项工作所需要的环境或条件，如科技推广站为农民学习科学知识、获取市场信息提供了平台。因此，跨境电子商务平台能提供网络基础设施、支付平台、安全平台、管理平台等共享资源，协调、整合信息流、货物流、资金流，使交易双方能有效地、低成本地开展自己的商业活动。《海关总署关于跨境贸易电子商务进出境货物、物品有关监管事宜的公告》（公告〔2014〕56 号）中提到了以下三种平台。

（1）电子商务交易平台。电子商务交易平台是指跨境贸易电子商务进出境货物、物品实现交易、支付、配送并经海关认可且与海关联网的平台。

（2）电子商务通关服务平台。电子商务通关服务平台是指由电子口岸搭建，实现企业、海关以及相关管理部门之间数据交换与信息共享的平台。

（3）电子商务通关管理平台。电子商务通关管理平台是指由中国海关搭建，实现对跨境贸易电子商务交易、仓储、物流和通关环节电子监管执法的平台。

除此之外，还有跨境电子商务公共服务平台，由政府搭建，实现对跨境电子商务零散包裹和小订单的监管，对接各个政府部门的监管统计，确保数据统一。跨境电子商务综合服务平台，由企业搭建，为跨境电子商务企业或个人卖家提供运营或通关等代理服务。

另外，在现实经济活动中，根据服务类型，平台可分为信息服务平台和在线交易平台。信息服务平台主要是为境内外会员商户传递供应商或采购商等商家的商品或服务信息，但无法实现下单、支付、物流、评价等全购物链环节。本书认为，既然跨境电子商务并不是指跨境电子商务相关的事务处理，那么它的平台应该指交易平台，而且是能够进行在线交易的平台。

知识点 2：跨境电子商务交易平台

电子商务交易平台是指建立在互联网上、为买卖双方的商务活动提供虚拟网络空间和使商务顺利运营的管理环境的电子媒介体。它通常分为前台管理系统和后台管理系统，以应对买卖双方的不同需求。后台管理系统为跨境电子商务经营者使用，主要是用于对网站前台的信息管理，如文字、图片、影音和其他日常使用文件的发布、更新、删除等操作，同时也包括会员信息、订单信息、访客信息的统计和管理。一个平台的后台通常包含九大功能模块[①]。

（1）后台主页：各类主要信息的概要统计，包括客户信息、订单信息、商品信息、库存信息、评论和最近反馈等。

（2）商品模块：商品管理、商品目录管理、商品类型管理、品牌管理、商品评论管理。

（3）销售模块：促销管理、礼券管理、关联/推荐管理。

（4）订单模块：订单管理、支付、结算。

（5）库存模块：库存管理、查看库存明细记录、备货/发货、退/换货。

（6）内容模块：内容管理、广告管理。

（7）客户模块：客户管理、反馈管理、消息订阅管理、会员资格。

（8）系统模块：安全管理、系统属性管理、运输与区域、支付管理、包装管理、数据导入管理、邮件列队管理。

（9）报表模块：用户注册统计、低库存汇总、缺货订单、订单汇总、退换货。

前台管理系统是直接展现给用户看和操作的，其功能比较简单，包含会员注册登录模块、商品分类展示模块、商品信息检索模块、购物车模块、生成订单模块、订单查询模块。目前前台显示形式有计算机的网站或者客户端、移动的 App 或 H5（HTML5）。

跨境电子商务平台是电子商务平台的一种，包含电子商务交易平台的各个模块，但是跨境电子商务交易平台由于其"跨境"的因素，在各模块上又有一些自己的特征，主要表现在：①支付手段全球化。②商品进出口的报关清关。③会员/用户的跨关境。首先，基于跨境电子商务要求交易的实现及其过程都为电子手段，故其平台就必须至少具备能够展示产品的功能，以及进行交易支付的功能。跨境物流成本高昂，跨境电子商务通常无法货到付款（cash on delivery，COD）。因为跨境电子商务的买卖双方必须分属不同的关境，双方所使用的货币不同，且货币需跨境周转。因此，跨境电子商务平台的支付方式必须满足全球收付功能。此外，由于有形商品需要跨境转移，因此需要报关、清关，虽然这些环节也可以由卖家自行办理，或由第三方服务商代为办理，但有资历的平台可和国家海关等部门对接，自动解决报关、清关问题。因此，跨境电子商务平台与国内电子商务平台的主要不同在于支付功能，以及有些平台自备报关清关的功能。

一个平台效果的评估标准通常为曝光量、询盘量及询盘转化（即成交率）等。而且，平台是否能提高整个贸易流程的效率、是否能为买卖双方提供便利的贸易手段等也是选择平台时的标准。

---

① https://www.cnblogs.com/cgfpx/p/11739446.html。

知识点 3：跨境电子商务综合型平台和垂直型平台

根据平台交易内容的深度和广度，跨境电子商务平台可分为综合型平台和垂直型平台。

综合型平台上的商品不限类别，包罗万象，面向所有需求的用户，如 eBay。综合型平台采用大而全的商业模式，基本涵盖了整个行业，产品线宽，在用户数、跨行业等方面具有其他平台无法企及的优势。但是它在用户的精确度、行业服务深度上略有不足。

垂直型平台，也称纵向电子商务市场，指在某一个行业或细分市场深化运营。传统的垂直型平台根据商品的物理属性进行品类细分，只提供某一类型产品。例如，美国二手奢侈品电商平台 TrueFacet 只销售珠宝以及相关产品。这种类型平台的特点是以行业为特色，对某一行业做全面的研究，集中全部力量打造专业性平台。因此它定位准确，在商品和用户群上更加精确，购买流量更容易重复利用。但容易造成受众狭窄、用户数不多、个体规模小等劣势，加上用户的需求是交叉的，并不总是局限在某一类，使得平台最终不太容易在激烈的竞争中胜出。

实际上现今这类垂直领域的平台，经营内容并不都只限于某类产品。它不再按产品的物理属性深耕某类商品市场，而是渐渐地转变为根据商品的延伸属性进行细分，如打造品牌特卖这一概念，细分用户的价值（兴趣）取向。虽然它拓宽经营内容，但又不像综合型平台那样庞杂，它仍然以专业性著称，有自己专攻的行业内容。这种对用户价值取向的细分最终会引向对用户的细分，而这就是水平型平台。水平型平台销售产品种类丰富，但该类型平台只面向特定受众。例如，Dote 购物平台专门面对女性用户，提供女性用户需求商品，如各种时尚服饰品牌。水平型平台不是对产品种类的细分，而是对用户的细分，但在对用户的细分类中也会使所经营内容有一定的专攻性，因此严格意义上讲，水平型平台其实是垂直型平台不断解决所面临困境时所突破出的一条道路，它还是属于垂直型平台。

知识点 4：第三方电子商务平台和自建平台

根据平台创建者的性质，跨境电子商务平台可分为第三方电子商务平台和自建平台。

第三方电子商务平台是由独立于产品或服务的提供者和需求者之外的其他企业搭建的。它通过网络服务平台，按照特定的交易与服务规范，为买卖双方提供服务，服务内容可以包括但不限于"供求信息发布与搜索、交易的确立、支付、物流"。第三方电子商务平台具有独立性，它既不是买家也不是卖家，而是作为买卖双方交易的平台，相当于实体买卖中的交易市场。它作为提供交易相关服务的平台，能够为买卖双方提供安全便捷的服务，如订单管理、支付安全、物流管理等。因此，第三方电子商务平台的主要盈利模式为收取商家佣金以及增值服务佣金等。

自建平台，顾名思义，是指不依赖第三方电子商务平台、卖家自己建设和运营的平台。

由于自建平台为卖家自营的，因此它还被称为独立站，拥有绝对的自主权，卖家可以避免规则制约，可以掌控全部的用户数据，自主运营平台，最大限度扩大商品的溢价空间。自建平台的卖家主要有两大类：①拥有自己产品的品牌商。②采购商，即平台创立者也为采购商，在线上搭建平台，并整合供应商资源通过较低的进价采购商品，然后以较高的售价出售商品，如兰亭集势等。

早期的自建站，为了解决流量不足问题，在广告等方面投入巨额资金进行网站推广，同时依靠泛供应链，大量铺货，试图依靠长尾商品争夺商机。但这些都加大了成本投入，导致后期举步维艰。现阶段的自建站为了适应激烈的市场竞争，进行了一些改革，如平台不再单纯经营平台方采购商采购的商品，还兼做第三方平台对其他卖家开放。在商品方面，基于移动端消费的逐渐流行，购物时间趋向碎片化，自建平台向垂直化方向发展，更懂消费者需求，更精确定位长尾商品，使购物流量尽可能多地重复利用。基于这种改变，自建平台的主要盈利模式比第三方平台丰富，既可以充当第三方平台，也可以靠自己的产品获取利润，通过采购产品的差价盈利。

总之，自建平台相比于第三方电子商务平台，其缺点在于：①需要卖家自身花精力、财力去运营。②流量容易走低。其优点在于：①不用受制于平台政策。②便于积累客户等资源。③转化率高，客户忠诚度高。因此，第三方电子商务平台短期效果好，而自建平台在长久的发展上占优势（图1-3）。实际上，自建平台早在2012年前就曾全盛发展过，而

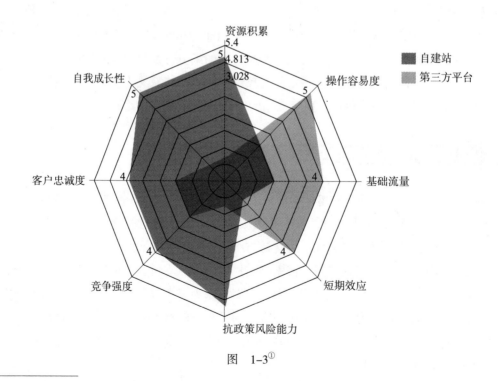

图 1-3[①]

---

① https://www.jianshu.com/p/8e08178ca23e。

后由于流量费用的上涨自建站渐渐销声匿迹。早期的自建平台发展到后期时，往往也向第三方卖家开放，发展租借平台业务，成为混合型平台。随着平台政策不断收紧，租借第三方平台受限不断，不仅客户永远无法沉淀，而且广告成本增加。因此，自 2018 年年底起自建站的声势又重现在跨境电子商务市场上。而这次，如果自建站仍然仿照第三方平台那样大肆铺货、发布海量产品的话，则不会占有什么优势。自建站因为流量问题，要想发展，采用与第三方平台不同的模式才是个性化的建设道路，如深耕、细化等。又或者平台与自建站两者有机地结合、打通也是一种新模式。

知识点 5：拍卖平台和店铺平台

根据平台的营销方式，跨境电子商务平台可分为拍卖平台和店铺平台。

拍卖平台是指以拍卖、竞价方式进行商品最终定价的平台，平台的盈利方式为按比例收取交易费用。在拍卖平台上，商品所有者或某些权益所有人可以独立开展竞价、议价、在线交易等。

店铺平台是指卖家开设店铺，并以固定价格进行销售的平台。这种平台以会员制的方式收费，也可以通过广告或提供其他服务获得盈利。

整体来看，跨境电子商务的平台在这些年的发展过程中越发趋向混合、融合，单一模式的平台已不断减少，大多数平台在交易内容上朝综合型发展，直接交易主体是企业个人混杂，平台运营也采用多种手段。正如零售业营销渠道的全渠道发展一样，平台也朝着广而全的目标发展，深耕总是限制了范围和受众。但从另一方面来看，深耕意味着专业化，买家的忠诚度较高。

◎ 知识链接 1-1

不管是哪一类型的平台，它们的接入点都有两种：计算机端和移动端。其中，计算机端有域名网站即网页，以及软件；移动端有小程序和 App。

移动端 App 是指智能移动设备的第三方应用程序。小程序是一种不需要下载安装即可使用的应用，它实现了应用"触手可及"的梦想，用户扫一扫或者搜一下即可打开应用；也体现了"用完即走"的理念，用户不用关心是否安装太多应用的问题。

域名网站可分为一级域名网站、二级域名网站等，如图 1-4 所示，其中最主要的差别在于权重的不一样，即一级、二级域名是作为一个独立的域名出现在互联网上，而二级目录等则为"子页面"，只能以一级、二级域名的网站的子页面出现。

跨境电子商务的平台多数为独立型的，具有单独 App 或一级域名网站，也有一些是从属型的，没有单独 App 或一级域名网站，它们借助主站的国内电子商务平台已形成的客观流量来为从属的跨境电子商务平台引流，降低流量成本。除了这种方式外，目前，一国的

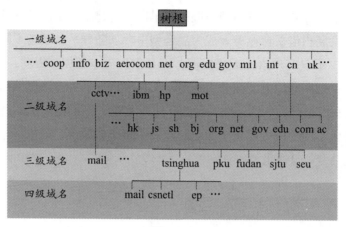

图 1-4

进口跨境电子商务平台与他国的出口跨境电子商务平台直接相连，相互合作，以此解决产品上架等一系列烦琐的操作，也为消费者提供可靠的海外产品，这些平台的互通相连已成为解决平台流量等困境的一种新方式、新趋向。

学习任务 5　掌握跨境电子商务的结构

1. 能准确分析跨境电子商务的结构。
2. 能准确描述跨境电子商务支付环节特征。
3. 能准确描述跨境电子商务物流环节特征。

1 学时。

企业负责人询问小陈是否有网购的经验，让小陈以网购奶粉为例，描述整个购物流

程以及技巧，并让小陈总结自己在网购时所关心的信息，如价格、产品介绍、评价、物流等。企业负责人听完小陈的描述后，基于这些用户体验，介绍了作为后台销售企业在整个网购过程中所要完成的工作内容，以及面对境外客户、涉及境外结算和物流时所需要注意的问题。

知识点1：跨境电子商务的结构

　　跨境电子商务的结构是指跨境电子商务整个交易的流程，如图1-5所示。它由买家、卖家以及平台构成，整个环节包括商品展示、交易支付、商品物流，即信息流、资金流、物流三方面。若交易内容为无形商品，则物流可以被省略。

　　信息流是指把产品信息，如产品的消息、情报、数据和知识等提供给消费者。跨境电子商务中的产品信息主要是通过网络传播，其中的表现形式可以是文案、海报、视频等。资金流是指营销渠道成员之间随着商品实物及其所有权的转移而发生的资金往来流程。物流则指物品从供应地向接收地的实体流动，它将运输、储存、装卸搬运、包装、流通加工、配送、信息处理等功能有机结合起来满足用户要求的过程。信息流、资金流、物流共同构成了跨境电子商务的整个结构，这个结构也可称为供应链，即供应链是围绕核心企业，通过对信息流、物流、资金流的控制，从采购原材料开始，制成中间产品以及最终产品，最后由销售网络把产品送到消费者手中的，将供应商、制造商、分销商、零售商直到最终用

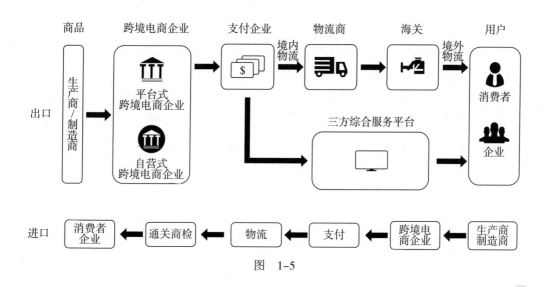

图　1-5

户连成一个整体的功能网链结构。

在供应链管理过程中，信息流是前提，物流是过程，资金流是结果，即先要有市场需求、询价报价、商务合同、采购订单等，才能进行生产准备、生产过程以及订单交付等环节，使物料持续从供应端向客户端流动，并伴随着客户下达订单后或收货后的付款行为，启动资金流的过程。而这些流动运作的源头就是用户需求的变化。在这个过程中，"三流"之间需要互相协同，缺少任何"两流"之间的协同都会对交易过程产生影响，如物流与信息流脱节，经常表现为交货延迟；资金流与物流脱节，或资金流与信息流脱节，则经常表现为付款不及时，影响双方的信任和长期合作。

在现代技术中，通常是借助 ERP 系统来实现物流、信息流、资金流三者的集成，具体如业务系统的集成，即实现物流与信息流的集成；财务系统与业务系统的集成，即实现资金流与物流 / 信息流的集成。

知识点 2：跨境电子商务支付环节的特征

就支付环节而言，上文中提到跨境电子商务由于自身的跨关境特征，要求支付方式可以解决不同货币的收付问题。传统国际贸易的支付方式多是采用买卖双方自付的银行相关模式，如汇款转账等。但是它需要在不同的银行开设不同的账户，程序复杂，手续烦琐，而且它的支付协议需要通过 CA（证书颁发机构）进行认证，速度慢，实现成本高。目前跨境电子商务的支付方式有第三方支付平台和移动支付两种模式。

第三方支付平台是指具备一定实力和信誉保障的独立机构，采用与各大银行签约的方式，通过与银行支付结算系统接口对接而促成交易双方进行交易的网络支付模式。在通过第三方支付平台的交易中，买方选购商品后，使用第三方平台提供的账户进行货款支付，由第三方通知卖家货款到达、进行发货；买方检验物品后，就可以通知付款给卖家，第三方再将款项转至卖家账户。

第三方支付平台提供一系列的应用接口程序，将多种银行卡支付方式整合到一个界面上，负责交易结算中与银行的对接，使支付操作更加简单且易于接受，网上购物小额度的收付更加快捷、便利。而且，第三方支付平台本身依附于大型的门户网站，以与其合作的银行的信用作为信用依托，因此第三方支付平台能够较好地解决网上交易中的信用问题，解决了早期跨境支付问题，有利于推动跨境电子商务的快速发展。

移动支付是指通过移动设备、互联网或者近距离传感直接或间接向银行金融机构发送支付指令产生货币支付与资金转移行为，实现商业交易。它有短信、扫码、指纹等支付方式。近几年移动支付的快速发展，带来了移动端跨境电子商务的兴起。在跨境电子商务中，每次支付方式的革新，都带来了平台的革新。可见对于跨境电子商务而言，解决交易货币的跨国流通是至关重要的。

　　由于跨境电子商务买卖双方必须分属不同的关境，因此需要使用 PayPal（贝宝）等第三方国际支付工具或国际信用卡收款，这些收款方式的手续费较高，有些是交易金额的 3%～5%，甚至更高，而且存在汇率风险，回款周期有时长达 6 个月之久，这些都给跨境电子商务卖家造成资金压力。此外，B2B 大额贸易的跨境电子商务支付体系相对不成熟。因此，跨境支付收款方式还有待进一步改善。

知识点 3：跨境电子商务物流环节的特征

　　在物流环节，虽然无形商品的跨境传送不需要经过实体运输的物流环节，但现有的大部分跨境电子商务多为有形商品的交易。有形商品从卖方到买方的流转必须通过实体的国际物流，需要经过三个环节：商品的出口、商品在目的国的进口和商品在目的国国内送达买家。整个过程距离长，所需的时间长，所涉及的因素也复杂。

　　跨境电子商务在物流环节与国内电子商务明显的不同就是跨境电子商务需要通关，即报关清关。报关是指货物、行李和邮递物品、运输工具等在进出关境或国境时由所有人或其代理人向海关申报，交验规定的单据、证件，请求海关办理进出口的有关手续。一般是在货物当地国家申请。清关是指进口货物、出口货物和转运货物进入一国海关关境或国境必须向海关申报，办理海关规定的各项手续，履行各项法规规定的义务；只有在履行各项义务，办理海关申报、查验、征税、放行等手续后，货物才能放行，货主或申报人才能提货。货物在结关期间，不论是进口、出口或转运，都处在海关监管之下，不准自由流通。一般是在客户所在国家申请。

　　简略来看，跨境电子商务的物流环节涉及国内物流、国内海关、国际运输、国外海关、国外物流、商检等因素，以及政治、文化、法律、海关、汇率等风险。因此，物流的效率、可到达性、成本、服务直接影响着跨境电子商务的终端消费体验。物流效率低意味着物流周期越长，终端体验越差，而且周期长也会带来国际收付时货币兑换的汇率变动问题。物流的可到达性直接影响了跨境电子商务的覆盖面宽窄。物流成本费用也给至为关键的商品定价带来直接的影响。物流服务是否完善直接影响运输过程中的货损率和用户体验。因此，物流环节是跨境电子商务迫切需要解决的一个课题，如何做到低成本、高效率、服务完善，这是线上电子商务打赢线下实体店的极为关键的一方面。

　　为了提升购物体验感以及尽可能降低物流成本，海外仓、保税仓等应运而生。这些特别仓库使跨境电子商务的商品似乎不用跨境，能够同国内商品一样迅速送达买家。

　　海外仓储服务是指由网络外贸交易平台、物流服务商独立或共同为卖家在销售目标地提供的货品仓储、分拣、包装、派送的一站式控制与管理服务。它的出现是跨境电子商务有形贸易繁盛的结果，大量的需求支撑了它的存在。

　　保税仓是指由海关批准设立的供进口货物储存而不受关税法和进口管制条例管理的仓

库。储存于保税仓库内的进口货物经批准可在仓库内进行改装、分级、抽样、混合和再加工等，这些货物如再出口则免缴关税，如进入国内市场则要缴关税。海外商家可以预先将商品运至保税仓，商家在线销售，消费者在线订购，处理订单入境申报，清关后从保税仓通过境内物流送达消费者。

海外仓和保税仓的产生改变了跨境电子商务结构的基本流程，使商品的国际物流与海关通关部分提至贸易开始之前，使得实际交易开始及其过程中只涉及了境内物流。不管是海外仓还是保税仓，它们都将商品的进出口物流提前到交易之前进行，改变了跨境电子商务流程，缩短了商品送达客户的距离和时间，提高用户对跨境电子商务这一购物手段的体验感。同时，通过保税仓进出口也能节省物流成本。此外，目的国国内物流环节也在不断改善，各种新型方式、对策不断涌现，如亚马逊的"最后一公里"布局等。

知识拓展 1.5

关键词

1. 电子商务　electronic commerce（EC）

2. 跨境电子商务　cross-border e-commerce

3. 生产商　manufacturers

4. 代理商　agents

5. 平台职业经理人　platform professional manager

6. 商业机构对行政机构　business-to-administrations（B2A）

7. 关境　customs area

8. 类目　categories

9. 有形商品　material commodities

10. 无形商品　immaterial commodities

11. 在线旅行社　online travel agency（OTA）

12. 国际贸易标准分类　Standard International Trade Classification（SITC）

13. 跨境物流　cross-border logistics

14. 长尾理论　the long tail theory

15. 利基　niche

16. 小程序　mini program

17. 第三方电子商务平台　third party e-commerce platforms

18. 独立站　independent website

19. 垂直型电子商务平台　vertical e-commerce platform

20. 水平型电子商务平台　horizontal e-commerce platform

21. 综合型电子商务平台　integrated e-commerce platforms

22. 全球支付技术企业　global payments technology company

23. 集货　goods consolidation

24. 直邮　direct delivery

25. 零售分销　retail distribution

26. 海外仓　overseas warehouse

27. 保税区　bonded zone

28. 保税仓　bonded warehouse

29. 报关单　customs declaration

30. 清关　customs clearance

31. 无形性　intangible

32. 匿名性　anonymous

33. 即时性　instantaneously

34. 无纸化　paperless

35. 快速演进　rapidly evolving

36. 全球性　gloal forum

37. HS 编码　Harmonization System code（HS-Code）

38. 企业资源计划　enterprise resource planning（ERP）

39. 全球贸易项目代码　global trade item number（GTIN）

40. 欧洲物品编码　european aticle number（EAN）

41. 商品统一代码　universal product code（UPC）

42. B2B　business to business

43. B2C　business to customer

一、填空题

1. 跨境电子商务结构包括_____、_____和_____三流。

2. 按平台创建者不同分类，跨境电子商务平台可分为_____和_____。

3. 根据平台交易内容的深度和广度，跨境电子商务平台可分为_____、_____和
_____。

4. 跨境电子商务经营者包括_____、_____以及通过自建网站、其他网络服务销

售商品或者提供服务的跨境电子商务经营者。

5. 跨境电子商务平台前台管理系统包括会员注册登录模块、商品分类展示模块、商品信息检索模块、_____、_____、订单查询模块。

6. 跨境电子商务的间接主体有交易平台提供者、_____、_____、货物运输机构等在内的第三人。

7. 跨境电子商务是指分属不同关境的交易主体，通过_____完成进出口贸易中的展示、洽谈和交易环节，并通过_____送达商品、完成交割的一种国际商业活动。

8. 自建平台为_____自营的，因此它还被称为_____。

9. 商品按形态划分为_____、_____。

10. 无形商品具体可以分为_____、_____和_____三种。

二、选择题

1. 在我国，目前跨境电子商务的直接参与主体通常不包括（　　）。

A. 用户　　　　　　B. 商家　　　　　　C. 金融机构　　　　　　D. 政府机构

2. 在电子商务中，除了网银、电子信用卡等支付方式以外，第三方支付可以相对降低网络支付的风险。下列不属于第三方支付优点的是（　　）。

A. 比较安全　　　　B. 支付成本较低　　C. 使用方便　　　　　　D. 预防虚假交易

3. 下列不属于自建站优点的是（　　）。

A. 自我成长性　　　B. 客户忠诚度　　　C. 短期效应　　　　　　D. 资源积累

4. 下列不属于第三方平台优点的是（　　）。

A. 抗政策风险能力　B. 基础流量　　　　C. 短期效应　　　　　　D. 操作容易度

5. 跨境电子商务中商品的概念得到扩充，它应该可以包括（　　）。

A. 有形商品、数字商品和服务商品　　　　B. 仅指有形商品

C. 仅指数字商品　　　　　　　　　　　　D. 仅指服务商品

6. 下列哪几种商业模式不属于跨境电子商务？（　　）

A. 消费者通过美国亚马逊网站海淘商品

B. 消费者通过洋码头购物平台购买海外商品

C. 消费者通过朋友圈，找人在境外代购快递至国内

D. 消费者通过朋友圈，找人购买海外商品带回国

7. 跨境电子商务的英文名称是（　　）。

A. cross-border trade　　　　　　　　　B. cross-border commerce

C. cross-border communication　　　　　D. cross-border electronic commerce

8. 狭义电子商务主要指（　　）。

A. 使用电话、电报开展商务活动　　　　　B. 使用互联网开展商务活动

C. 使用传真、电话开展商务活动　　　　　D. 使用电视、电话、传真开展商务活动

9. （　　）是美国高德纳企业于1990年提出的一种供应链的管理思想，是对企业内部资金流、信息流与物流进行的一体化管理。

A.SCM　　　　　　　B.ERP　　　　　　　C.E-CRM　　　　　　D.Data Mining

10. 确定付款时间和交货地点是哪个岗位的职责？（　　　）

A. 建站与后台维护　　　　　　　B. 询盘转换订单

C. 订单操作与单证　　　　　　　D. 生产安排与跟单管理

三、简答题

1. 跨境电子商务与电子商务的内涵一致吗？前者具体是指什么？

2. 跨境电子商务的"跨境"表现在哪些方面？

3. 通过电子商务平台，向中国香港销售商品，这种商业活动属于跨境电子商务范畴吗？

4. 跨境电子商务中的交易主体包括哪些？

5. 在交易内容方面，举例说明国内电子商务与跨境电子商务的异同。

6. 亚马逊是否是跨境电子商务平台？

7. 跨境电子商务交易平台有哪几种分类方式？

四、思考分析题

1. 结合现实平台，分析跨境电子商务商品结构的转型、优化与升级的途径。

2. 请从买家立场设想所期望的跨境电子商务的形态。

3. 对比当年的跨境电子商务进出口类目排行，思考如何提高我国在国际分工中的地位。

认识跨境电子商务考核评价表

序号	评价内容	得分 / 分			综合得分 / 分
		自评	组评	师评	
1	概念的掌握				
2	术语的掌握				
3	练习的准确率				
	合计				

注 综合得分 = 自评 × 30%+ 组评 × 30%+ 师评 × 40%。

学习项目 1　总结与评价

建议学时

0.25 学时。（总结本学习项目各任务的学习情况。）

总结与评价过程

一、汇报总结

序号	汇报人	值得学习的地方	有待改进的地方
1			
2			
3			
4			
5			
6			

二、综合评价

1. 专业能力评价

序号	项 目 名 称	得　分
1	学习任务 1	
2	学习任务 2	
3	学习任务 3	
4	学习任务 4	
5	学习任务 5	
综 合 得 分		

注 综合得分为本学习项目中各学习任务得分的平均值。

2. 职业素养能力评价

序号	评价内容	评价标准	得分／分			综合得分／分
			自评	组评	师评	
1	平台的熟悉度	能否用外语熟练描述平台后台模块				
		能否熟练掌握各模块内容				
		能否熟练描述平台的类别				

续表

序号	评价内容	评价标准	得分 / 分			综合得分 / 分
			自评	组评	师评	
2	流程的熟悉度	能否通过图表阐述整个流程				
		能否掌握各环节在跨境方面的注意点				
3	交易内容理解	能否利用所学的交易内容知识，拓宽选品思路				
4	学习态度	是否主动完成任务要求中的内容				
		是否自主学习寻找方法解决疑惑				
	综合得分					

3. 综合得分

学习项目 1 综合得分 = 专业能力评价得分 × 60% + 职业素养能力评价得分 × 40% + 创新素养能力评价得分。

注：创新素养能力是指学生在学习的过程中提出的具有创新性、可行性的建议的能力；创新素养能力评价得分，满分 10 分（由老师根据表现评定），为加分项。

学习项目 1 介绍了交易主体、交易内容、交易平台以及交易结构四大跨境电子商务组成部分,本学习项目根据这四大组成部分对跨境电子商务的模式进行分类,并加以解释。要从事跨境电子商务工作,首先要选择想要采用的模式,因此了解跨境电子商务模式及其特征可以为跨境电子商务从业人员指引方向,帮助其走好第一步。

项目目标

1. 能完整描述下列名词的定义:直接电子商务、间接电子商务、跨境 B2B 模式、跨境 B2C 模式、跨境 C2C 模式、跨境 O2O 模式、跨境进口、跨境出口、集货模式、备货模式。

2. 能准确分析各模式的优势、劣势、发展状况;分析各主流平台的优势、劣势。

3. 能熟练掌握本项目提及的相关术语英文描述;掌握各模式代表性平台的操作;掌握跨境 B2B 模式与跨境 B2C 模式各自的经营方式;学会使用 Alexa 排名等流量数据分析工具。

建议学时

2 学时。

学习任务 1　认识不同交易内容的跨境电子商务模式

1. 能完整描述直接跨境电子商务、间接跨境电子商务模式的内涵。
2. 能准确分析直接跨境电子商务的业务流程。

0.25 学时。

近几年跨境电子商务红红火火，不少电商卖家跃跃欲试，小李就是其中之一。了解完跨境电子商务的内涵，小李想起了自己平常在 Nintendo eShop 上购买游戏或打游戏时买装备的行为，以及老婆每个月一次的海淘行为，发现两者之间有些不同，购买游戏时付完钱游戏就到手，没有邮寄过程。但是海淘实体商品时需要等上一段时间才能拿到商品，中间也会碰到海关无法清关的情况。那么，这两种行为是否有专门的定义呢？

知识点 1：直接跨境电子商务的定义

直接跨境电子商务，又称完全跨境电子商务，是指商家将无形商品和服务产品内容数字化，不需要某种物质形式和特定的包装，直接在网上以电子形式传送给消费者，收取费用的交易活动。直接跨境电子商务最大的特点是它不需要进行商品物理空间上的移动，通过网络空间就能完成整个交易流程。这一点也是它与间接跨境电子商务的最大区别。随着国际互联网的兴起，利用计算机及其网络技术从事以信息为主导的商业活动已经成为经济活动中不可或缺的内容，而直接跨境电子商务就是基于网络技术的电子虚拟市场交易活动。

直接跨境电子商务的交易内容为无形商品。现有的经济活动中涉及服务商品、信息提供和数字化商品，如计算机软件、音像制品、网上订票、网上参团旅游或娱乐、网上咨询服务以及网上银行、网上证券交易等。目前，旅游相关服务的跨境电子商务化具体表现在各大在线旅游平台的兴起。此外，知识类商品如电子书、网络教育等的跨境电子商务也呈现蓬勃发展的趋势。总体上，直接跨境电子商务具有很强的便捷性和极高的利用价值。

直接跨境电子商务模式的交易方式主要有网上订阅模式、付费浏览模式、广告支持模式、网上赠予模式四种。网上订阅模式及付费浏览模式实质上是同义的。

（1）网上订阅模式。网上订阅模式是指企业通过网页安排向消费者提供直接订阅，消费者直接浏览信息。网上订阅模式主要有在线教育、在线出版、在线娱乐几种。在线教育是指以网络为介质的教学方式，通过网络，学员与教师即使相隔万里也可以开展教学活动。此外，借助网络课件，学员还可以随时随地进行学习，真正打破了时间和空间的限制。在线出版是指出版商通过互联网向消费者提供电子刊物。在线娱乐是指企业通过网站向消费者提供在线游戏，并收取一定的订阅费。

（2）付费浏览模式。付费浏览模式是指企业通过网页向消费者提供计次收费性网上信息浏览和信息下载。

（3）广告支持模式。广告支持模式是指在线服务商免费向消费者或用户提供信息在线服务，其营业活动全部用广告收入支持。

（4）网上赠予模式。网上赠予模式是指企业借助网络向潜在客户赠送产品，通过让其使用该产品，提高其对产品的好感度，最终使其能够购买本产品或相关产品。网上赠予模式的实质就是"试用，然后购买"。它所产生的交易其实是在消费者购买该赠予产品时才产生的，因此从严格意义上看，网上赠予并不是商务模式。

可见，直接跨境电子商务的模式有两种：网上付费模式与广告支持模式。其中，网上付费为最常用的模式。

直接跨境电子商务中在线旅游主流平台见表 2-1。

表　2-1

企业	经营内容	所属国	创立时间
Priceline	客户反向定价，在线旅游 C2B 开创者 booking.com、agoda.com、priceline.com、rentalcars.com、kayak.com	美国	1998 年
Expedia	代理＋批发商为主，品牌多元化	美国	1996 年
TripAdvisor	旅游社区和旅游评论网站	美国	2000 年
携程旅行网	OTA＋传统旅游转型	中国	1999 年

续表

企业	经营内容	所属国	创立时间
HomeAway	全球最大的假日房屋租赁在线服务提供商	美国	2005 年
去哪儿	旅游产品垂直搜索平台	中国	2005 年
KAYAK	旅游产品精准搜索技术服务商	美国	2004 年
Orbitz	对标携程，旅游 OTA 大数据	美国	2001 年
MakeMyTrip	OTA	印度	2000 年
Travelzoo	旅游信息服务商	美国	1998 年
途牛网	休闲度假线路预订终端零售商	中国	2006 年

知识点 2：间接跨境电子商务的概念

间接跨境电子商务，又称不完全跨境电子商务，是指在网上进行的交易环节只能是订货、支付和部分的售后服务，而商品的配送还需交由现代物流配送企业或专业的服务机构去完成。因此，间接跨境电子商务要依靠送货的运输系统等外部要素。这种方式主要适用于实体产品，即有形的实物商品。目前的跨境电子商务以间接跨境电子商务为主要形式。

学习任务 2　认识不同交易主体的跨境电子商务模式

1. 能完整描述 B2B、B2C、C2B、C2C、M2C 跨境电子商务模式的内涵。
2. 能准确分析每种模式的特点。
3. 能熟练掌握各种模式的主流平台及其操作方法。

0.75 学时。

企业情景引入

　　小李找好方向，决定从事间接跨境电子商务，他打开计算机开始仔细研究天猫海外购、速卖通等耳熟能详的平台。在浏览的过程中，小李发现这些平台的客户有些是个体消费者，有些是企业消费者，而且有些卖家还是个人卖家，而非企业卖家。小李认为自己有必要先学习跨境电子商务的几种模式，确定好自己在跨境电子商务交易中的主体定位以及交易对象，然后选定其中一种开启自己的创业之路。

老师讲

知识点1：跨境B2C模式的概念

　　business-to-customer，简称"商对客"，即不同关境的企业卖家和个人买家，它是企业卖家直接面向消费者销售产品和服务的商业零售模式。买家为个人消费者时，其属于跨境电子商务零售。跨境B2C是指分属不同关境的企业与消费者，通过网络平台，直接进行交易、支付结算，并通过跨境物流送达商品、完成交易的一种国际商业活动。在跨境电子商务中，B2C模式是运用最广的模式，也是我国最早产生的严格意义上的电子商务模式。跨境B2C模式中的买家为个体，是全球任何一位使用计算机或手机等具有网络功能移动设备的个体，因此它具有最广泛的用户。而且，在跨境B2C模式中，产品的制造商、生产商也可成为卖家，直接接触终端个体消费者，减少中间环节，缩短供应链，让自身赚取更多的利润，同时也让个人买家获得更大的价格优势。此外，个人终端消费者通过这种模式可以直接跨境线上选购，省时、省力、便捷。在物流方式上，跨境B2C模式通常采用跨境直邮小包的模式。在跨境电子商务发展早期，邮包方式可以规避进出口国的关税、进口增值税、销售增值税等税务，降低跨国境物流运输成本。现今各国跨境电子商务政策不断完善，直邮小包大多也得缴纳相关税收，但是仍然有部分国家规定，不超过限额的直邮包裹可以不缴税。总体上，跨境B2C模式让卖家、买家都能获得相应的价格优势及良好的购物体验。

　　跨境B2C模式的劣势包括：①零散发货，国际物流费用高。②路途长，风险大，而且耗用时间长。③交易总额度不如企业对企业庞大。④跨国境的零散交易，售后不完善，产生的退换货也带来了相当高的成本代价。首先，B2C模式本质上是一种零售业，零售业在相当程度上代表低利润，因此，跨境B2C模式解决成本控制问题是重中之重。其次，电子商务的方便性也使得产品同质化严重，平台上的同一大类中不同品牌的商品在性能、外观，甚至营销手段上相互模仿，以至于逐渐趋同。因此，跨境 B2C 模式若要走得长远，单靠价格优势也是不行的，一定要有特色化的经营，一定要对产品、客户进行精准定位，做好市场的深度挖掘。

从 Alexa 流量排名数据来看，每个平台大体上多专攻某一个国家的市场，有些平台会在地域相邻的国家、新兴的拉丁美洲市场以及东南亚市场等较大范围内享有较高的流量，但毕竟是少数。多数平台，特别是发达国家的跨境零售平台都是有针对性的，以某个国家市场为主，若想开拓其他国家市场，则会重新设置一个不同的域名网址。跨境 B2C 模式主流平台见表 2-2。

表 2-2

序号	平台	总部	主要覆盖范围	平台类型
1	eBay	美国	全球	综合型第三方平台
2	亚马逊	美国	10 余个站点	综合型第三方平台
3	速卖通	中国	全球	综合型第三方平台
4	Wish	美国	北美、欧洲的发达国家	移动端综合型第三方平台
5	Lazada	新加坡	东南亚市场	综合型第三方平台（3C）
6	Linio	墨西哥	拉丁美洲市场	综合型第三方平台
7	乐天	日本	日本市场	综合型第三方平台
8	雅虎日本	日本	日本市场	综合型第三方平台
9	Ozon	俄罗斯	俄罗斯市场	综合型第三方平台

Linio 平台 2012 年进入拉丁美洲市场，主要服务于拉丁美洲西班牙语区域的消费人群，如墨西哥、哥伦比亚、智利、秘鲁等。该市场有 5 亿消费者，其中 60% 都是通过 Linio 平台进行网上购物。在拉丁美洲市场，Linio 拥有 8 个独立站点，其中有 6 个国家站点已经开通了国际业务，平台畅销类目有电子产品、科技产品、时尚、家居家具、保健护肤品和玩具等。截至 2021 年 7 月，Alexa 页面浏览数据调查显示，该网站的访问最多的是智利，达 51.0%，其次为秘鲁和墨西哥。

此外，成立于 1998 年的俄罗斯电商企业、多类别在线零售商 Ozon 平台，常被称为"俄罗斯亚马逊"。该平台也是以 SKU（存货单位）众多的图书起家，上线以来一直占据俄罗斯 B2C 平台领域首位。平台畅销类目有图书、电子产品、音乐和电影、服装鞋帽、体育娱乐、宠物用品、游戏和软件等。根据 Alexa 流量排名来看，该平台在不同国家的浏览率见表 2-3（截至 2021 年 7 月）。

表 2-3

国家	俄罗斯	西班牙	荷兰	英国	美国	白俄罗斯	哈萨克斯坦
浏览率 /%	89.6	0.5	1.1	1.4	0.6	2.4	0.4

知识点 2：跨境 C2C 模式的概念

跨境 C2C 模式是分属不同关境的个人卖家对个人买家开展在线销售活动和服务的一种形式，个人卖家在跨境电子商务第三方平台发布产品和服务销售等，个人买家进行筛选，并完成相关交易流程。跨境 C2C 模式的营销方式主要分为拍卖模式和店铺模式两种。跨境 C2C 模式的交易内容更多的是二手商品，或各种兴趣爱好者的收藏品等。著名的 eBay 网刚成立的第一笔交易也是 C2C 模式的，买家为一名收藏品爱好者。此外，各类代购通常也多属于此种模式。跨境 C2C 模式由于其交易内容、交易方式的独特性，所以往往容易盛行于国内电子商务或社交电子商务模式中。

跨境 C2C 模式的最大特点在于后端供应链对接的是一个个海外买手，捕捉的是消费升级下各国消费者对海外长尾商品的需求。该模式的交易内容比其他模式丰富，SKU 数多，除现行流通的商品外，还可以是绝版的收藏品、用过的二手物品等，能够满足买家的不同需求，方便有特殊需求的买家，弥补线下实体商店的缺点。采用跨境 C2C 模式的平台，由于入驻方便，又能满足不同用户的不同需求，因此用户对平台的忠诚度比较高，不容易被取代。

跨境 C2C 模式在有些国家又被称为自由市场，它的用户可以既是买家也是卖家，买卖双方都是个人，卖家不要求具有企业资质，全球所有的人都可以成为卖家，这种模式符合移动互联网时代去中介化、去中心化的特性。但是我国在不断完善电子商务政策时曾指出无须办照这条规定是特殊发展阶段的特殊规定，不宜长期延续。跨境电子商务快速发展的这几年，很多平台都提高了入驻门槛，只允许具备企业资质的卖家入驻。因此，跨境 C2C 模式最终可能更容易生存于"小而美"的、带有社交属性的移动端平台上，或者专门从事 C2C 模式的平台上，如二手交易平台等。总体上由于激烈的市场竞争，大多数平台采用多种跨境电子商务模式，单一模式平台很难生存，除非该国的消费者喜欢用二手商品，如在日本，C2C 模式的 Mercari 平台就发展良好，原因就在于消费者不介意用二手商品。跨境 C2C 模式主流平台见表 2-4。

近几年开始流行的美国 Tophatter 闪拍平台，是一个专注于移动端的拍卖购物平台。"一美元起拍""90 秒拍卖""销售速度惊人的购物平台"，Tophatter 重新定义了拍卖和移动购物，在美国及全球掀起了全新的网购潮流。它的畅销类目有消费电子、美容美妆、时尚饰品、家居户外以及服装配饰这五大类。截至 2021 年 7 月，Alexa 数据统计显示，该平台在不同国家的浏览率见表 2-5。

表　2-4

序号	平台	总部	主要覆盖范围	平台类型
1	eBay	美国	全球	综合型第三方平台
2	MercadoLivre	巴西	南美洲	综合型第三方平台
3	Mercari	美国	北美洲、日本	综合型第三方平台
4	Weloveshopping	泰国	东南亚	综合型第三方平台
5	Shopee	新加坡	东南亚	综合型第三方平台
6	OLX	印度	印度	综合型第三方平台
7	Quikr	印度	印度	综合型第三方平台
8	易趣网	中国	中国	综合型第三方平台

表　2-5

国家	美国	加拿大	巴基斯坦	亚美尼亚	澳大利亚	印度
浏览率 /%	58.8	3.9	6.0	26.0	1.1	1.1

知识点 3：跨境 B2B 模式的概念

跨境 B2B 模式是指一国的供应商使用跨境电子商务平台或通过互联网和电子信息技术向其他国家企业提供商品和服务的国际商业活动。通俗地说，就是指进行电子商务交易的供需双方都是企业，双方分属不同关境。跨境 B2B 模式的主要特点是交易金额大，因此，各国政策多有扶持。对于传统生产性企业而言，采用跨境 B2B 模式可实现企业转型，如缩短传统获客周期、赋能企业数字化转型等。其中，最大的优势在于跨境 B2B 模式既能够为供应链最开端的厂商打开销路，使其利润最大化，也能帮助买方获得合适价格的货源，赚取更多的利润，但又不冲击本土的零售业。因此，跨境 B2B 模式一直是跨境电子商务发展的重要商业模式。

但是，跨境 B2B 模式交易数量大、交易金额多，交易双方通常担心交易的安全性，以及售后退换货等问题。为此，采用跨境 B2B 模式的平台相较于别的模式具有特殊性。在跨境电子商务的初创期，此种模式多为信息展示型的黄页模式，即平台是以网上信息发布和推广为主，不涉及支付及售后等环节。买家阅览平台呈现的卖家信息，通过页面联系方式进行询盘，并按照传统的对外贸易方式进行交易。平台本身的盈利模式主要是收取会员费。国际上并不认为这种信息展示的模式属于跨境电子商务。随着科学技术的发展，跨境 B2B 平台也在不断改进，一些小批量交易的平台开始提供在线支付功能，实现了信息流、物流、现金流及商流的统一，加强电子商务的整合应用。这类平台以在线贸易为核心，以交易佣金为主要收入。从现有的数据来看，这类能够进行线上交易的平台还是局限在小宗交易，大宗交易还是多选择线下交易，主要原因在于交易金额庞大、第三方支付不安全，以及手续费高昂、结算慢等。而且大宗货物的跨国运输只能选用传统的外贸物流方式，按照一般贸易进行海关统计。目前，采用跨境 B2B 模式的平台有一部分仍然维持以前的信息黄页模式，没有进行变革，但是这种互联网早期广告业电子化的经济模式已经竞争不过视频网站。若不丰富平台功能，经济型的信息黄页模式平台终将会被如 YouTube、Gofair 全球在线展会、Google Plus 等谷歌系列及其他的视频产品展示平台所超越。

跨境 B2B 模式所需要的服务门类众多，包括营销、支付、供应链金融、关检汇税、物流仓储、法律等各种服务。作为国家主导模式，跨境 B2B 模式要想取得发展，平台必须解决这些服务问题。①平台需要解决大额度交易资金安全的问题，当第三方支付平台等能提供如信用证（letter of credit，L/C）支付方式一样的安全功能时，跨境 B2B 模式或许才会有更大的发展。②平台需要解决实现便捷的大宗货物退换货等售后问题，确保买卖双方的利益。③平台还需要实现货物进出口物流跟踪，包括按一般贸易方式进出口货物的关检、跟单等。跨境 B2B 模式要想真正实现电子商务的便捷性，需要不断地进行改革和创新。跨境 B2B 模式主流平台见表 2-6。

表 2-6

序号	平台	总部	备注
1	敦煌网（DHgate）	中国内地	综合型，B2B
2	阿里巴巴国际站	中国内地	综合型，信息服务类
3	MonotaRO	日本	垂直型，工业产品，交易平台
4	TradeKey	沙特阿拉伯	欧洲、美洲、中东、东南亚，信息服务
5	Globalspec	美国	北美、亚洲市场，电子及工业类，信息服务
6	ThomasNet	美国	美国境内"美国制造商的 Thomas 登记册"，工业产品，信息黄页平台
7	Maker's Row	美国	交易平台，中小工厂直接对接
8	Ec21	韩国	综合型，在线交易平台
9	ECPlaza	韩国	综合型，信息服务
10	B2Brazil	巴西	综合型，信息服务
11	环球资源	新加坡	综合型，信息服务
12	香港贸易发展局（HKTDC）	中国香港	轻工业用品，信息服务
13	IndiaMART	印度	综合型，交易平台
14	Made-In-China	中国内地	垂直型，工业产品，信息黄页模式
15	Amazon Business	美国	综合型，交易平台
16	Directindustry	法国	垂直型，工业产品、信息服务
17	ArchiExpo	法国	垂直型，家居，信息服务

知识点4：跨境C2B模式的概念

从字面上看，跨境C2B模式是指个人对企业进行商品或服务的买卖，其中个人和企业应分属不同关境。但是在实际经济活动中，跨境C2B模式是指反向电子商务（C2B），即先有消费者需求产生而后有企业生产，消费者先提出需求，然后企业按需求组织生产。

跨境C2B模式的核心，是通过聚合分散但数量庞大的用户形成一个强大的采购集团，以此来改变B2C模式中用户一对一出价的弱势地位，使用户享受到以大批发商的价格买单件商品的利益。常见的C2B模式有聚合需求形式（反向团购、预售）、要约形式（逆向拍卖，客户出价，商家选择是否接受）、服务认领形式（企业发布所需服务，个人认领，类似威客）、商家认购形式（个人提供作品、服务，等待企业认购）、植入形式（软文）等。目前，跨境C2B模式主要依靠聚合需求形式、要约形式和个性化定制。个性化定制是消费者根据自身需求定制产品和价格，或主动参与产品设计、生产和定价，然后由生产企业负责生产。

跨境C2B模式最先在美国流行起来，现在随着社会网络的兴起，越来越多的消费者通过社交网络服务（social network service，SNS）等各种社交网络，聚合需求，然后通过便利的互联网通道，将这种需求传递给供应商，从而实现C2B模式。但是，跨境C2B模式严格意义上应该是B2C模式，因为它仍然是企业提供商品，负责定价。个人只是需求方，虽然能够定制商品，但也只能在商家所提供的目录中进行选择、搭配、组合。虽然能够通过聚合多个个体买家来影响商品的价格，但定价权仍在于卖家。所以跨境C2B模式本质上是属于传统意义上的B2T（business to team），即网络团购。

知识拓展2.1

学习任务3　认识不同移动方向的跨境电子商务模式

任务目标

1. 能完整描述进口跨境电子商务、出口跨境电子商务模式的内涵，描述直邮进口和保税进口的内涵。

2. 能准确分析直邮进口和保税进口的利弊，分析我国进出口市场的发展趋势。

3. 能了解一些本国或外国的保税区等特殊经济区域。

0.5 学时。

鉴于自己既不是厂家，也没有优秀的供应链，小李决定还是采用 B2C 模式。确定了自己在交易主体中的位置以及自己的交易对象后，小李进一步思考交易对象的国别以及交易内容。他在浏览平台的时候发现平台使用的语言除了汉语外，还有英文或其他语种，而且平台的入驻资质、物流方式也各不相同。小李通过搜索引擎为自己答疑解惑，了解了跨境电子商务中的进出口模式。

知识点 1：进口跨境电子商务的概念

进口跨境电子商务是指将其他国家的商品或服务引进到该国市场销售。我国的跨境电子商务进口方式有直邮进口和保税进口两种模式。

直邮进口根据商家的发货模式又可分为直购直邮进口和集货直邮进口两种。直购直邮进口是指消费者在境内外电子商务平台下单，境外商家收到订单后通过快递、邮包的方式直接将商品发到买家手上。海淘方式就是如此，买家通过互联网检索境外商品信息，下达电子订购单发出购物请求，然后境外卖家通过国际快递发货至买家。直购直邮进口的缺点是国际邮包费用昂贵，独个订单直邮的物流成本更高。集货直邮进口就弥补了这个缺点，降低了物流成本。集货直邮是指商家在接到订单之后不是每个订单独立发送国际邮包，而是将货物集中存放在境外的集货仓，达到一定包裹量之后再统一发送。境外代购企业通常会采用集货方式完成头程物流。

不管是直购直邮方式还是集货直邮方式，于卖家而言，不需要在境外有库存，模式轻、风险低，但物流成本费用高，物流时间长、不可预期，容易造成退货、客户流失等损失。于买家而言也是成本高、物流时间长。直邮进口的海关监管模式是：符合条件的电子商务企业或平台与海关联网，境内个人跨境网购后，电子商务企业或平台将电子订单、支付凭证、电子运单等传输给海关，电子商务企业或其代理人向海关提交清单，商品以邮件、快件方式运送，通过海关邮件、快件监管场所入境，按照跨境电子商务零售进口商品征收税款。因此，直邮进口模式大大增加了需要清关的包裹数量，增加了海关的工作量。而且零散的包裹也不便监管，不容易判断出包裹商品是否属于个人自用。

保税进口，也称备货模式，是指境外商家事先在境外市场集中采购，并经集装箱运输至境内跨境贸易电子商务产业园保税仓内做保税仓储，消费者一下单，货物将直接从保税仓发出邮寄到消费者手中。它的进口关税征收也是在交易实现后才进行，在商品还没卖出去之前，只是暂放保税区内监管，不等于进口。没有出售的商品可以原封退回出口地，不用缴纳关税。此处需特别强调"境外商家"，只有卖家为境外身份才能构成跨境电子商务。若是境内企业事先采购商品进保税区，然后再进行网络销售的，原则上不能称之为跨境电子商务，因为作为交易的买卖双方并没有分属不同关境。交易的卖方必须为该交易中交易商品所有权者。任何已造成商品所有权者转换的中介性交易，是否为跨境电子商务，都需视情况而定。

网购保税进口海关监管模式是指符合条件的电子商务企业或平台与海关联网，电子商务企业将整批商品运入海关特殊监管区域或保税物流中心（B型），然后向海关报关，海关实施账册管理。境内个人网购区内商品后，电子商务企业或平台将电子订单、支付凭证、电子运单等传输给海关，电子商务企业或其代理人向海关提交清单，海关按照跨境电子商务零售进口商品征收税款，验放后账册自动核销。因此，保税进口的最大优势是可以缩减国际物流所耗费的时间和成本，提升用户购物体验。这种方式适用于大批量进口商品，如果商品没有被销售出去，虽然可以退回出口国，但卖家还是需要承担相应的物流成本。

直邮模式可以从境外直接发货，在商品种类的多样性上具有优势，适合代购。保税模式则在价格和时效上具有优势，适用于品类相对专业、备货量大的电商企业。

跨境进口根据平台的运营模式、交易主体、交易内容等又可分成各种类型，如自营B2C型、跨境O2O（线上到线下）型、海外代购等，这些都与跨境电子商务的模式一样，在此不再赘言。由于我国消费者存在庞大的海外购需求，在"买卖全球"的口号下，境内的大型电子商务平台都已开通海外购，其他国家的大型购物平台很多也开通了海外购，供境外买家海淘。专门做跨境进口的平台大多是保税区网上商城。

知识点 2：出口跨境电子商务的概念

跨境出口是指境内电子商务企业通过电子商务平台达成出口交易、进行支付结算，并通过跨境物流送达商品、完成交易的一种国际商业活动。我国的跨境出口有一般出口和特殊区域出口两种。特殊区域即为特殊监管区域，是国家批准的、设立在本国关境内的特定经济功能区域，如保税区出口、义乌出口通道模式和中央结算仓等。它的海关监管模式为：符合条件的电子商务企业或平台与海关联网，电子商务企业把整批商品按一般贸易报关进入海关特殊监管区域，企业实现退税；对于已入区退税的商品，境外网购后，海关凭清单核放，出区离境后，海关定期将已放行清单归并形成出口报关单，电商凭此办理结汇手续。

仓库在特殊区域外的其他地方的出口都属于一般出口，根据仓库所在地不同分为自发货、边境仓、海外仓等。自发货出口模式是通过小件的邮政快递包裹形式出关，多为零售，金额不高的邮包根据目的国政策有时可以不用缴税。边境仓及海外仓，虽然一个在卖家境内、一个在买家境内，但目的都是减少物流时间和费用、降低物流风险。不同的地方在于，边境仓的商品还是以快递包裹方式运送出境。而海外仓是商品按一般贸易方式整批量出口到目的国的海外仓内，之后有订单时再打包，通过目的国境内快递物流方式寄送给每个买家。发货到海外仓的商品属于货物，通关模式与外贸的一般贸易出口相同。

商品自发货或边境仓出口的海关监管模式为：符合条件的电子商务企业或平台与海关联网，境外个人跨境网购后，电子商务企业或平台将电子订单、支付凭证、电子运单等传输给海关，电子商务企业或其代理人向海关提交申报清单，商品以邮件、快件方式运送出境。我国海关对跨境电子商务综合试验区内的商品采用的是"简化申报，清单核放，汇总统计"方式通关，其他区外的商品海关采用"清单核放，汇总申报"的方式通关。

实际上，出口与进口是相对的，对于卖家而言是出口，站在买家立场则是进口。跨境电子商务进出口的真正区别在于商品的发送方式及海关的监管模式上。各国海关对进出口实物都有"货物"和"物品"的划分，两者按"是否有贸易属性"区分。直邮进出口通常按"物品"范畴监管。大宗商品的进出口，以及进出口到海外仓、保税区等商品通常按"货物"监管。货物通常有"一关三检"，海关根据不同货物征收关税、增值税、消费税等，商品需申请商品检验、卫生检疫等各种检查。物品类的监管方式通常按行邮方式监管，若是在"合理数量"内，容易产生灰色避税。目前全球各国政府都在出台各种政策解决跨境电子商务带来的偷税漏税等问题。越来越多的国家通过监察平台督促平台对其卖家进行合规要求，如商品的注册登记等。

学习任务 4　认识 O2O 跨境电子商务模式

任务目标

1. 能完整描述 O2O 跨境电子商务模式的内涵。

2. 能准确分析 O2O 跨境电子商务的业务流程，以及优势、劣势；能分析 O2O 闭环的内涵。

3. 能准确掌握如何有效实现 O2O 跨境电子商务。

0.25 学时。

在了解各种模式的具体内涵和特征之后，小李也确定了创业的大体方向，厘清了有待解决的问题，如要售卖的商品。他发现京东、苏宁等平台在国内有线下实体店，可以网络下单、线下提货。另外，进口商品也不一定都需要海淘，有些商家在地方的保税区里设有实体店，可以线下亲眼确认商品质量或服务，这让小李兴奋不已，他决定去逛逛这些线上平台或店家的线下实体店，了解这种方式的优劣势。

知识点：跨境电子商务 O2O 模式的概念

线上到线下（online to offline，O2O）是 2011 年由 Alex Rampell 提出来的，是指把线上的消费者带到现实的商店中去，在线支付购买线下的商品和服务，再到线下去享受服务。跨境电子商务 O2O 模式也是如此，它的构成要素为线上虚拟店铺和线下实体店铺。线上虚拟店铺与平台店铺一致，用于展示推广、提供价格优惠等打折活动、提供查询功能、服务预订、支付购买等。而线下的实体店则是建立在买方关境内，用于提升商品服务，让该关境内的买家能够亲自到店铺体验商品，获取更丰富、更全面的商家及其服务的信息，享受售后服务等。

跨境电子商务由于交易主体的买卖双方处于不同的关境，空间距离远，因此容易导致后端供应链效率低，如周转调配效率低、通关流程打通难、流程复杂难处理、订单处理速度慢等问题。同时，前端客户体验较差，如购买渠道受限、缺乏专业导购服务、看不到实物、物流时效性差。跨境电子商务 O2O 模式就能够解决这些问题。在买方关境内增设的实体体验店铺是线上商品销售达到一定规模后的必经之路，是跨境电子商务本地化营销、精确制定符合目标国风俗、习惯策略的最可靠方式。

跨境电子商务 O2O 模式的理论基础是传统的 O2O 的闭环商业模式：引流→转化→消

费→反馈→存留。买家关境内的线下实体店铺，能为卖家提供线下的推广和展示机会，为商品全渠道引流。同时卖家也可以借此掌握最真实的客户体验，掌握用户数据，大大提升对老客户的维护与营销效果。

当然，线下实体店也不能只是有服务，还得满足客户随时提货，需具备一定的存货量，这也就增加了成本。再加上人员成本、线下流量不足等原因，事实上，跨境电子商务O2O模式在执行过程存在很多问题，而这些问题大部分都是由于线下实体店引起的。线下实体店的存在本来是为了掌握客户信息，优化客户体验，从而提高客户黏性。但它所需的成本大大地高于它所获得的收入。因此，如何开展跨境电子商务O2O模式是个课题。跨境电子商务O2O模式要得以实现，需要门店小程序扫码、线上App商城等全渠道、全场景营销，优化客户体验。还要借助新零售ERP系统对接物流与海关，加快三单对碰的通关速度，提高经营效率。同时，通过多元零售场景与分销渠道，销售全球商品，全渠道营销客户。具体而言，主要为：①全渠道全场景运营：开设跨境体验店，通过多元零售场景和分销渠道，将客户全面数字化。②对接仓储物流：对接多渠道供应链，丰富跨境商品品类与服务。③对接报关程序：对接支付机构、物流公司、通关平台，三单合一集中申报。④开展线下自提业务：针对部分保税自购中心，在政策允许条件下，开展线上下单、门店自提业务。

目前已经实现的跨境电子商务O2O模式线下实体店铺的方式有以下几种。

（1）在保税区开店：通过海外直送和保税仓库将商品送到家里。

（2）在机场设提货点：这种"线上下单线下自提"的方式下，免税店引进的商品能够有效补充网站商品的丰富性，还能够优化消费者在免税店的购物体验。

（3）在市区繁华地段开店：主要发挥着推广品牌的作用。

（4）租借大型超市柜台：要做到全环节闭环需要宏伟的抱负和巨额的资金。租借大型超市柜台既能够降低实现跨境电子商务O2O模式的成本，同时也非常适合那些消费习惯是在大型超市消费的国家，能够高效推广商品，实现线下引流。

跨境电子商务O2O模式通过线上商城和线下门店相结合的方式，将跨境、零售、批发、购物、社交、分享、休闲娱乐等服务项目融为一体，为目标国度的消费者提供一个更方便快捷体验跨境购物的渠道，确保产品真正占领目标国度市场。跨境电子商务O2O模式最终指向跨境电子商务新零售，两者都是人货场重塑，提高经营效率，优化客户体验，实现跨境电子商务的长期、持续发展。

1. 直接电子商务　direct electronic commerce
2. 间接电子商务　indirect electronic commerce

3. 客户反向定价模式　name your own price

4. 进口贸易　import trade

5. 出口贸易　export trade

6. 过境贸易　transit trade

7. 直邮进口模式　direct purchase import model（customs supervision code：9610）

8. 保税进口模式　bonded import model（customs supervision code：1210）

9. ABC = agent、business、consumer

10. B2M = business to manager

11. C2B = customer to business

12. C2C = consumer to consumer

13. M2C =manager to consumer

14. B2G = business to government

15. C2G = consumer to government

16. B2B2C = business to business to customers

17. 关税　tariffs，taxes on imported goods

18. 自发货　merchant fulfilled network（MFN）

19. 亚马逊物流　fulfillment by Amazon（FBA）

20. 库存进出计量单位（可以是以件、盒、托盘为单位）　stock keeping unit（SKU）

21. 社交网络服务　social networking services（SNS）

22. 信用证　letter of credit （L/C）

一、填空题

1.按交易主体,跨境电子商务可分为_____、_____、_____和_____等模式。

2.按交易内容,跨境电子商务可分为_____和_____模式。

3.在我国,进口跨境电子商务有_____和_____方式。

4.跨境电子商务 O2O 模式是指_____和_____结合。

5.O2O 的闭环商业模式是：_____→_____→_____→_____→_____。

6.相比 B2B 跨境电子商务模式,B2C 模式更看重_____能力。

7.C2C 跨境电子商务模式是_____和_____之间的跨境交易方式。

8.在我国,出口跨境电子商务有_____和_____两种类型。

9.根据商品移动方向的不同,可将跨境电子商务分为_____和_____两种。

10. 海关对进出口实物分_____和_____监管、收税。

二、选择题

1. 在网上商城系统建设中，企业对客户直接销售的是（　　）跨境电子商务模式。

A. B2B　　　　　　B. B2C　　　　　　C. C2C　　　　　　D. O2O

2. 下列属于 B2B 跨境电子商务模式优势的是（　　）。

A. 缩短厂家获客周期　　　　　　　　B. 降低商品流通成本

C. 大宗、大金额　　　　　　　　　　D. 以上都是

3. 采用 B2B 跨境电子商务模式的平台目前有待解决的课题有（　　）。

A. 支付安全问题　　B. 退换货服务问题　　C. 物流问题　　D. 以上都是

4. 下列不属于 B2C 跨境电子商务平台的是（　　）。

A. Linio　　　　B. Made-In-China　　　C. Rakuten　　　D. Amazon

5. 下列不属于 C2C 跨境电子商务平台的是（　　）。

A. eBay　　　　B. Mercari　　　C. MercadoLivre　　　D. TradeKey

6. 下列属于 B2C 跨境电子商务模式的劣势的是（　　）。

A. 零散发货，国际物流费用高　　　　B. 国际物流路途长，风险大，耗用时间长

C. 商品退换货成本代价高　　　　　　D. 以上都是

7. 下列说法错误的是（　　）。

A. 中国海关 9610 代码的跨境电子商务监管规则是清单核放，汇总申报，21 天报一次

B. 未出售的保税进口跨境电子商务商品可以原封退回，而且不用缴税

C. 边境仓、海外仓都属于特殊经济区域

D. 自发货模式量小时根据目的国政策可以不用缴税

8. 直购进口模式的优点是（　　）。

A. 不需要库存　　　　　　　　　　　B. 物流成本费用高

C. 零售进口，给清关增加压力　　　　D. 不需要交税

9. 如果要从事俄罗斯市场的 B2C 跨境电子商务模式，可选择（　　）平台。

A. AliExpress　　　B. Etsy　　　C. DHgate　　　D. 阿里巴巴国际站

10. 网络团购属于（　　）跨境电子商务。

A. B2C 模式　　　B. B2B 模式　　　C. C2B 模式　　　D. C2C 模式

三、简答题

1. 什么是直接跨境电子商务？它有什么特点？

2. 按照直接交易主体，跨境电子商务可以分为哪几类？请简单描述各自的内涵。

3. 什么是 O2O 闭环？

4. 简述进口清关时货物与物品监管的区别。

5. 简述直购直邮模式与保税进出口模式的区别。

四、思考分析题

1. 结合实际案例，思考如何经济地开展 O2O 跨境电子商务模式。

2. 结合 B2C 的有关知识，思考如何使 B2C 跨境电子商务获得更大的经济效益。

3. 结合实际问题，思考如何发展壮大 B2B 跨境电子商务。

认识跨境电子商务模式及其特征考核评价表

序号	评价内容	得分 / 分			综合得分 / 分
		自评	组评	师评	
1	概念的掌握				
2	术语英文表述的掌握				
3	练习的准确率				
4	上课态度				
	合计				

注 综合得分 = 自评 ×30%+ 组评 ×30%+ 师评 ×40%。

学习项目 2　总结与评价

建议学时

0.25 学时。（总结本学习项目各任务的学习情况。）

总结与评价过程

一、汇报总结

序号	汇报人	值得学习的地方	有待改进的地方
1			
2			
3			
4			
5			
6			

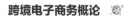

二、综合评价

1. 专业能力评价

序号	项目名称	得分
1	学习任务 1	
2	学习任务 2	
3	学习任务 3	
4	学习任务 4	
综合得分		

注 综合得分为本学习项目中各学习任务得分的平均值。

2. 职业素养能力评价

序号	评价内容	评价标准	得分 / 分			综合得分 / 分
			自评	组评	师评	
1	各模式的内涵	能否完整描述各模式定义				
		能否掌握各模式的特征				
2	各模式代表平台	能否记住代表性平台				
		能否掌握各模式平台结构特征				
3	学习态度	能否主动浏览各模式代表性平台				
		能否主动学习外贸海关知识				
综合得分						

3. 综合得分

学习项目 1 综合得分 = 专业能力评价得分×60%+ 职业素养能力评价得分×40%+ 创新素养能力评价得分。

注：创新素养能力是指学生在学习的过程中提出的具有创新性、可行性的建议的能力；创新素养能力评价得分，满分 10 分（由老师根据学生表现评定），为加分项。

③ 学习项目3
了解跨境电子商务的发展

　　跨境电子商务作为国际贸易的新方式，在现代社会中具有越来越广泛的应用。在实践运用中，跨境电子商务的前期工作是市场调研和选品，这些工作都需要运用到本学习项目的知识。本学习项目介绍了全球跨境电子商务发展的各个阶段及趋势，以及各大洲主要跨境电子商务市场的发展现状。指导学生学会如何通过宏观环境、平台发展、进出口比例、交易内容需求、消费习惯趋势、投资趋势等各方面内容调研某个国家或地区的市场，培养学生的跨境电子商务思维，训练学生的实践运用能力。

项目目标

　　1. 能完整描述跨境电子商务发展的三个阶段，以及各阶段的特征。
　　2. 能准确分析五大洲主要国家的跨境电子商务市场情况。
　　3. 能熟练掌握市场分析思维，学会分析各国跨境电子商务市场的宏观环境，判断各国跨境电子商务的市场潜力。

建议学时

　　7学时。

学习任务 1　了解跨境电子商务的发展历程

1. 能完整描述跨境电子商务发展的三个阶段及每个阶段的特征。

2. 能完整描述跨境电子商务发展趋势的内容。

3. 能准确分析跨境电子商务发展各个阶段以及发展趋势中的平台技术、支付技术、搜索推广技术和社交技术等的推动作用。

4. 能熟练掌握全球跨境电子商务发展较好的国家或地区以及相关平台。

1 学时。

大学毕业后，小陈顺利地进入阿里巴巴工作。在第一天的岗位培训时，负责人向新入职的员工介绍了企业的发展历程，小陈因此了解到 20 世纪 90 年代开始 eBay、亚马逊、阿里巴巴陆续成立，而阿里巴巴每一阶段的发展方式都与跨境电子商务每个阶段的特征相似。在各个阶段，平台技术、搜索技术等的发展起到了极大的推动作用。而阿里巴巴在重新寻找电子商务发展模式过程中的 SNS、C2B 等或许会变成整个跨境电子商务未来发展的趋势。

知识点 1：全球跨境电子商务的发展历程

各国跨境电子商务发展的时间点虽然不一致，但各个发展阶段是相似的，原因在于跨境电子商务依托互联网及其他信息技术，每一次信息技术的发展都推动了跨境电子商务的革新，见表 3-1。

表 3-1

时间	购物平台	技术		
		支付	社交	搜索推广
1995 年	eBay（C2C）成立 亚马逊（B2C）成立于美国			
1996 年	IndiaMART 平台（B2B）在印度成立			
1998 年		全球通用收付款平台 PayPal 成立	腾讯成立	
1999 年	阿里巴巴（B2B）成立于中国			
2000 年				谷歌关键字成立
2003 年	淘宝（B2C）成立			
2004 年	B2B 交易平台敦煌网 DHgate 成立	（支付宝）	Facebook 成立	
2005 年		Payoneer		YouTube 成立 亚马逊 Prime 会员
2006 年			Twitter 成立	YouTube Ads 成立
2007 年	时尚购物平台 FarFetch 成立 印度 FlipKar 平台成立			
2008 年				推送通知技术
2010 年	美国 Shoprunner 平台成立 印度 SnapDea 平台成立	在线支付服务商 Stripe	图片社交应用 Instagram、Pinterest 图片社交分享网站	
2011 年			微信 Snapchat 应用	Bootstrap 前端开发 CSS 规范框架
2012 年				Facebook 广告 认知计算 IBM Watson 成立（算法）
2013 年				Twitter 广告 信号包 Beacons 技术 无线射频识别 RFID 技术
2014 年	亚马逊日本站允许中国卖家入驻	微信支付		
2015 年				增强现实技术（AR）、虚拟现实技术（VR）
2016 年	亚马逊中国站对接英国站	苹果支付 安卓支付	语音商务	快照广告 抖音短视频
2017 年	亚马逊澳洲站成立	无人机		

互联网发展的阶段为传统网络、社交网络、移动网络和物联网。因此，跨境电子商务也大致可分为以下三个阶段。

（1）基于互联网的跨境电子商务。互联网的产生拉近了国与国之间的距离，加快了人与人之间的信息传递。它的产生最早带来的是广告业的电子化，所以跨境电子商务早期，特别是跨境 B2B 模式早期大多是信息黄页模式。严格意义上看，1.0 的网络信息展示阶段尚无跨境电子商务，因为它并没有实现跨境电子商务最关键的内容"交易的完成要依托电子方式"，跨境电子商务应从实现线上交易的 2.0 开始。当然，1.0 的信息展示阶段在跨境电子商务的发展历程中也是不可缺少的，没有广告业电子化这个过程，电子商务能否产生也犹未可知。贸易要有利可图，互联网的使用能省掉一部分的中间商，给终端的客户带来利益，因此互联网的发展也势必会产生电子商务，并且促进跨境电子商务的产生与发展。

这一时期的跨境电子商务，由于技术发展的不成熟，其交易平台还只是采用计算机端网页入口模式，交易主体限制在互联网能覆盖的地区，并且买家还需具备一定的经济实力来拥有或接触计算机。它的交易内容大多是有形商品，无形商品暂时呈现弱势。此外，物流、支付等其他方面的服务、技术暂不完备，跨境电子商务的受众有限。

（2）基于数据流量的移动跨境电子商务。在移动互联网时代，用户可以使用智能手机、平板电脑等移动终端购物，最大限度地减轻了时间和空间的束缚，扩大跨境电子商务覆盖范围，提高用户购买率。移动互联网的便捷性，使得这一阶段的跨境电子商务具有碎片化、小单化、移动化等特征。①跨境电子商务平台除原来的网络端入口方式外，还增加了移动端入口方式，扩大了交易主体范围，出现了中小企业、个人参与国际贸易的普惠贸易现象。这也就使这一阶段的跨境电子商务具有了人口流量的特征，它依靠无限拓宽的交易主体得以迅猛发展，进入人口红利时代。跨境电子商务在这一阶段中，大宗量的 B2B 模式保持信息黄页模式，小宗量 B2B 交易开始兴起，B2C 交易突飞猛进。移动方式使得跨境电子商务在任何时候、任何地方能够提供给消费者任何需要的东西，越来越多的用户涌入跨境电子商务，交易逐渐碎片化、小单化。跨境电子商务零售在这一阶段得以蓬勃发展。②由于经济的发展、人们需求的多样化、跨境电子商务用户的增多，交易内容也变得越为丰富，既包括了有形商品，也涵盖了很多无形商品，特别是旅游业相关的、数字化产品等。③交易结构上，各跨境电子商务平台不断加大力度扩展产业链条，提供包括融资、运输、保险和仓储等一体化全方位的外贸服务，着力打造综合服务平台，提升用户体验。

（3）基于物联网的新生态跨境电子商务。互联网 4.0 在这个阶段发展成为集共生网络（symbiotic web）、大规模网络（massive web）、同步网络（simultaneously web）和智慧网络（intelligent web）等于一体的下一代互联网络。

依托强大的生态体系，全球跨境电子商务 3.0 阶段的内容是打通用户、需求、人口、线上线下渠道、企业和商家，步入成熟阶段，谋求更长远发展。①跨境电子商务 3.0 阶段努力实现全平台、全内容、全终端、全应用的跨境电子商务，任何行业、任何服务都可利用跨境电子商务实现更全面的发展。用户也能够随时随地利用跨境电子商务满足购物需求。②现代科技不断发展，人工智能崭露头角，工业智能化是趋势，跨境电子商务智能化发展也是趋势。这种智能化既体现在大数据对消费者需求的分析上，实现更精准的营销，同时也反映在物流的"最后一公里"服务商上，如无人机配送等。③营销手段更为丰富，语音、短视频、直播等营销方式的兴起，预示着社交媒体在跨境电子商务营销中的重要性，而众多社交媒体的商业性能的提高也佐证了今后跨境电子商务营销方式的改变。2018 年 Forbes 的数据显示：30% 的消费者表示，他们会通过 Instagram、Snapchat、Twitter 或者 Pinterest 等社交媒体的网上商店购物。而 40% 的企业普遍会使用社交媒体来实现销售。④跨境电子商务在 3.0 阶段已经进入成熟阶段，市场竞争逐渐激烈，卖家将不得不在市场、人才和品牌建设方面投入更大的力量，从拼价格转变到拼产品、拼品牌，建立全球化的品牌，谋取更长远的发展。跨境电子商务也从一种新型的贸易方式和销售渠道，发展成各平台和供应链崛起，合规化、内容丰富化的国际贸易惯例之一。

知识点 2：全球跨境电子商务发展规模

　　全球各主要国家市场的跨境电子商务兴盛时间点可以从表 3-2 的亚马逊海外扩张时间表上一窥全豹。2017 年全球电子商务零售额占全球零售总额的 9.2%；2018 年占比 10.5%[①]。除南极洲外，全球跨境电子商务发展简要来看可分为亚洲、欧洲、北美洲、南美洲、非洲、大洋洲这六大洲。其中北美洲、欧洲、亚洲为目前比较成熟的电子商务市场，但设备及增长率，以及跨境电子商务在本国电子商务的占比方面，发展中国家高于发达国家。此外，发达国家、亚洲和大洋洲的跨境电子商务呈现贸易顺差，而拉丁美洲、加勒比海地区和过渡型经济体的跨境电子商务进口明显多于出口，呈现贸易逆差。iiMedia Research（艾媒咨询）数据显示，2018 年全球跨境 B2C 交易规模同比上年增长了 27.5%，全球跨境网购普及率达 51.2%，其中中东地区的跨境电子商务消费者占网购者的比例最高，达到 70%。西欧是欧洲最大的电子商务市场，马其顿地区和葡萄牙跨境网购普及率最高[②]。2020 年，加拿大跨境网购与网络网购占比最高，有 63% 的网购为跨境网购，澳大利亚、墨西哥、英国、德国和美国紧接其后。日本跨境网购占比极低，仅为 10%。我国在 2020 年的跨境网购也大幅减少，仅占比 14.8%[③]。

---

① 2020 年全球 B2C 跨境电商交易额达 9940 亿美元 [EB/OL].(2018-12-07). http：//www.ebrun.com/20181207/310971.shtml? tdsourcetag= s_pctim_aiomsg。

② 艾媒报告 | 2019 全球跨境电商市场与发展趋势研究报告 [EB/OL].（2019-04）. https：//www.iimedia.cn/c400/64031.html。

③ eMarket statista 2020 Cross-border retail purchase by country [EB/OL].（2021-08-03）.http：//www.j-grab.co.jp/trend/2020_cbt_ purchase_by_country。

表 3-2

开通国家	网址	进入时间
亚马逊主站	amazon.com	1995 年 7 月
亚马逊英国	amazon.co.uk	1998 年 10 月
亚马逊德国	amazon.de	1998 年 10 月
亚马逊法国	amazon.fr	2000 年 8 月
亚马逊日本	amazon.co.jp	2000 年 11 月
亚马逊加拿大	amazon.ca	2002 年 6 月
亚马逊中国	amazon.cn	2004 年 8 月
亚马逊意大利	amazon.it	2010 年 11 月
亚马逊西班牙	amazon.es	2011 年 9 月
亚马逊印度	amazon.india	2013 年 6 月
亚马逊墨西哥	amazon.com.mx	2015 年 6 月
亚马逊澳大利亚	amazon.com.au	2017 年 12 月
亚马逊新加坡	amazon.com.sg	2017 年 7 月
亚马逊巴西	amazon.com.br	2012 年
亚马逊阿联酋	amazon.ae	2019 年 5 月
亚马逊沙特阿拉伯	amazon.sa	2020 年 6 月

  无形商品方面，联合国《2019 年数字经济报告》指出，如果在旅游、数字内容和移动应用等其他类别上增加支出，全球电子商务总价值可能接近 2 万亿美元。在全球范围内，使用电子商务平台购买消费品（如时装、食品、电子产品和玩具）的人数增长了 8%，全球有近 18 亿人在线购买。目前，大约 45% 的互联网用户使用电子商务网站，但各国的普及率差异很大。

  从国别上看，中国、美国、英国、德国、澳大利亚、加拿大和墨西哥是 2020 年最重要的跨境网上购物市场。最受这些市场消费者欢迎的跨境网上购物目的国为中国、美国、日本和英国。其他方面排行见表 3-3。由此可见在 2020 年发展中国家的电子商务虽然开销总额不占优势，但它的电子商务利用率比发达国家高，发展势头迅猛，发展前景可期。2019 年，全球各洲网络零售的增速数据也验证了这一点，具体增速排行依次为：亚太地区、拉丁美洲、中东及非洲、中东欧、北美洲、西欧。增速排名前 10 的国家为墨西哥、印度、菲律宾、中国、马来西亚、加拿大、印度尼西亚、阿根廷、俄罗斯和韩国[1]，具体增速见表 3-4。

  受疫情影响，2020 年电子商务零售业快速发展。从零售额看，2020 年增速最快的国家为印度尼西亚，接近 50%；其次为土耳其、印度和墨西哥，增速都在 30% 以上[2]。

---

[1] 商务部电子商务和信息化司 . 中国电子商务报告 2019 [R]. 2020。

[2] 2021 年跨境电商行业相关数据 [EB/OL].（2021-06-12）. http://zhuanlan.zhihu.com/p/379721195。

表　3-3

名次	2020 年每人电子商务平均花销 / 美元	2020 年语音商务使用频率排行	2020 年 1 月移动在线购买人数比例 /%	2020 年电子商务采用率排行
1	1 441（韩国）	印度	80（印度尼西亚）	印度尼西亚
2	1 389（美国）	中国	69（泰国）	泰国
3	1 315（英国）	印度尼西亚	66（菲律宾）	波兰
4	1 260（瑞典）	墨西哥	64（中国）	德国
5	1 150（澳大利亚）	土耳其	64（马来西亚）	马来西亚
6	1 046（加拿大）	泰国	59（越南）	英国
7	1 031（德国）	阿联酋	58（沙特阿拉伯）	韩国
8	1 021（中国）	沙特阿拉伯	55（印度）	爱尔兰
9	1 016（瑞士）	越南	51（美国）	澳大利亚
10	1 002（日本）	哥伦比亚	51（新加坡）	中国

　　我国跨境电子商务的总额在 2017 年超过美国（表 3-4）。《第四届全球跨境贸易报告》指出，我国已超过美国，成为成熟的跨境电商市场，并且是新兴市场（如波兰、巴西等）海淘族的网购目的国。2017 年全球网络零售交易额达 2.304 万亿美元，同比增长 24.8%，占全球零售总额比重的 10.2%。2019 年全球网络零售交易额达 3.535 万亿美元，同比增长 20.7%，占全球零售总额比重的 14.1%。据 Accenture 公司调查，全球跨境电子商务交易额在 2020 年达 900 万美元，占全球电子商务市场 22%。2017 年，移动端电子商务增长率日本最高，印度、阿根廷、比利时次之。

表　3-4①

排名	2017 年			2019 年		
	国家	总额 / 亿美元	增长率 /%	国家	总额 / 亿美元	增长率 /%
1	中国	11 153	35.1	中国	19 347.8	27.3
2	美国	4 549	16.3	美国	5 869.2	14.0
3	英国	1 126	17.1	英国	1 419.3	10.9
4	日本	953	6.0	日本	1 154.0	4.0
5	德国	651	11.3	韩国	1 034.8	18.1
6	韩国	563	20.9	德国	818.5	7.8
7	法国	488	16.9	法国	694.3	11.5
8	加拿大	340	29.9	加拿大	498.0	21.1
9	澳大利亚	215	12.3	印度	460.5	31.9
10	印度	209	42.1	俄罗斯	269.2	18.7

---

① 引自：eMaketer，2018 年 2 月，本数据不包含旅游及票务类。

2020 年度全球电子商务各类目总消费额为：旅行类约 5 936 亿美元，时尚美妆约 6 656 亿美元，电子产品约 5 018 亿美元，玩具类约 5 256 亿美元，家居约 3 309 亿美元，食品类约 4 138 亿美元，游戏约 1 358 亿美元，数字产品约 217.3 亿美元[1]。总体上看，无形商品中旅游类同比降低了 51%，数字游戏大幅度增加；有形商品方面，服饰、电子产品和玩具三大类为跨境电子商务的主要畅销类目。受疫情影响，2020 年"宅经济"迅猛发展，食品类网络交易额增长最多，达 41%。

从平台上看，全球各大洲跨境电子商务平台越来越多，除了亚马逊、eBay、全球速卖通、阿里巴巴等，各个国家或地区都有自己主推崇的平台，具体详见后文。而且，电子商务正在向社交媒体平台这种非零售渠道发展，代表性社交媒体 Facebook 和 Instagram 正不断"电商化"。以往卖家都会借助这类社交媒体进行广告推广，因此社交媒体容易直接转型成一个成熟的购物平台。调查显示，全球排名前五的常用社交媒体为 Facebook、YouTube、WhatsApp、FB messenger 和 Instagram。微信排在第 6 名。

亚马逊 2019 年度总销售额约 3 350 亿美元，其中亚马逊卖家出售约 2 000 亿美元，亚马逊自营出售约 1 350 亿美元，Prime 会员数量达到 1.5 亿。黑五线上销售额中，美国站最多，占比 61.5%，欧洲站占比 23%，日本站占比 9.5%。2020 年，亚马逊第三方卖家销售额为 2 950 亿美元，自营部分的销售额为 1 800 亿美元。2020 年，亚马逊第一方销售额（自营）增长了 35%，第三方（卖家）交易量增长了 47%。2020 年，亚马逊印度站卖家数量增长最快，涨幅约 12.1%；其次为亚马逊荷兰站，为 8.5%[2]。2020 年，由于口罩需求激增，Etsy 全年 GMV（商品交易总额）达到 103 亿美元（同比增长 107%），净利润为 3.49 亿美元，同比增长 264.2%。从第四季度的相关数据来看，平台活跃卖家数为 4 365，同比增长 61.7%。活跃买家数为 81 898，同比增长 76.7%。移动客户端 GMV 占比 61%，国际 GMV 占比 40%。另外，eBay 平台在 2019 年全年和 2020 年第一季度的 GMV 都呈下滑态势，后来由于疫情推动，eBay 的网络成交额在第二季度增长了 26%，第三季度增长了 22%，增长速度显著加快[3]。同样受疫情影响，Wish 平台 2020 年的表现一般。它的平台上大多是中国卖家，第一季度由于疫情防控，工厂停工，也因此影响了平台的交易额。2020 年下半年却又因为全球疫情的原因，物流受限。总之，在 2020 年，由于特殊的原因，各平台的发展状况呈现出与以往不同的态势。这一年对跨境电子商务而言既是挑战也是机遇，疫情影响下物流成为最大的挑战，但是人们消费方式的改变又为电子商务的发展带来了新的契机。

由于跨境 B2B 很多平台都是信息黄页模式，如巴西的 B2Briazil 平台、拉美的 Yeatrade 平台等，而且实际成交时多为一般贸易形式，因此 B2B 的交易数据很难找到，下面章节中关于全球各大洲跨境电子商务发展的介绍侧重在零售方面。

---

① DIGITAL 2021：Global Overview Report。
② 2020 年跨境电商亚马逊市场数据报告（一）[EB/OL].（2021-03-04）.https://zhuanlan.zhihu.com/p/352301675.
③ 数据来源于武汉楚马电商学院。

知识点 3：全球跨境电子商务的发展趋势

整体上，全球电子商务主要朝从粗放式扩张向精细化发展、从泾渭分明到边界模糊、从发达地区到新兴市场、从资源驱动到技术驱动的四个方向发展。如以亚太、中东欧、拉丁美洲、中东和非洲地区为主的新兴电子商务市场开始跃进。云计算、虚拟技术、无人机等新兴技术被广泛应用，大数据驱动电子商务领域进一步创新，智能无人商店、社交电子商务等电子商务新业态和新模式不断涌现，具体如下。

（1）呈多模式发展，各新兴模式不断被发现利用。基本模式 B2C 持续发展，但是合规化方面的问题不断增多。B2B 模式市场潜力巨大，目前已解决的小批量支付问题，为B2B 今后的发展踏出了重要的一步。将来若是大批量的支付问题也得以解决，那么 B2B 也将如 B2C 一样蓬勃发展，解决 B2C 头程物流问题的海外仓方式也许也适用于 B2B 模式。基于循环利用的环保经济观念以及市场需求，C2C 模式将会受越来越多的消费者喜欢。跨境 B2B 和 C2C 模式将得以进一步发展。作为一种线上线下互补方式，O2O 模式完善了消费体验，在智能化、便捷化、去中心化方面有着绝对的优势，是 B2C 模式最强有力的支援及有效的补充。但是跨境 O2O 模式会把成本拉回到传统外贸等额水平上，削弱跨境电子商务的优势，比较适合有一定知名度的品牌。近些年因传统产业转型而兴起的工厂直销 M2C模式具备价格优势，为生产型企业创造一条出路，但它对工厂的销售运营提出较高的要求，工厂在做 M2C 模式时要注意线上销售的特点，探索更为有效的转型方式。

（2）线上交易内容越丰富，交易便捷性越高，交易服务越完善。线下实体店无法或不方便提供的商品，线上交易发展迅猛，旅游产品或数字游戏等无形商品比重增加，特色定制类商品发展强势。线下实体店较少提供定制类产品，但是年轻一代的个性日益发展，定制产品拥有较广的受众，全球消费者对特色商品需求庞大，跨境电子商务刚好能够为这些需求提供解决的方式。今后跨境电子商务除了提供比实体店更为便捷的商品交易服务外，实体店无法满足的特色创新类商品也将成为它的主要交易内容。跨境电子商务通过大数据分析消费趋向，创新、发明新产品，解决供应与需求在高度个性化前提下的准确匹配问题。此外，创新性高科技的商品也是跨境电子商务热卖品，卖家通过技术驱动增加商品的技术含量，满足消费者对高科技产品的追求，实现新需求与新供应合体的创生。今后跨境电子商务交易内容重点不在于物美价廉，卖家更需要根据消费者需求对产品进行主次细分甚至超细分，做实自身的产品。

（3）交易平台向综合型交易平台发展，平台规则增多，平台肩负起部分监管义务，平台运营方式多样化，平台风险投资不断，竞争日益激烈。首先，国内平台与跨境平台的融合是趋势，单纯的国内或跨境平台在流量上有局限性，利用国内已经形成的流量做跨境进口是最为便捷的方式。其次，垂直型平台虽然客户忠诚度高，仍占有一席之地，但通常会拓宽品类，改细分品类为细分消费者，如手工制作、动漫手办、品牌物品等，狭义上的只经营同种物理性质商品的垂直型平台将越来越少，多数在深耕细分品类的过程中将无限拓展周边产品，充实平台类目，增加平台流量。从点击率及平台营销额上看，位列世界前茅的平台基本都是综合型平台。再次，跨境电子商务合规化发展是趋势，各国政府都颁布相关措施监管电子商务市场，同时也要求交易平台辅助政府监管，因此平台规则不断收紧。最后，移动技术的发展以及庞大的跨境市场需求，使跨境电子商务平台也逐渐移动化，交易各个环节都将能在移动终端进行，跨境电子商务平台将更合理地利用消费者的碎片化需求、时间，以便推动跨境电子商务的发展。

（4）跨境电子商务各个交易环节融通发展，跨界合作、供应链发展愈发重要，第三方服务成为争相追逐的彩头。要素市场的培育和发展是市场经济的必然要求，平台或企业除销售外，更看重整个环节中的资源整合，它们尽全力优化成本、优化服务。跨境电子商务日益成熟，整合信息流、物流、资金流成为各大平台及卖家打破自身瓶颈、提高竞争力的重要途径。企业供应链的全行业布局、提质增效思想被越来越多的人接受运用。

（5）营销方式多样化，站外推广成趋势。2017 年、2018 年，我国电子商务积极推进内容电商的发展，各大电子商务平台都增设了直播、网红博主专栏文章等模块，现在，直播成为各大店铺的必备营销方式。另外，消费者的冲动式购买需求不断膨胀，他们不再心动于打折促销等价格营销策略，而是越来越追求游戏化、趣味式体验，更容易受各种社交媒体如博客、视频、聊天工具的刺激。也因此企业都充分利用博客、播客、短视频等营销策略，极力刺激消费者购买需求和欲望。跨境电子商务也同样利用了国内电子商务发展出来的这条经验，各种跨国社交媒体和聊天工具，如 YouTube、Bilibili、Facebook、Insgarm、WhatsApp、Snapchat、Twitter 等都被跨境电子商务企业用来扩大营销，促进他国消费者消费。这些原本是私人性质的社交工具都积极地发展壮大自己的商业功能，为经济全球化提供最快、最便捷的途径。当然，这些社交媒体能够发挥功效的原因在于跨境电子商务"得年轻者得天下"的客户目标。这些年跨境电子商务都专注于年轻者市场的营销，多利用年轻人感兴趣的社交工具和方式。今后在细分市场、细分顾客群体时，跨境电子商务，特别是 B2B 模式应该重视其他年龄段、其他阶层用户的消费方式。

（6）互联网技术将重新改造跨境物流的现有仓储、配送等环节，以便提高物流效率。平台与各国邮政合作成为趋势，共同提高物流服务水平。首先，分拣中心等物流智能化是趋势，如菜鸟的智能物流中枢 eHub 项目、京东的全球智能供应链基础网络（GSSC）等。其次，跨境物流依靠大数据、云技术、ERP 对接系统等实现政企合作，依靠各国经济合作特殊区域提高物流效率。跨境电子商务物流的整个流程涉及头程运输、集货仓储、海关商检、国际运输、输入国物流、逆向物流和末端配送。物流优化要实现的目标是：完整的物品、高效的速度和合适的费用。受限于无法改变的物理上的空间距离，提高通关效率成为优化物流的关键手段。无论是邮政小包、商业（国际、国内）快递、专线物流或海外仓库，各国海关手续都是不可避免的，这一环节效率的提高及成本的缩减将直接影响整个跨境物流。WCO（世界海关组织）正在探讨低值贸易通道问题（也即把跨境零售视为低值贸易），一些平台也已经与他国邮政系统合作，努力优化仓储、货物分拣、干线运输和"最后一公里"配送等环节，提高物流效率。

（7）政府政策及平台政策合规化，知识产权保护意识增强。2018 上半年，跨境电子商务平台布局的卖家大多数都先注册商标，后入驻平台。从地域分布上看，以往商标注册区域以欧美日为主，2018 年上半年东南亚、英国等商标注册业务明显增多。这些变化既是由于国家知识产权法律以及平台政策的完善，更是由于跨境电子商务的互联网营销性质。在互联网营销中，交易内容很容易被抄袭跟卖，因此随着跨境电子商务的成熟，卖家也渐渐意识到商品知识产权的重要性，纷纷做好知识产权布局。

总之，跨境电子商务已经告别互联网红利期，进入精细化运营时代。跨境零售本地化、用户精准化成为趋势。运营数据化、供应链仓储智能化、类别细分化、产品创新化和海外仓全局化成为跨境电子商务需要突破的重点。

跨境电子商务逐渐发展壮大，平台佣金、广告促销费用等不断增加，交易成本不断上涨。此外，有些网站采用"大肆炒作，吸引公众，争取广告，上市圈钱"这种非正常方式。这些都与跨境电子商务的优点背道而驰，不利于行业的发展，成为亟须解决的课题之一。跨境电子商务要取得长远的发展，关键在于各国对跨境电子商务的接受程度。这种接受程度体现在外国政府是否对跨境电子商务商品构筑关税壁垒等，以及清关手续是否便捷。进一步的开放体现在优惠的税收政策，以及保税区等特别经济区域的设立等方面。跨境电子商务商品的质优价廉能冲击各国的国内市场，对各国的本土产业提出更高的要求，因此有些国家为了保护本土产业，不太欢迎跨境电子商务。跨境电子商务要实现包容性增长，以及更多经济体平等地参与进来，还需各方人士的努力。

◎ 知识链接 3-1

eBay 的发展历程如图 3-1 所示。

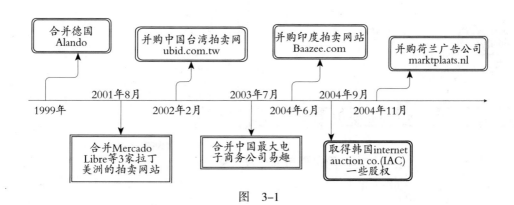

图　3-1

学习任务 2　了解亚洲跨境电子商务的发展

1. 能完整描述亚洲跨境电子商务市场的各大影响因素，包括交易主体的消费喜好等。

2. 能熟练掌握跨境电子商务市场分析的思维，并能熟练运用。

3. 能完整描述亚洲跨境电子商务市场中发展比较完备的国家或地区，以及极具市场潜力的国家或地区，并能说明原因。

4. 能准确分析亚洲各主要国家或地区的跨境电子商务市场发展概况。

5. 能准确掌握各主要国家交易主体的消费喜好，包括热门的社交媒体、消费平台等。

建议学时

1.5 学时。

企业情景引入

介绍完企业整体的发展历程后，培训的负责人为新进职员具体介绍了阿里巴巴的各大平台及业务模块，如淘宝全球购、天猫国际、阿里巴巴国际站，以及阿里巴巴在亚洲主要市场的投资，如 Tokopedia、Lazada、Paytm、Snapdeal 等平台的投资。在印度市场的投资战略中，负责人介绍了印度市场的人口红利、国家网络覆盖率、GDP、消费习惯等，同时也分析了印度市场现已产生的交易纠纷，提醒大家在业务操作中注意各国的实际情况。

知识点 1：了解亚洲跨境电子商务整体概况

一、人口红利、消费能力、网络覆盖率等宏观环境

地理方位上，亚洲分为东亚、东南亚、南亚、西亚、中亚和北亚 6 个地区。西亚也叫西南亚，是指亚洲西部。亚洲西部地区包括伊朗、阿富汗、阿塞拜疆、亚美尼亚、格鲁吉亚、土耳其、塞浦路斯、叙利亚、黎巴嫩、巴勒斯坦、以色列、约旦、伊拉克、科威特、沙特阿拉伯、也门、阿曼、阿拉伯联合酋长国、卡塔尔和巴林 20 国。由于篇幅的原因，这些国家的跨境电子商务概况将放在非洲概况的中东章节讲述。

亚洲人口为全世界之最，占世界总人口数的 60% 左右，同时人口密度也最大。城市人口约占全洲人口的 18%。人口分布多寡依次为东亚、南亚、西亚、东南亚、中亚、北亚。人口最密集地为我国东部、日本太平洋沿岸、爪哇岛、恒河流域、印度半岛南部等地，每平方千米达 300 人以上。从国别上看，我国与印度人口分别位居世界人口第 1、2 位，印度人口与我国相差无几。印度尼西亚、巴基斯坦、孟加拉国和日本的人口在世界上分别排名第 4、6、8、11 位。新加坡平均每平方千米可达 4 400 多人，是亚洲人口密度最大的国家。亚洲人口密度最小的国家是蒙古，平均每平方千米仅 1 人多；沙特阿拉伯、阿曼等国家平均每平方千米 5 ~ 7 人。跨境电子商务第一、二阶段看重人口红利，亚洲国家市场也因此广受瞩目。亚洲各国市场容量排行为：中国、日本、印度、韩国、印度尼西亚。

人均 GDP 方面，排行前 5 的地区依次为卡塔尔、中国澳门、新加坡、日本、阿联酋，因此这几个地区的消费能力很值得关注，而且它们的基础设施都比较完善。地理上，北亚山区多，西亚政治局势不平稳，东南亚各国分布较散，各国之间多为海洋。目前跨境电子商务市场成熟和火热程度排列依次为东亚、南亚、西亚、东南亚、中亚、北亚，国别上依次排列为中国、印度、日本、韩国。

截至 2017 年 12 月，亚洲人口红利、消费能力、网络覆盖率等宏观环境排行见表 3-5。

表　3-5[①]

国家	总人口 / 百万人	人口密度 / 每平方千米	人均 GDP/ 美元（名次）	网络覆盖率 /%
中国	1 400.00	147	7 329（17）	58.4
印度	1 368.00	450	1 963（35）	40.9
印度尼西亚	261.90	145	4 130（26）	53.2
巴基斯坦	200.16		1 222	
孟加拉国	161.80		1 093	
日本	126.71	347	48 556.93（4）	93.5
伊朗	82.10	49	6 946.86（20）	76.0
韩国	51.61	527	26 152（10）	92.2
沙特阿拉伯	33.41	15	20 796（12）	88.6

（截至 2017 年 12 月）

---

① https://zh.tradingeconomics.com/country-list/gdp-per-capita TRADING ECONOMICS 以及 https://www.internetworldstats.com/stats2.htm INTERNET WORD STATS. 本项目这类表格的数据都引自这两个网站。

亚洲国家的跨境电子商务市场大多兴起于 2005 年左右，兴盛于 2010 年左右。平台模式上仍然以 B2C 为主，B2B、C2C 为辅。B2B 平台产生的时间比较早，多出现在广告业电子化那一时期，因此多是信息黄页模式，如 1999 年阿里巴巴、1996 年中国香港 Global Sources 平台、2006 年沙特阿拉伯 TradeKey 平台、1996 年印度 IndiaMART 平台等。B2B 交易平台比较少，有几个小批量 B2B 模式的交易平台，如敦煌网、大龙网等。平台发展模式很多参照亚马逊和 eBay 模式，如以书籍起家，或以拍卖起家等。平台移动端发展方面，美国 Wish 平台移动端产生于 2011 年，我国移动端购物则兴起于 2013 年左右。东南亚移动端发展于 2017 年，2015 年成立的电子商务新秀 Shopee 平台就是抓住了移动端的发展势头取得了迅速的成长。亚洲国家的跨境电子商务市场较有潜力，有很多知名的跨境电子商务平台，民众对于他国商品的欢迎度较高。

二、亚洲主流跨境电子商务平台

（1）AliExpress，全球速卖通，我国的跨境 B2C 平台，2010 年建成，是全球第三大英文在线购物网。

（2）敦煌网，我国首个为中小企业提供 B2B 网上交易的网站，2004 年建成。

（3）Shopee，虾皮平台，覆盖印度尼西亚、越南、泰国、菲律宾、马来西亚和新加坡等几个国家或地区，总部位于新加坡，2015 年建成。

（4）Lazada，东南亚最大的电子商务网站，自营平台，创建于 2011 年，总部位于新加坡，现有马来西亚、新加坡、菲律宾、泰国、印度尼西亚、越南站点。

（5）Soup，中东地区最大的电子商务平台，创建于 2005 年。

（6）Rakuten，日本乐天，初期为计算机及电子产品网络销售，后拓展为全品类，创建于 1997 年。

（7）Lelong，马来西亚本土电子商务之王，创建于 1998 年，是马来西亚最早的平台。平台初期为拍卖网，后转型为 B2C 模式。

（8）Flipkart，印度最大的电子商务平台，全球十大电子商务之一，创建于 2007 年，从初期的书籍扩展到如今的全品类。目前关闭 PC（个人计算机）端网站，全力发展移动端。

（9）Snapdeal，印度团购网站，创建于 2010 年，2014 年获日本软银投资，2015 年获阿里巴巴投资。

（10）Bukalapak，印度尼西亚有名的电子商务 C2C 平台，创建于 2010 年。印度尼西亚 4 只独角兽之一，剩下 3 只为 Go-Jek（共享出行）、Traveloka、Tokopedia。

（11）Tokopedia，印度尼西亚版淘宝，创建于 2009 年，2019 年已经成为印度尼西亚最大的电子商务平台。

（12）Thegioididong，越南电子商务平台，创建于 2004 年，手机零售商起家，2018 年 11 月，该平台超越了 Lazada 平台，成为越南访问量仅次于 Shopee 的第二大电子商务平台。

（13）Gmarket，韩国电子商务平台，创建于 2000 年，与 eBay 合资，目前业务覆盖近 100 个国家。

（14）11street，韩国份额最高（12%）的电子商务平台；成为马来西亚三大电子商务平台之一。

（15）Tiki，越南第三大电子商务网站，图书电子商务起家，创建于 2010 年，有自己的配送物流服务 TikiNow。

（16）Qoo10，新加坡本土最大的电子商务平台，建于 2010 年，为 Gmarket 分站，经营范围广，覆盖国家多。已在日本和新加坡等 5 个国家运营了 7 个购物网站平台。

（17）Shopclues，印度本土电子商务平台，主攻三、四线城市，创建于 2011 年。

（18）Zalora，东南亚的网上时装及美容产品购物平台，B2C 模式和 C2C 模式，创建于 2012 年，覆盖中国香港、新加坡、印度尼西亚、菲律宾、泰国、越南、马来西亚及文莱。

（19）Hermo，马来西亚美容电子商务平台，闪购、高端品牌。其创建于 2012 年，受众群体以马来西亚当地人为主，覆盖美国、新加坡、印度尼西亚及泰国，2017 年被日本公司 iStyle 收购。

（20）Daraz，巴基斯坦最大的 B2C 电子商务平台。创建于 2012 年，覆盖巴基斯坦、孟加拉国、斯里兰卡、缅甸和尼泊尔，2018 年被阿里巴巴全资收购。

（21）JollyChic，中东地区排名第一的移动电子商务平台，创建于 2013 年，浙江执御信息技术有限公司旗下平台。自营模式，无店铺概念，以品类进行区分，日销模式。

（22）Paytm，印度最大的移动支付平台，2016 年成立了跨境电子商务业务平台。2019 年融资时获得软银集团和蚂蚁金服领投。

知识点 2：了解中国跨境电子商务发展

一、交易平台、交易模式等发展历程

中国主要跨境电子商务平台创建时间见表 3-6。

表　3-6

出口			进口		
平台	类型	创建时间	平台	类型	创建时间
环球资源		2000 年	天猫国际	全品类，本土第三方平台，B2C	2014 年
中国制造	B2B 信息类	1996 年	唯品国际	全品类，本土自营+第三方平台，B2C	2014 年
阿里巴巴国际		1999 年	京东全球购	全品类，本土自营，B2C	2015 年
大龙网	B2B，全类目，自营+第三方平台	2009 年	苏宁海外购	全品类，本土自营，B2C	2014 年

续表

出口			进口		
平台	类型	创建时间	平台	类型	创建时间
敦煌网	B2B，全类目，第三方平台	2004 年	网易考拉海淘	全品类，本土自营，B2C	2014 年
全球速卖通	B2C，全类目，第三方本土平台	2010 年	洋码头	全品类，本土第三方平台，B2C	2010 年
eBay		1995 年	跨境通	全品类，本土第三方平台，B2C	2013 年
亚马逊全球开店	B2C，全类目，第三方国外平台	2012 年	亚马逊海外购	全品类，第三方平台，B2C	2014 年
Wish		2011 年	小红书	全品类，自营＋第三方平台，B2C	2013 年
执御	B2C，全类目，自营本土平台，出口	2012 年	蜜芽	垂直类，本土第三方平台，B2C	2011 年

自 1993 年的"金关工程"计划开启我国的无纸化贸易及进出口贸易业务的电子化进程以来，我国跨境电子商务不断在发展。从表 3-6 中我国各主要平台的创建时间可以看出，我国跨境电子商务的发展节点是 1996—2004 年与 2010—2015 年，前期的模式主要是 B2B 的跨境出口相关信息服务；后期市场从出口转向进口，国内进口零售市场蓬勃发展。从这两个大的节点可见，我国跨境电子商务与全球跨境电子商务发展历程相同，同样分为 1.0、2.0、3.0 三个阶段。

1. 跨境电子商务 1.0 阶段

2000 年以前，我国的跨境电子商务还没有真正产生，表 3-6 中前 3 个 B2B 平台都是信息平台，它们只提供撮合服务。我国跨境电子商务 1.0 应该是以敦煌网的产生为起点。1998 年全球通用收付款平台 PayPal 的成立解决了跨境电子交易的支付问题，2004 年敦煌网上线，利用 PayPal 实现了在线支付、交易。因此 2003—2013 年这段时期为跨境 1.0 阶段。在这个阶段，我国首先诞生的是以 B2B 模式为主的跨境电子商务，之后才是 B2C 模式的发展。C2C 模式在这一阶段也开始萌芽、发展，但无法跨境交易，仅限国内局部地区。细分来看，2002—2004 年是本土 C2C 模式的黎明期，交易内容多为书籍和生活杂货，代表性平台为孔夫子旧书网和淘宝网；2005—2013 年是本土 C2C 的普及期，交易内容多为手机等电子产品，平台也逐渐增多，如 58 同城、中国二手设备网、二手街和优信拍等。

我国跨境电子商务 1.0 阶段以出口为主，我国跨境电子商务诞生于对海外市场的憧憬中。交易量方面，早期阶段的交易内容主要是以价廉物美的策略打入海外市场，但商品本身无差异性，无品牌概念，技术不高，因此成交量不高。在这一阶段，我国的搜索技术、支付技术、视频推广技术不断发展，为电子商务的发展提供了有利的客观条件。

2. 跨境电子商务 2.0 阶段

跨境电子商务 2.0 阶段时间大致为 2013—2017 年，该阶段为发展期，跨境电子商务快速增长，规模不断壮大。2013 年是我国跨境电子商务的转型年，传统进出口增速连续放缓，一大批传统企业和大型工厂瞄准电子商务新契机，投身跨境电子商务领域，推动跨境电子商务迅速成长。这种成长表现在三方面：①进口市场的高速增长。②出口市场的大货时代。③跨境电子商务的服务商、生态链不断完善，大型服务商频出。

2014 年，我国商家意识到自己国家有着比全球其他国家还要庞大的需求市场，纷纷踏足进口 B2C 模式。国内电子商务平台也纷纷上线进口平台，基于已积累起来的国内流量开拓跨境电子商务进口市场。同时，移动技术的产生更是促进了国内进口消费市场的蓬勃发展。各个平台争先设立移动端，让购物变得随处可得，移动用户量爆发，消费者的购买次数猛增，电子商务市场迅速发展。2018 年我国进口市场平台占有率排行为：天猫国际、网易考拉、海囤全球、唯品国际、亚马逊海外购等。同时为了助力进口跨境电子商务快速发展，响应线上线下融合趋势，截至 2019 年 12 月 24 日，国务院先后发布了 4 批共计 59 个[①] 城市跨境电子商务综合试验区。这也说明跨境电子商务可能会成为未来几年内政府推动中国外贸转型升级的重要抓手。

出口方面，由于电子商务能够帮助我国制造业更加便捷地拓展国际化市场，促进"中国制造"借助互联网的方式实现更好的转型升级，因此我国政府将 B2B 模式当作主体，B2C 为补充，不断通过推动制造型企业上线来做强 B2B 模式。2015 年 3 月，国务院批准杭州设立首个跨境电子商务综合试验区，标志着 B2B 向大货模式延伸，有力促进了跨境电子商务出口 B2B 的发展，使得海外市场上 B2B 在线采购占据半壁江山。同时受到"一带一路"倡议及资本市场的推动，B2B 平台上日益完善的供应链为这些市场的海外卖家提供了大量的中国货源，并逐渐朝数字化供应链发展。B2B 模式经过 10 多年的经营，积蓄起一定的海外市场，货物量及交易额都不断攀升。

交易市场的繁荣也带动了周边服务业的发展，跨境电子商务交易平台服务、技术服务、物流服务、营销服务、代运营服务、商品合规事宜相关服务、支付金融服务、供应链服务等不断齐全完备，规模越发壮大。跨境电子商务生态链上的各个领域因交易市场的火爆而兴盛，乃至于跨境电子商务相关培训也走红市场。大型服务商加入、全产业链服务在线化使跨境电子商务趋向成熟。

模式方面，还是以 B2B、B2C 为主，各综合类或垂直类的平台不断兴起。C2C 自由市场在我国电子商务方面有所起色，移动端 C2C 模式蓬勃发展，交易内容丰富，增加了综合服务、二手车、奢侈品、艺术品等，代表平台有闲鱼、拍拍二手、胖虎、回收宝等，但是还是没有可跨境的 C2C 平台。在这一阶段，工厂、外贸公司等具有生产设计管理能力的企

---

① https://www.sohu.com/a/241835611_99922387。

业加入卖家队伍，商品由网商、二手货源向一手货源好产品转变，M2B 模式兴起，品牌化成为趋势。我国市场的卖家属性多元化，平台收益模式多样，如交易佣金、营销推广、支付服务、物流服务费等。自营平台在这一阶段向第三方平台模式发展，但进口市场反而相反，众多第三方平台都开通各自的直营海外购商店。

3. 跨境电子商务 3.0 阶段

跨境电子商务 3.0 阶段大致开始于 2018 年。经过十几年的发展，跨境电子商务已经壮大成形。但是随着跨境电子商务的快速发展，渐渐也产生了一些问题，国际贸易摩擦和纠纷日益增加，急需相关法律法规来确定这一行业的合法性，保证跨境电子商务的成熟发展。2018 年，国务院、全国人大常委会、财政部、国家税务总局、商务部、海关总署等国家部门都参与或出台了跨境电子商务政策。这些政策既有利好的促进政策，也有规范跨境电子商务良性发展的政策。后者为我国跨境电子商务行业的健康发展起到推动作用，特别是2019 年 1 月起正式实施的《中华人民共和国电子商务法》更标志着我国电子商务正式步入成熟合规化阶段。此外，各平台政策也在不断收紧，它们对商品的知识产权等提出越来越严格的要求。经过了 2.0 阶段的快速发展，跨境电子商务 3.0 阶段开始不断加快合规化改造进程，完善自身，逐渐成熟，这就是该阶段最主要的内容。

跨境电子商务手段给对外贸易带来了变革，全球市场近在咫尺，外贸交易触手可及。跨境电子商务 3.0 阶段不仅仅是以商品交换为中心，还是以互联网为依托的服务平台，它在在线教育、交通出行等方面全面发展，商品的流通方式不再只是实物式的，还可以虚拟化。同时，3.0 阶段的交易内容还以消费者为中心，消费者需要什么样的产品才是关键。那些年度爆品或年度营销额高的产品，大多是个性化的产品或私人定制类产品。此外，新零售联合众多高科技为产业赋能的理念也影响了跨境电子商务的营销，科技含量高的商品成为跨境出口的宠儿。这些交易内容的变化都响应了消费者个体需求的差异化、个性化这一经济发展潮流。同时这一经济发展潮流也使得跨境电子商务的营销方式发生改变，采用短视频、直播营销等，越来越多的企业通过网络红人、目的国的时尚潮人推广商品，吸引流量。

在支付方式上，2018 年各种资金结算方式兴起，我国市场上的支付方式多种多样，跨境电子商务的支付方式也呈多元化发展。在物流方式上，2.0 阶段的快速发展带来的物流速度慢、售后服务跟不上等课题也为 3.0 阶段的跨境电子商务发展指引了方向。越来越多的海外仓储服务商涌入出口市场，国家各种保税区等特殊经济区域为跨境进口提供便利。同时，海关清关电子化、无人机等科学技术也被引入物流管理，无人仓库等概念兴起并被实践。售后服务课题上，电子商务看好线下实体的发展潜力，期望在新零售时代中占得发展的先机，因此纷纷尝试开展线下实体业务，开展 O2O 模式。

二、进出口国、交易额、交易内容等数据

我国 2020 年全年电子商务交易额约为 37.21 万亿元，其中商品类约 27.95 万亿元，服务类约 8.08 万亿元[1]。2020 年上半年，我国跨境电子商务市场规模约为 12.5 万亿元，同比增长 19.04%。跨境电子商务 B2B 交易模式占比 77.3%，跨境电子商务 B2C 交易占比 22.7%[2]。历史上看，B2B 市场规模占比逐年下降，B2C 占比逐年上升，B2C 市场交易额虽小，但增速快。2020 年我国跨境电子商务交易额占我国货物贸易进出口总值的 38.86%。进出口结构上，出口占比 77.6%，进口比例 22.4%，出口结构出现小幅上升，这主要是受新冠疫情的影响[2]。事实上，跨境电子商务零售进口总额自 2017 年起都大于出口总额，原因在于国内消费升级，消费者对海外优质商品的需求更为迫切。我国消费意向调查显示，我国消费者选择进口的原因首先在于品质，其次为品牌，最后是食品安全，价格和设计也成为他们的参照物，但不是最主要的。这反映了我国个性化、多元化和品质化的消费升级趋势。

交易主体方面，中国国际商会、德勤、阿里研究院的《中国进口消费市场研究报告 2020》显示，2019 年我国进口消费品主要供给国为欧盟、东盟、美国和日本等。从我国 2019 年包裹来源地数据来看，全球发往我国的包裹数中，占比前四的国家是日本（25.05%）、韩国（9.33%）、美国（8.65%）和英国（4.73%）。2020 年我国跨境电子商务用户呈现出年轻化和普惠化的趋势，1995 年以后出生的群体成为消费主力，其次为 1980 年以后出生的群体。交易内容方面，2018 年的主要进口品类占比排行为：食品、美妆护理、鞋服箱包、家居百货、母婴用品、数码家电、保健品和户外产品等。2019 年进口母婴用品及美妆产品仍是进口商品主流。2020 年受新冠疫情影响，清洁用品的进口市场大幅增长，服装汽车等可选消费品遭遇寒冬。交易平台方面，交易额靠前的主要进口平台为天猫国际、优卖、京东国际、唯品会、小红书、广州桃芝、亚马逊卓越和云集等。天猫占比最大，寡头效应显著。

出口方面，随着跨境电子商务日趋成熟，竞争不断激烈。我国品牌在发达国家市场上的认知度不高。调查显示，我国日用消费品牌在墨西哥、泰国、印度尼西亚、沙特阿拉伯和印度的认知度最高。2020 年受疫情影响，全球各国无论发达国家与否，都大幅度加大与我国的外贸交易。未来几年，我国跨境电子商务出口可能将广范围蓬勃发展，但"一带一路"沿线国家市场，如重要节点国家土耳其等更值得拓展。2019 年，中国发往全球的包裹总数达 303 482 389 件（3 亿件），占前五的国家分别为美国（29.29%）、法国（6.42%）、俄罗斯联邦（6.10%）、英国（5.55%）和德国（4.59%）。根据亚马逊全球开店及 1688 跨境专供爆款分析，这些包裹中，较大比例是近两年海外市场热销品类——数码/电脑配件、女装、玩具、日用百货等。地域分布上看，广东、浙江、福建等沿海地区，依托"生产制造产业＋物流＋营商环境＋人才"模式，成为跨境出口企业最为集聚的地区[3]。

① 数据来源于《中国电子商务报告（2020）》。
② 数据来源于电子商务研究中心 2020 年度中国跨境电商市场数据报告。
③ 2019 图说跨境 . 城云科技 [EB/OL]. （2020–02–17）. https://www.e-box.org.cn/ebox-mobile/newsDetail/46990。

总之，我国跨境电子商务出口目的国集中于发达经济体国和新兴经济体中的金砖国家，在新兴市场的品牌认知度相对较高；出口产品结构中 3C 电子产品和服装服饰的总占比超过 50%。在"一带一路"倡议的推动下，沿线国家势必成为中国跨境电子商务出口的新增长点。在国家的大力扶持下，未来的产品出口预期将在产业升级背景下进一步向高精尖转变。进口方面，在产业升级的背景下，我国消费者对中国制造品质的信任度将会提高，对国外品牌的需求力度将趋向冷静，届时，跨境进口将会集中在我国制造较为薄弱的商品以及奢侈品等品牌效应商品上。目前跨境进口亟须解决跨境电子商务平台上的产品真伪及质量频频遭到质疑这些问题。

知识点 3：了解日本跨境电子商务市场

从表 3-7 可以看出日本作为发达国家，比较早发展电子商务，早在 1993 年就开通网上购物。日本移动端电子商务发展也优于世界其他国家，1999 年日本就开通了移动上网服务，早在 2014 年乐天市场的销售额中有 65% 来自移动端[①]。支付方面，日本主要移动运营商 NTT DoKoMo、KDDI、软银分别于 2004 年和 2005 年采用索尼公司开发的非接触式智能卡（FeliCa）技术，推出移动支付业务。整体上，日本的物流条件、电子商务法律法规都很完善，电子商务环境十分优秀。

表　3-7

时间	主要事件	时间	主要事件
1993 年	电子商务诞生，广岛之家电器贩卖店	1994 年	日本国内风投公司开设网上商店
1997 年	乐天成立	1999 年	雅虎成立
2000 年	亚马逊日本上线	2004 年	ZOZOTOWN 时尚零售网上线
2005 年	个人信息保护法实施	2008 年	特定电子邮件法修改，亚马逊日本站销售额突破 1 兆日元
2010 年	智能手机、SNS（Facebook）兴起 手工制作国内电子商务平台 Creema 成立	2012 年	CtoC App 兴起 雅虎和 ASKUL 合作的大型购物国内电子商务平台 LOHACO 成立
2013 年	C2C 二手交易平台 Mercari 成立	2015 年	亚马逊 Pay 服务
2016 年	ZOZOTOWN 赊账支付服务	2020 年	通过了提升特定数字平台的相关法案

2020 年日本网络零售 B2C 交易额约为 19.2 兆亿日元，比 2019 年减少了 830 亿日元。其中，有形商品市场规模增长了 21.71%，数字商品市场规模为 2.4 兆亿日元，增长了 14.9%，但服务领域的市场规模负增长 36.05%。B2B 市场规模为 334.9 兆亿日元，较 2019 年减少了 5.1%。C2C 模式近年急速增长，2020 年规模为 119 兆亿日元，同比增长了 12.5%[②]。日本的 C2C

---

① 胡方，曹情. 日本电子商务现状与特点分析 [J]. 日本问题研究，2016，30（4）：1-10.
② 数据引自：令和 2 年度产业经济研究委托事业（電子商取引に関する市場調査）。

模式从 2012 年产生起，仅用了 5 年的时间就形成了超过 5 000 亿日元的市场规模。日本电子商务使用率逐年增长，2018 年，B2C 占日本国内零售市场 5.79%，B2B 占比 29.6%[①]。

2020 年，日本和美国、中国三国之间的跨境电子商务交易市场规模都有所增加，日本从中国进口的交易额约为 340 亿日元，比 2019 年增长了 8.9%；从美国进口的交易额约为 3 076 亿日元，比 2019 年增长了 7.4%。出口方面，2020 年，中国消费者通过跨境电子商务从日本购买的交易额约为 1.9 兆亿日元，比 2019 年增长了 17.8%。美国消费者购买日本商品的交易额约为 9 727 亿日元，增长了 7.7%[①]。由此可见，日本的出口远远大于进口；相比我国，日本人更喜欢从美国购进物品。上述数据还表明日本国内消费者通过跨境电子商务购买海外商品，特别是中国商品的积极性永远不及中国消费者对日本产品的追捧。在日本，电子购物只是实体店的补充，更多的日本人还是喜欢在实体商铺购物。在跨境购物上，只有 6% 的日本人选择海外购，因为他们不喜欢很长的物流时间、不方便的退货程序，且不信任外国购物网站，觉得自己国内的网购已经足够用了。2020 年，受疫情影响，日本人更多选择网络购物方式，很多实体商铺增加线上购物服务，总体上电器、音像、书籍、家具和服装的线上购物比重在加大。

出口品类方面，2017 年度日本零售出口畅销品类按国别分为：健康食品、婴儿用品、化妆品、保温瓶、锅、马桶、收纳用品（中国）；美容健康相关产品、时尚、电子产品（马来西亚）；化妆品、手表、衣服、婴儿用品（越南）；便宜的文具（印度）；运动产品、化妆品、奢侈包包（美国）；动漫产品、假发、糕点（墨西哥）；玩具、卫生用品、文具、美容用品（德国）。进口方面，日本人在海外网站上购买最多的商品是时尚品类（服装箱包配饰），其次为家电计算机、化妆品医药品、日用品和厕所用品等。

日本平台模式种类齐全，有乐天、雅虎、Wowma、Mercari、Qoolo 和 Zozo Town 等，突出特点是垂直型平台多，如手工制作平台 Creema 发展成全亚洲第一。而且由于日本人的资源再生等消费观念，日本市场的 C2C 模式蓬勃发展，二手交易 Mercari App 十分火爆，该平台在 2014 年还开拓了美国市场。B2B 平台大多由大企业主导，模式也偏向信息黄页模式。整体上日本市场具有自己的消费习惯，以及这种消费习惯带来的平台模式和运营方式的特殊性。日本多数平台本土化门槛较高，很少向国外卖家开放，跨境电子商务卖家通常只能在亚马逊日本和乐天平台上开店，流失了很多市场份额。此外，日本人更喜欢线下消费，因为其实体店铺体验感很好，因此日本跨境电子商务市场比较适合开展 O2O 模式，卖家应该积极利用本土化渠道优势，尝试推进线下渠道和线上销售的结合。交易内容一定要注重产品品质和售后服务，做好相关认证、备案。面向年轻人的商品要注重个性化设计，结合各种节假日，融合日本文化特征。

---

① 数据引自：平成 30 年度我が国经济社会の情报化·サービス化に係る基盘整备。

知识点 4：了解其他亚洲国家跨境电子商务市场

亚洲其他主要国家或地区常用购物平台见表 3-8。

表　3-8

排名	东南亚	泰国	新加坡	印度尼西亚	韩国（2017 年）	菲律宾
1	Lazada	Lazada th	Qoo10 sg	Lazada indonesia	11street	Lazada
2	Shopee	Shopee th	Lazada sg	Tokopedia	Coupang.com	Shopee
3	Tokopedia	11street th	eBay sg	Bukalapak	Tmon	Zalora
4	Bukalapak	Jib	Ezbuy	Shopee indonesia	Wemakeprice	eBay
5	Blibli	Tarad	Zalara sg	Jd.id	Gmarket.co.kr	Amazon
6	Tiki	Home pro	Shopee sg	Elevenia	Auction.co.kr	Sephora
7		seed		Bhinneka	Gsshop	Yesstyle
8				Zalora indonesia		Polyvore
9				Qoo10 indonesia		althea
10						阿里巴巴

谷歌和新加坡投资公司淡马锡（Temasek）联合发布的研究报告显示，东南亚的电子商务市场规模从 2019 年的 210 亿美元增长到 2020 年的 320 亿美元，增长了 52.4%[①]。韩国统计局发布的《线上购物趋势》报告显示，2021 年第一季度韩国网购交易规模为 384.9 亿美元，同比增加 21.3%。其中手机线上交易额首次超过 271.2 亿美元，同比增加 26.3%。与此同时，海外直购也较上年同期相比增长了 44.2%，达到 123.6 亿美元[②]。从国家划分来看，海外直购销售额从高到低依次为美国（47.16 亿美元）、中国（40.05 亿美元）、欧盟（24.72 亿美元）、日本（6.41 亿美元）。其中中国销售增长最值得瞩目，与去年同期相比增长了 223.6%。泰国 2021 年电商体量预计将达 56.64 亿美元。泰国允许跨境电子商务销售，无须注册泰国法律实体，且在泰国设立企业从事一般贸易也相对容易。世界银行《2020 年营商环境报告》中，泰国排名 21，同期我国排名仅 31，所以泰国的电商市场潜力也不容小觑。印度和印度尼西亚作为全球人口排名前 4 的国家，具有很大的人口红利。2019 年，印度电子商务市场规模为 425 亿美元。印度尼西亚电子商务市场规模为 2019 年 210 亿美元。2019 年马来西亚电子商务市场规模约为 30 亿美元，年复合增长率为 35%。总体上，2019 年，亚太地区网络零售增速为 25%，全球排名第一，未来发展潜力巨大。

---

① 2020 年，东南亚电子商务规模增长了 54%[EB/OL].（2021-08-04）.https://www.ennews.com/article-17495-1.htm.
② 韩国第一季度网购突破 380 亿美元，海外直购成增长亮点 [EB/OL].（2021-05-10）. 2021.https://www.cifnews.com/article/96193。

交易平台方面，马来西亚的电商市场被 Shopee 和 Lazada 两大巨头瓜分天下，两者共占据了近 86% 的网站流量。Lelong、Hermo 和 GoShop 平台是马来西亚本土电商平台访问量较大的 3 个平台，2020 年，PG Mall 平台战胜 Zalora 与 Lelong，成为马来西亚第三大热门平台。泰国市场同样被 Shopee 和 Lazada 两大平台占领，我国的京东泰国站（JD Central）也于 2018 年入驻泰国市场。总体上，在新兴市场上，外来企业的平台占据大部分的市场份额，印度尼西亚市场稍显例外，本土电商平台 Tokopedia 占据电商巨头的一席。

交易内容上，居家生活，健康品类的商品和手机及电子设备仍是东南亚市场的热门板块。马来西亚市场上，杂货与宠物品类的销量在热销产品类别中排名第三。

菲律宾只有 8 家从事电子商务的外国公司：Lazada、Shopee、Zalora、eBay、Sephora、Sophie Paris、My Sale 和 Melissa Philippines，其中，Lazada、Shopee、Zalora 和 eBay 平台是菲律宾访问量最大的 4 个电子商务平台。在这 4 个平台中，Lazada 平台占了 68% 的市场份额，是 Shopee 平台的 3 倍。菲律宾访问量最大的本土电子商务平台是时尚美容类平台 BeautyMNL，排名第 5，但流量却不到 100 万。由此可见，外来企业占菲律宾电子商务市场主导地位，菲律宾消费者在网上购物时，更倾向于在知名电子商务平台购买[1]。菲律宾其他知名的本土电子商务平台还有：在线销售电子产品及配件的电子商务平台 Kimstore；时尚美容类平台 Apartment 8 Clothing；Argomall、Galleon、O Shopping 和 Takatack。

越南电子商务平台访问量最大的是 Shopee 平台。访问量比较大的还有越南本土电子商务平台 Thegioididong 平台和 TIKI 平台，以及外来电子商务企业 Lazada 平台等。Thegioididong 平台成立于 2004 年，最初只是一家销售电子产品的实体商店，经过多年的发展，已逐渐成为越南突出的线上线下购物平台。越南的电子商务正处在萌芽与飞速发展阶段，电商政策还没有收紧，政策环境较为宽松。越南有 9 000 多万人口，有近一半的人口在 40 岁以下。网络渗透率约 66%。前几年我国劳动密集型工厂外迁到越南，因此服装品类越南本土价格更优惠，跨境电子商务不具有优势。电子产品等需要工艺、技术的产品才是越南跨境电子商务市场的热卖产品。越南消费者偏好低价商品，喜欢用现金支付。越南跨境电子商务宏观环境不具有优势，如人均 GDP 低，消费能力不高，物流与基础设施相对落后等。但是由于很多工厂迁移到越南，推动了越南经济的发展，因此市场前景仍然值得期待。

印度跨境电子商务退货率相当高，海关清关手续也相当麻烦。印度买家对产品价格非常敏感，他们更倾向于货到付款或者支付现金。印度跨境电子商务的这些问题也存在于其他东南亚电子商务新兴市场，如市场潜力备受关注的印度尼西亚也存在退货率高、商品客单价低、物流慢等问题。

---

① https://www.cifnews.com/article/40237?origin=tag_shopee_vietnam。

学习任务 3　　了解美洲跨境电子商务的发展

1.能完整描述美洲跨境电子商务市场中发展比较完备的国家或地区，以及极具市场潜力的国家或地区，并能说明原因。

2.能准确分析美洲各主要国家或地区的跨境电子商务市场发展概况。

3.能准确掌握美国、加拿大、南美洲主要国家的交易主体的消费喜好，包括热门的社交媒体、消费平台、交易内容等。

4.能准确掌握南美洲跨境电子商务市场的优劣势。

建议学时

1学时。

企业情景引入

培训人员向小陈介绍了全球速卖通平台的相关市场。在介绍南美市场的发展情况时，培训人员重点提及了全球速卖通的物流计划。早在 2016 年，全球速卖通就与菜鸟网络共同推出 AliExpress 无忧物流南美专线，覆盖智利、墨西哥、哥伦比亚等重点国家；在 2019 年时还对该专线进行升级，推出了更多物流方案来提升用户购物体验，如"无忧第一"系列；并且也在规划海外仓库等。这些物流计划也反映了南美洲地理距离和通关规则的复杂性，以及物流的准确性、及时性等市场难点。

知识点 1：了解美洲跨境电子商务整体概况

美洲分为北美洲、中美洲和南美洲，其中拉丁语系国家又合称为拉丁美洲。北美洲各国经济较好，该地区市场一直被认为是全球经济发展的核心区域，截至 2020 年 5 月，美国与加拿大共有多达 3.29 亿网民，渗透率为 94.6%，远高于全球平均水平。国别上看，美国是美洲的第一大经济实体，也是全球最早培育和发展电子商务的国家，世界上第一个跨境电子商务购物网站就是美国的 eBay 网，eBay 网成立初始是为了方便帮助全球各个地方的人在线拍卖物品，后来发展成为美国最大的 C2C 电子商务平台。美国国内人口在全美洲最多，它的移民国性质以及良好的经济水平使得它成为全球几大零售市场之一，吸引着国内外零售商和电子商务企业竞相争夺新一代消费形态主导权。美国电子商务的发展也带动了周边国家电子商务的发展，加拿大、墨西哥的跨境电子商务市场备受卖家关注。南美洲的经济虽然不如北美洲，但整体水平良好。阿根廷、智利、巴西和哥伦比亚的人均 GDP 在南美洲排名前列，这几个国家的跨境电子商务发展也早于非洲、亚洲的一些发展中国家，早在 1999 年南美洲就有了 MercodoLibre 平台，该平台现已发展成全球知名的跨境电子商务平台之一。

截至 2017 年 12 月，美洲主要国家的商务宏观环境见表 3-9。

表　3-9

国家	总人口/百万人（名次）	人口密度/每平方千米	人均GDP/美元（名次）	网络覆盖率/%
美国	325.72（1）	35	53 128（1）	95.6
巴西	207.66（2）	25	10 888（13）	70.7
墨西哥	123.52（3）	66	9 946（15）	65.0
哥伦比亚	49.29（4）	44	7 600（19）	63.2
阿根廷	44.05（5）	16	10 398（14）	93.1
加拿大	36.96（6）	4	51 315（2）	89.9
秘鲁	31.83（7）	25	6 172（23）	67.6
乌拉圭	3.49	19	14 362（9）	88.2
古巴	11.22	110	6 445（22）	40.3
波多黎各	3.73	376	27 308（3）	83.39

（截至 2017 年 12 月）

综合来看，美洲具有市场潜力的国家是美国、加拿大、巴西和墨西哥。此外，人口排名第 4、第 5 的哥伦比亚和阿根廷市场也是值得关注的。2018 年年底，亚马逊平台在哥伦比亚设立站点，这可以看出哥伦比亚的市场潜力。阿根廷人均 GDP 靠前，网络覆盖率高，阿根廷出身的跨境电子商务平台 MercadoLibre 2017 年仅在阿根廷就营收了 2.623 亿美元[①]，几乎占其 2016 年总收入的 1/4。据 Cnslogistic 追踪报道，2020 年阿根廷依旧成为全球增长最快的零售电商市场，增长率达到 79.0%。但是阿根廷国家关税高、物流时效低，

---

① 阿根廷电商：电商热，阿根廷准备好了吗？[EB/OL]．（2018-09-12）https：//36kr.com/p/5152650。

政府又推出了限制跨境电子商务的政策，因此总体上跨境电子商务政策环境不友好。人均 GDP 排名第 3、第 9 的波多黎各和乌拉圭存在人口弱势，电商市场发展有限。人均 GDP 排名前 8 的国家还有巴哈马、巴巴多斯、圣基茨和尼维斯、特立尼达和多巴哥、智利，都在 1 万美元以上，但人口红利有限。物流成本方面，南美洲各国位置分散，很多又隔着水路，所以物流时效差、成本高。人口密度大的国家相对成本低些。

美洲的跨境电子商务发展整体上早于其他洲，在 2005 年以前各种模式就已产生并发展起来，各种运营模式的平台，如自营或第三方平台都已产生并发展壮大。2010 年左右，美洲开始兴起移动端，电子商务全速发展。美洲的跨境电子商务注重零售模式，很多高流量的平台都是原来的实体百货商超开设的，这类实体商超的线上平台营销额几乎占据一半以上的市场份额。这一点不同于亚洲的电子商务市场。在美洲，零售企业具有线下实体店的优势，年代悠久，名声在外，更容易推广线上平台。美洲也有 B2B 模式平台，如知名的 Thomas Global，该平台也只是信息黄页模式，不是交易平台。此外，美洲市场还有很多专业领域的垂直型平台很受消费者喜欢。我国的全球速卖通平台在巴西等南美市场占据一定的份额。

尽管电子商务的发展给全球的传统零售业都带来冲击，造成线下零售业的萎缩或停滞，但全球的电子商务市场占比还是偏低，零售业实体店销售仍占据主流，美洲更是如此。2019 年，美国电子商务零售额为 6 020 亿美元，仅占总零售业的 11% 左右[①]；加拿大电子商务零售额为 441.5 亿美元，仅占总零售业的 6.9%；拉丁美洲电子商务零售额 531 亿美元，仅占零售业的 4%。2018 年巴西电子商务零售额为 253.7 亿美元，占零售业的 4%。由此可见，在美洲，大多数人还是偏好实体商店。电子商务往往应用于个人间的二手用品交易和实体商店缺少的商品交易。这意味着，美洲的 C2C 电子商务模式及垂直类电子商务模式有比较好的发展空间。

2020 年，由于新冠肺炎疫情的影响，美洲的消费习惯也在改变，线上消费强势增长。2020 年，加拿大电子商务零售额就达到了 772.5 亿美元，增长了 75%，占总零售业的 12.7%；阿根廷也增长了 79%。eMarketer 数据显示，2020 年拉丁美洲首次成为全球增长最快的零售电子商务市场，电子商务零售额增长 36.7%，达到 849.5 亿美元[②]。未来消费习惯及客观条件有良好发展的话，美洲的电子商务发展形势将比较乐观。美国和加拿大电子商务环境良好，巴西的 B2C 电子商务市场又占中南美的 42%。而且，拉丁美洲地区比较欢迎我国的产品，跨境购物又是墨西哥电子商务市场的重要组成部分，约有 68% 的墨西哥电子消费者在国际站点上购物，占总销售额的 1/4。

---

① 2019 年美国电商市场规模达 6 020 亿美元 [EB/OL].（2020—02—25）.http://www.360doc.com/content/20/0225/23/33989007_894840581. shtml.

② 拉丁美洲强势崛起！跨境电商"增速黑马"身披巨大红利来袭 [EB/OL].(2021—06—03). https://3g.163.com/dy/article/GBIVDMPM 053678 EF.html?spss=adap_pc.

美洲主要国家跨境电子商务概况见表 3-10。

表 3-10

项目	美国	加拿大	巴西	墨西哥
平台	亚马逊美国、eBay/Etsy/乐天、全球速卖通和 Wish	亚马逊加拿大、eBay 和全球速卖通	亚马逊巴西、MercadoLibre、全球速卖通和 Wish	MercadoLibre、亚马逊墨西哥和 Linio
畅销类目	服装、家居、医药品、电器、音乐数字产品、计算机硬件、运动用具、书籍和玩具	服装、时尚单品、电器、家居用品、电子与媒体、玩具、业余爱好和 DIY	护肤化妆品、服装饰品、家居用品和电子产品	服装、数字产品、门票和电子设备
选择电子商务的理由	价格（43%）、独创商品（36%）和国际品牌（34%）	通过网络进行价格比对后在实体店消费；喜欢从本国国内购物网站购买商品，目的在于降低汇率、邮费等方面的花费	价格；额外赠品，有意外惊喜	价格（61%）、独创商品（53%）、品牌（44%）、支付安全（91%）、免运费（90%）和可退货（89%）
存在的问题	贸易壁垒；电子商务使用率低	非跨境电子商务平台沃尔玛线上交易占大份额	物流系统不完善；复杂的关税制度、进口限制；电子商务制度不完善	进口手续复杂；物流不完善

知识点 2：了解美洲各主流平台

美洲各主流平台相关资料见表 3-11 ~ 表 3-13。

表 3-11

平台名称	概要	成立时间
亚马逊	网络书店起家，后渐渐发展为全品类，自营＋第三方平台	1995 年 7 月
eBay	初期为全美拍卖，C2C 模式，全品类，自主开发了在线支付工具 PayPal，第三方平台	1995 年 9 月
Etsy	美国最受欢迎的 C2C 电子商务网站，专注于手工产品、复古物品的交易，特定领域，垂直类网站，社区运营模式，第三方平台	2005 年成立，2015 年上市
Wish	基于 App 移动端的跨境电子商务平台，主市场为北美，主要靠价廉物美吸引客户，在美国市场有非常高的人气。核心品类包括服装、饰品、手机、礼品等。综合类第三方平台	2011 年美国版"淘宝"
MercodoLibre	主要业务范围为阿根廷、巴西、智利、哥伦比亚、墨西哥、秘鲁、乌拉圭和委内瑞拉等 19 个国家，是世界上访问量排名第七的零售网站。平台的热销品类主要为电子及配件、手机、时尚、家居园艺、运动用品和汽车配件等。综合类第三方平台	1999 年乌拉圭南美 eBay

续表

平台名称	概要	成立时间
Linio	初期为自营商品模式，2013 年底向第三方平台模式转型，2014 年开始做国际业务，开设迈阿密办公室在美国招商，2015 年初开设香港和深圳办公室，在亚洲招商。拉美地区最大的电子商务平台。覆盖的 8 个拉丁美洲的国家为：阿根廷、智利、秘鲁、厄瓜多尔、哥伦比亚、委内瑞拉、巴拿马、墨西哥。综合类第三方平台	2012 年，德国孵化公司投资
B2W Digital	巴西平台，位列 2014 年拉丁美洲前 500 强电子商务排行榜第一名。该公司旗下的 Lojas Americanas 平台 2019 年开通跨境销售。综合类第三方平台	2006 年
Steam	世界级大型综合性数字交易平台之一，游戏类产品。垂直类自营平台	2002 年美国

表 3-12

排名	平台	概要
1	B2W Digital	巴西，网络平台，综合类，2006 年
2	SACI Falabella	智利，零售，综合类
3	沃尔玛	美国，零售，综合类
4	亚马逊	美国，网络平台，综合类，2012 年
5	Magazline luizasa	巴西，零售，综合类

表 3-13

排名	平台	概要	类型
1	沃尔玛	传统线下商超	实体零售企业
2	apple		
3	Target	塔吉特公司，是美国仅次于沃尔玛的第二大零售百货集团	
4	Best Buy 百思买	2000 年推出首个网上购物网站，全球最大家用电器和电子产品零售集团，垂直型平台	
5	home depot 家得宝	全球领先家居建材用品零售商，美国第二大零售商，垂直型平台	
6	Kohl's	科尔士百货，面向家庭的专业百货	
7	Macy's	梅西百货	

学习任务 4　了解欧洲跨境电子商务的发展

1. 能完整描述欧洲跨境电子商务市场中发展比较完备的国家或地区，以及极具市场潜力的国家或地区，并能说明原因。

2. 能准确分析欧洲各主要国家或地区的跨境电子商务市场发展概况。

3. 能准确掌握欧盟、俄罗斯和土耳其等主要国家的交易主体的消费喜好，包括热门的社交媒体、消费平台和交易内容等。

1.5 学时。

通过培训，小陈还了解到俄罗斯市场是全球速卖通平台经营最好的市场。占据该平台营销额前几名的国家还有荷兰、以色列、白俄罗斯等国。全球速卖通平台上乌克兰和波兰这些国家的畅销类目是我国的服饰以及美妆，而俄罗斯消费者喜欢"黑科技"产品。小陈认识到运营平台时商品品类的重要性，同时也了解到了每个平台都有各自主打的市场和品类，在运营的过程中一定要注意具体问题具体分析。

知识点 1：了解欧洲跨境电子商务整体概况

全球范围内，欧洲电子商务在国民经济中所占的比例是最高的，约占国内 GDP 的 4.91%。2018 年欧盟 16 国跨境电子商务市场（包括旅游）收入达到了 1 370 亿欧元。比 2017 年增长了 13.2%，占整个电子商务市场 22.8% 的份额。2019 年欧洲 B2C 电商交易额

6 210 亿欧元，增长率 13.6%。2018 年，英国电子商务市场规模最为庞大；达到 1 650 亿欧元；其次为德国（980 亿欧元）、法国（840 亿欧元）、西班牙（280 亿欧元）以及荷兰（250 亿欧元）[①]。2018 年俄罗斯电子商务市场规模为 255 亿美元。移动端方面，57% 的消费者在 2016 年时开始使用移动端购物。欧洲五大跨境产品在线出口国分别是英国、德国、法国、意大利、荷兰。全球 10% 左右的海外消费者购买过德国的商品。

欧洲共有 44 个国家，在地理上习惯分为南欧、西欧、中欧、北欧和东欧 5 个地区。欧洲电子商务的重心仍在西欧，西欧的在线零售营业额占欧洲总额的 66% 左右。英国、法国和德国为欧洲三大电子商务市场。相比之下，南欧、北欧和东欧在欧洲电子商务中的份额要低得多。但这些地区也是电子商务发展最快的地区。2018 年 9 月，阿里巴巴全球速卖通宣布该平台在东欧、中东等新市场的海外买家增长强劲，该平台公布的 2018 年 8 个呈现爆发式增长的跨境电子商务市场中，罗马尼亚、乌克兰和爱沙尼亚等东欧国家纷纷上榜。其中电子商务每年增长最快的当属罗马尼亚，其电子商务销售额估计每年为 24.1 亿美元，占零售业销售额的 5.6%，该国电子商务零售总额在 2018 年增长了 37%[②]。

整体环境上，除欧洲五国外，土耳其、乌克兰、波兰也具有一定的人口优势，虽然人均 GDP 不占特别优势，但是除了乌克兰外，其他两国人均 GDP 都很高，具有一定的潜力。而且，波兰是"一带一路"重点发展国家，也是东欧物流中心，该国海外仓储资源众多。同时，波兰重工业发达，轻工业较为滞后，服装纺织类轻工业产品一直是中国对波兰出口的主要产品之一。乌克兰 2018 年电子商务市场增长率快速攀升，电子商务价值可达 51 亿美元。这一部分归功于该国超高的免税标准。乌克兰国家规定价值不满 150 欧元的快递包裹可以免税，而东欧大部分国家免税标准都只是 22 欧元以内。同时，该国的清关也较为简单。人均 GDP 上，卢森堡、挪威、瑞士、爱尔兰、丹麦不仅占据欧洲国家排名前排，还占据世界排名前排，且网络覆盖率高，具有强大的消费能力。但这些国家在总人口上不占优势，国内 GDP 总量也比较小，因此电子商务的经济体量不是非常大。整体上这些国家拥有一定的跨境电子商务市场潜力。其他电子商务环境方面，德国的物流效率最高，俄罗斯最低。

欧洲跨境电子商务市场的畅销品类，从交易额上看，服装时尚类仍为消费者最常购买物品，家用电子产品为第二大电子商务消费品类。无形商品的数字游戏以及旅游产品在英国和法国的交易额度最高。作为全球奢侈品汇集地的欧洲五国，电子商务更多是用于追求生活品质的，如旅游、数字游戏和高科技产品等。欧洲有欧盟组织，但每国都具有强烈的本国自豪感，欧盟之外的俄国等国家也是如此，因此从事欧洲国家的跨境电子商务时要做好本地化营销，选择合适的平台和语言。欧洲电子商务发展世界排名靠前，从事这些国家的跨境电子商务市场时要注重本地化营销。同时，缘于欧洲的贵族文化，交易内容更应注重设计。

---

① https://www.cifnews.com/article/42200/。

② https://www.sohu.com/a/241606180_100100700。

欧洲电子商务宏观环境见表 3-14。

表　3-14

国家	2018 年总人口 / 人	人口密度 / 每平方千米	2017 年人均 GDP / 美元（名次）	GDP/10 亿美元（名次）	网络覆盖率 /%
俄罗斯	143 964 709	8	11 441	1 577（7）	76.1
德国	82 293 457	236	46 747（11）	3 677（3）	96.2
英国	66 573 504	272	42 514（15）	2 622（4）	94.7
法国	65 233 271	122	42 567（14）	2 582（5）	92.6
意大利	59 290 969	205	34 877（18）	1 934（6）	92.4
西班牙	46 397 452	93	32 405（19）	1 311（8）	92.6
土耳其	81 916 871	104	14 933	851（9）	68.4
乌克兰	44 009 214	77	2 991	112	93.0
波兰	38 104 832	124	15 751	524	78.1

知识点 2：了解欧洲主流平台

平台方面，亚马逊是卢森堡（72%）和奥地利（64%）最受欢迎的跨境电子商务平台。eBay 在塞浦路斯占优（63%）。AliExpress 平台在俄罗斯（69%）和荷兰（35%）最受欢迎。欧洲主要的电子商务平台详见表 3-15。

表　3-15

排名	英国	法国	德国	意大利	俄罗斯	土耳其	波兰	西班牙
1	Amazon.co.uk	Amazon.fr	Amazon.de	Zalando	AliExpress	Hepsiburada	Allegro	Wallapop
2	Tesco	Cdiscount	Otto	Amazon	Ozon.ru	Araba.com	OLX	Amazon
3	Argos.co.uk	Voyage-Sncf.com	Idealo.de	Euronics	Eldorado	Trendyol	Ceneo	Wish
4	Gumtree	Fnac	Zalando	IBS	Dns-shop	Gitti Gidiyor	Aliexpress	Joom
5	Argos	Vente-Privée	BonPrix	BonPrix	Mvideo		Ross	AliExpress
6		Booking.com	cyberport	Yoox	eBay		Amm PL	Milanucios
7		eBay		Eprice	Alibaba		Blix Gazaetki	eBay
8		Groupon			Joom 移动端			El Corte Inglés
9		Carrefour			Ulmart			
10		E.Leclerc			Yandex			

（1）Market.yandex.ru，创建于 1993 年的 Yandex 平台是俄罗斯重要的搜索引擎之一，也是俄罗斯网络拥有用户最多的网站，它旗下的 Yandex Market（Yandex 市场）是俄罗斯最大的线上比价平台。该平台的流行品类依次为电子产品、家具用品、电脑、家用电器等。

（2）Wildberries 是俄罗斯本土领先的鞋服及饰品在线销售平台，创建于 2006 年。

（3）La Redoute，乐都特，法国著名的时尚、家居用品电子商务网站，创建于 1995 年。2016 年开通中文站。

（4）Cdiscount，法国主要的电子商务网站，创建于 1998 年，以低价批发形式为主，允许中国企业入驻。

（5）PriceMinister 于 2000 年创建于法国，2010 年被乐天收购。2018 年 3 月，PriceMinister 正式更名为 Rakuten France（乐天法国站）。乐天在欧洲各国的发展大多是以收购当地的网站为起点，如 Rakuten.de，乐天德国站的前身为班贝格 Tradoria，2011 年被收购，2012 年更名为乐天德国。乐天旗下的电子商务平台以前多是以当地卖家为主，现在已逐渐向外国卖家开放。

（6）Vente-Privée 于 2001 年创建于法国。该平台是闪购奢侈品网站，被称为"闪购鼻祖"，是法国著名折扣电子商务零售网站。

（7）Brandalley 创建于 2005 年，是法国折扣奢侈品网上零售商。相同的时尚品类平台还有创建于 2006 年的 Spartoo，该平台最初是以服装鞋子为主，2013 年扩展到其他时尚品类。

（8）Fnac 平台于 2009 年启动线上营销，是文化产品和电器产品零售平台，为法国排名第三的电子商务购物网站。销售范围为法国、卡塔尔、西班牙等 8 国。

（9）Otto，欧洲著名的电子商务平台，也是德国主流平台之一。2000 年 Otto 开通电话订购功能，2007 年开始线上营销，2008 年 Otto 时尚博客启动，2011 年 Otto 移动端 m.otto.de 推出。

（10）DaWanda 为德国的手工产品电子商务平台，性质与 Etsy 相同，都是垂直型平台。除德国外，平台上也有不少英国及法国买家。

（11）Bol.com 1999 年创建于德国。它是比利时、荷兰和卢森堡地区最大的综合类电子商务零售平台。

（12）Zalando 于 2008 年在柏林创建，是欧洲最大的网上时装零售商。

（13）Flubit 是英国最大的名品平台，创建于 2010 年。

（14）Tesco 原为英国乐购的实体超市，后发展线上业务。

（15）Fyndiq 是瑞典第一大折扣促销平台，创建于 2010 年。

（16）Fruugo 是芬兰的一个国际性在线平台，创建于 2010 年。Fruugo 平台上的零售商可以通过平台销售给 23 个国家，并在本国获得报酬。

（17）Hepsiburada 成立于 1998 年，是土耳其最大的 B2B 类型平台。土耳其市场上有众多电子商务平台，还未形成一家独大的情况，如成立于 2010 年的 Trendyol 目前是土耳其第二大电子商务平台，它是 B2C 类型，以快销服装为主打品类，2018 年 9 月被阿里巴巴收购。还比如成立于 2001 年的 Gitti Gidiyor 是土耳其著名的 C2C 类型的平台。土耳其市场的主要产品类别为 3C 和电子媒体，如付费音乐、电子书等无形商品。网上购物的原因还是价格优势。

（18）Allegro 创建于 1999 年，目前是波兰最大的时尚品牌电子商务平台，成立之初是拍卖型在线网站。该平台几乎占了波兰电子商务市场 80% 的份额，为欧洲第五大访问量的网上交易市场。该平台移动端在 2017 年全年的交易数量增长为 175%[①]。

（19）Okazii.ro 是罗马尼亚的电子商务平台，创建于 2000 年。它成立初期以二手车交易为主，后发展为全品类电子商务平台。

（20）Coolshop 创建于 2003 年，它是丹麦大型的零售商店，该平台致力于为客户提供最优惠价格，产品品类涉及游戏、游戏用品、家居等。

知识点 3：了解欧洲各主要国家跨境电子商务市场发展概况

英国市场的电子商务化概率为世界之最，网络电子商务渗透率极高，电子商务市场规模为欧洲之最。2019 年英国网络零售额为 1 339 亿美元，占总零售额的 21.8%。据 ACI Worldwide 公司分析，5 月份英国零售业的电子商务交易与 2018 年同期相比增长了 168%，这是由于电子产品、DIY（自己动手）用品、家居装饰和运动服的在线销售增长所致。2019 年，英国移动电子商务销售额占在线销售额的 58.9%。跨境电子商务方面，IMRG 和 Global-e 的调查数据显示，2020 年英国跨境电子商务销售额增长了 57%[②]。出口方面，美国是英国电子商务出口的最大市场。我国是它的另一个主要市场。此外，法国、希腊、爱尔兰、意大利、挪威、西班牙和瑞典的海淘网购者都喜欢选择英国产品。进口方面，德国是英国最大的商品进口国，中国紧随其后，往后是美国、荷兰、法国。服装和运动用品依然是最流行的品类，其次是旅行和假日用品、家庭用品、电影 / 音乐。英国本土平台依然是英国电子商务市场的主导，只有 31% 的消费者会在欧盟以外国家的网店上（比 2016 年增加了 4%）网购[③]。英国消费者喜欢网购的原因是网上商品品类丰富、价格优惠等。

2017 年德国的电子商务市场交易额约达到了 6 547 亿元，比 2016 年增长了 9.5%，其中移动端的交易额约为 1 846 亿元，占网络零售总交易额的 38.6%。2017 年，德国网购者在电子商务网站的平均花费为 1 515 欧元。数据显示，47% 的德国网购者喜欢在网上购书、电影、音乐和游戏，43% 的网购者网购衣服，41% 的网购者网购电子产品。值得关注的是，2017 年有 61% 的德国消费者表示通过移动设备至少购买了一本书[④]。2019 年，德国的电子商务市

---

① https：//www.ikjzd.com/w/165。
② 2020 年第二季度欧洲跨境电商 B2C 市场分析 . [EB/OL]. https://global.lianlianpay.com/article_wiki/32-23828.html。
③ 2018 年英国电商市场报告（一）[EB/OL]. https：//www.sohu.com/a/278121516_100273842?qq-pf-to=pcqq.c2c。
④ 欧洲第二大电商市场发展形势分析之——德国站 [EB/OL]. https：//www.ikjzd.com/home/9413，https：//www.ikjzd.com/home/9411。

场交易额约为 794.7 亿美元。德国的移动购物低于其他大型电商国家。2019 年，服装和鞋子是通过移动电子商务购买最多的产品，达 58%。最受欢迎的是杂货。德国消费者认为更有竞争力的价格、特别偏爱的品牌、独特的产品是促使他们体验跨境网购的主要原因。除此之外，他们还具有乐于回购、热衷比价、喜欢单品组装、爱看评价、注重隐私保护的特点。

法国的电子商务市场被评为全球第六大电子商务市场。法国消费者也喜欢线下消费。受疫情影响，2020 年法国 B2C 电子商务增长较多，达 29%。法国 2019 年电子零售市场交易额为 660 亿美元，占总零售额的 9.8%。2020 年法国乐天平台数据显示，35 ~ 64 岁的消费者占总数的一半，消费者男女比例均衡。总体上，法国人的消费习惯为：①网购有较强的季节性：通常在圣诞节期间（11—12 月）和情人节前后会有显著提高。②对中国商品有较高的热情：eBay 在 2016 年的调查数据显示，法国每年有 420 万人网购中国商品，超过 80% 的法国消费者表示喜欢中国商品。③对运费"敏感"：由于法国电子商务发展成熟，物流体系的搭建也已经成型，法国人对物流的要求越来越高，对运费和附加服务特别敏感。并且法国人对价格的敏感程度很高，喜欢折扣。据法国电子商务协会（FEVAD）调查，2020 年法国客户规模最大的网站是亚马逊（53.7%），其次是 Fnac（27%）。Fnac 是法国电子科技产品购买首选平台。2021 年 1 月，Cdiscount 平台推出了 B2B 在线平台，允许欧洲、中东和非洲卖家入驻。

根据电子商务企业协会（AKIT）数据，2020 年俄罗斯电子商务市场规模达到 3.221 万亿卢布（约 2 828 亿人民币），占零售总额的 9.6%。2018 年，俄罗斯消费者在国外网上商店消费 97 亿美元，占电子商务总额的 38%。但是，2020 年跨境电子商务仅占电子商务规模总额的 14%。这主要是受疫情影响，也因此，2020 年俄罗斯本土电商网站迅速发展。2018 年，国外在线购买商品中最受俄罗斯消费者欢迎的产品类别包括服装和鞋类（33%），家用电器和电子产品（28.3%），香水和化妆品（7%）。"其他"类别（19%）包括宠物用品和办公设备等[①]。2020 年俄罗斯本土平台五大热门品类为电子和家电、服装鞋类、食品、家具和家居、美容健康。跨境平台热销品类为服装鞋类、电子和家电、儿童产品。2020 年社交电商和直播电商正在发展，俄罗斯人主要通过 Instagram、Facebook 和 VKontakte 购买。在俄罗斯，有各种各样的当地第三方公司处理配送物流、营销、客户关系或是仓储等。俄罗斯现行的跨境电子商务政策比较宽松、友好，外国注册企业也可以进入俄罗斯电商市场销售商品。此外，进入俄罗斯的小额包裹是免关税的，而俄罗斯零售商从国外进口货物则必须支付各种关税，因此跨境电子商务拥有价格优势。俄罗斯消费者对中国产品也有一定的好感度。俄罗斯国土广阔，物流配送难度系数高，俄罗斯国内的邮政系统虽然配送范围是最广的，但速度慢，服务费也很高，从事俄罗斯跨境电子商务时需要选择好物流方式。

土耳其是全球第 25 大进口经济体，地理位置属于中东地区，但土耳其认为自己是欧洲

---

① 2018 年俄罗斯电子商务市场规模达 255 亿美元 [EB/OL]. http://www.ebrun.com/20190625/339090.shtml.

国家。2020 年土耳其有 62 707 万互联网用户，覆盖率为 74%，社交媒体覆盖率为 64%。2019 年，土耳其的电商市场规模为 123.6 亿美元。土耳其作为"一带一路"沿线国家，虽然它的电商渗透率和移动电商还未发展起来，但未来市场还是很值得期待。2020 年受疫情影响，土耳其选择线上购物的人口比例达到 65%，仅次于我国。欧洲的网购消费者的平均年龄为 40 岁，而土耳其的网购消费者的平均年龄仅为 30 岁左右，具有显著的后发优势。亚马逊土耳其站已经于 2018 年 9 月 19 日正式推出，成为亚马逊的第 14 个全球市场，也是亚马逊在欧洲开拓的首个欧盟以外市场。土耳其电子商务市场的畅销品类有电子与媒体（electronics & media）产品、家具和家电（furniture & appliances）类商品和时尚商品。68% 的消费者在线购买服装和鞋类，58% 的消费者购买电子产品，49% 的消费者购买个护与美容产品。土耳其本土纺织品、汽车、船只及其他运输工具和家用电子产品生产工业发达，居世界领先地位，竞争优势突出。2018 年土耳其从我国进口的产品占该产品进口总额比重排名中，家具、玩具、杂项制品最多，陶瓷、玻璃次之，接着是机电产品和纺织品原料等。

学习任务 5　了解非洲跨境电子商务的发展

任务目标

1. 能完整描述非洲跨境电子商务市场中发展比较完备的国家或地区，以及极具市场潜力的国家或地区，并能说明原因。

2. 能准确分析非洲和中东各主要国家或地区的跨境电子商务市场发展情况及市场难点。

3. 能准确掌握中东主要国家的交易主体的消费喜好，包括热门的社交媒体、消费平台和交易内容等。

建议学时

1.25 学时。

企业情景引入

在了解阿里巴巴国际投资时，小陈了解到公司主要是通过收购行为投资非洲这片蓝海，如全资并购巴基斯坦最大电子商务 Daraz、微众银行 Telenor 旗下的钱包业务等。阿里巴巴自己的平台在非洲、中东市场暂时无起色。通过学习，小陈大体了解了非洲市场存在的政治、文化问题，由此带来的消费能力、物流方面的诟病，而且该地区消费者比较偏好自己本土的平台，如"非洲版阿里巴巴"Jumia 平台等。通常这类平台的业务不仅仅是有形商品交易，还涉及生活服务方面。

知识点 1：了解非洲及中东地区跨境电子商务整体概况

非洲地理位置上可分为北非、东非、西非、中非、南非，共 54 个国家或地区，面积及人口世界排名第二，人口约为 12 亿，尼日利亚、埃塞俄比亚和埃及人口总数位于非洲各国人口前三位。国家经济实力上，尼日利亚、南非为非洲第一、二大经济体，埃及、阿尔及利亚、摩洛哥次之。Statista 数据显示，2017 年非洲地区互联网用户数量最多的为尼日利亚，互联网用户达 9 188 万，其次为埃及、肯尼亚、南非、摩洛哥。2017 年非洲电子商务市场收入为 165 亿美元。非洲电子商务宏观环境见表 3-16。

表 3-16

国家	2018 年总人口/人	人口密度/每平方千米	2017 年人均 GDP/美元（名次）	2020 年 GDP/10 亿美元（名次）	2017 年网络覆盖率/%
尼日利亚	200 962 417	209	2 412.41（18）	432（1）	55.5
埃塞俄比亚	110 135 635	104	549.80	108（6）	14.9
埃及	101 168 745	97	2 785.37（15）	363（2）	48.7
刚果	86 727 573		2 576.40（17）	49.87（12）	5.9
坦桑尼亚	60 913 557	64	900.52	62.41（9）	37.8
南非	58 065 097	46	7 524.51（5）	302（3）	53.7
肯尼亚	52 214 791	87	1 169.34	98.84（7）	83.0
阿尔及利亚	42 679 018	17	4 825.20（9）	145（4）	49.2

平台方面，非洲平台模式以 B2C 与 C2C 为主。尼日利亚、南非、肯尼亚的电子商务公司较有优势。非洲的平台少部分关注多种产品，大多数平台更关注细分市场，因为垂直品类对库存需求较小，也容易盈利。其中，尼日利亚平台侧重综合类，品类主要是服饰类，服装、鞋子、首饰、手机、婴儿用品较为畅销。南非平台侧重服饰类，该国跨境电子商务畅销品类为活动门票和旅游机票等数字商品。肯尼亚侧重住宿旅游类电子商务。总体上，

非洲的畅销品类有假发、手机、蚊帐、时尚类等。

非洲电子商务市场宏观环境比较有优势的就是表 3-16 中这些国家。其中，埃塞俄比亚、刚果、坦桑尼亚基于网络原因，市场前景不乐观。塞舌尔、赤道几内亚、毛里求斯人均 GDP 高达 1 万美元以上，网络覆盖率也都在及格线上，具有一定的市场前景。由于长期种族冲突，非洲的经济发展水平为世界最低。而且目前仍然战争不断、动荡不安，电子商务发展的客观环境不好。此外，非洲普遍网络覆盖率低，电子商务成长的硬条件薄弱。

目前在非洲，尼日利亚已经成为电子商务创业的第一选择，该国的电子商务创业公司及投资等多围绕电子商务开展。尽管尼日利亚人口数量、GDP 排名在前，但该国经济全靠石油资源支撑，人均 GDP 不高，宗教文化冲突不断，所以前景如何还有待观望。南非的人均 GDP 比我国高一些，又属于金砖五国之一，所以前景比尼日利亚乐观。总体上，西非的电子商务市场发展较好，其次为南非、东非、北非。

虽然北非的电子商务创业活动相对比较少，但埃及及摩洛哥位于北非，而且它们又接近中东，所以这两国的电子商务可以借势西亚发展。从事中东跨境电子商务市场时，可以考虑这两个非洲国家，但是埃及与摩洛哥的人均 GDP 远远低于西亚电子商务发展中心地的几个国家，阿尔及利亚反而稍微高些，因此市场选择时要注意综合分析。总体上非洲虽然具有 12 亿的人口优势，但电子商务环境不好，包括政治动荡、宗教信仰等引起的各种欺诈行为、物流难等，而且非洲的消费者出于特殊的宗教信仰、种族观念，更倾向于当地电子商务企业，跨境电子商务前景有待斟酌。

知识点 2：了解非洲国家主流平台概况

非洲国家主流平台见表 3-17。

表 3-17

平台名称	概要	成立时间
Bidorbuy	在线拍卖场和市场，是非洲最大的电子商务平台	1999 年 南非
Jumia	非洲的电子商务巨头，全品类。为 Rocket Internet 旗下，业务模式与亚马逊相似，业务覆盖喀麦隆、埃及、加纳、科特迪瓦、肯尼亚、英国等 10 个国家。每个国家都有单独的网站。2015 年 11 月，在中国开展招商工作	2012 年 尼日利亚
Konga	非洲电子商务巨头，拥有自己的物流网络，有自己的支付系统——KongaPay，2018 年 3 月被收购	2012 年 尼日利亚
Kilimall	中国人创办，仅覆盖肯尼亚全境和乌干达部分地区，目前打算从与中国关系紧密的卢旺达、坦桑尼亚等东非六国入手打开市场	2014 年 肯尼亚

续表

平台名称	概要	成立时间
Kaymu	2014 年，Kaymu 推出了自己的购物 App。B2C 与 C2C 相结合的经营模式。目前，业务范围已扩张至全球 32 个国家	2013 年尼日利亚
Takealot	前身为南非网络零售商 Take2。2015 年 5 月，Takealot 收购成立已 17 年的电子商务巨头 Kalahari，旨在整合资源，与亚马逊对抗。2016 年，Takealot 网站允许商家自行开设个人店铺，按盈利抽成	2011 年南非
Buyfast.co.za	南非著名华商吴少康投资，专注华人进口产品推广和销售。影响力还不够大	2014 年南非
Amanbo	中非 B2B 跨境贸易平台	2015 年
Cdiscount	2015 年在喀麦隆市开设站点，2014 年在塞内加尔开设站点	1998 年法国

知识点 3：了解中东国家跨境电子商务发展概况

中东指西亚和北非的部分地区，约 23 个国家，总面积 1 500 余万平方千米，4.9 亿人口。西亚包括沙特、伊朗、科威特、伊拉克、阿联酋、阿曼、卡塔尔、巴林、土耳其、以色列、巴勒斯坦、叙利亚、黎巴嫩、约旦、也门和塞浦路斯。北非包括苏丹、埃及、利比亚、突尼斯、阿尔及利亚、摩洛哥、马德拉群岛和亚速尔群岛。

中东的电子商务虽没有非洲那么迟，但也是到了 2005 年才有类似 eBay 的拍卖网站 Souq 平台成立。该网站的创办公司在 1999 年开发了 Maktoob 免费收发邮件系统。到 2016 年初，Souq 估值达到 10 亿美元，此时 Souq 平台经营模式类似亚马逊平台，第三方卖家可以入驻平台开店，中国卖家也可以入驻。物流模式也与亚马逊平台一样，有官方仓储配送体系和自发货两种。2012—2016 年是中东创投生态迅速增长的时期，2017 年开始整个中东电子商务行业大变，亚马逊给中东本地最大的电子商务平台 Souq 注资 6.7 亿美元；中东本地电子商务平台 Noon 迎来当地巨头 10 亿美元投资。2018 年 6 月，eBay 宣布和 Noon 平台合作。2018 年 12 月，亚马逊宣布开放中东站点。中东的电子商务市场蓬勃发展，市场前景被广泛看好。BMI 研究报告称，2022 年中东电子商务市场预计将达 486 亿美元，比 2018 年的 269 亿美元上涨将近 1 倍。平台方面，eBay 在阿联酋占据一些市场份额，苹果公司则在沙特拥有一定的市场份额。

中东地区具备良好的电子商务发展客观环境，如人均 GDP 不仅遥遥领先于亚洲各国，还可以与发达国家相媲美（中国人均 GDP 约为 7 329 美元，美国约为 53 128 美元）。总体上，GCC（Gulf Cooperation Council）六国是中东地区发展最快、经济最发达的主要经济体，是很多电商平台和消费市场的聚焦点。其中，沙特的 GDP 接近南非、尼日利亚的 1 倍，而电子商务渗透率却很低，前景比较可观（表 3-18）。但是中东国家人口普遍偏少，电子商务人口红利低,这点客观劣势或许可以借助周边的埃及等非洲国家的人口优势进行一定的弥补。在畅销品类上,阿联酋的电子商务市场中衣服和鞋子占 31% 的市场,其次为家电和数字媒体等。沙特市场上数字电子类产品更畅销,服装和家电其次。中东经济也是受益于石油经济,本土轻工业发展一般,对进口依赖度高。从事中东的跨境电子商务市场时要注意中东国家的宗教信仰,注意语言和文化差异等,做好本地化运营。

知识拓展 3.1

表　3-18

国家	2018 年总人口/人	人口密度/每平方千米	人均 GDP/美元（2017 年 12 月）	GDP/10 亿美元（2017 年 12 月）	网络覆盖率/%（2017 年 12 月）
阿联酋	9 300 000	132	41 197.17	382.58	
卡塔尔	2 743 901	227	65 696.39	167.61	95.9
以色列	8 583 916	402	34 134.81	350.85	81.6
科威特	4 248 974	232	33 545.60	120.13	98.0
巴林	1 637 896	1918	22 111.50		95.9
沙特	34 140 662	15	20 796.32	683.83	88.6
埃及	101 168 745	97	2 785.37	235.37	48.7
摩洛哥	36 635 156	80	3 292.40	109.14	61.6

知识点 4：了解中东主流平台

中东国家主流平台见表 3-19。

表　3-19

平台名称	概要	成立时间
Souq	该平台共有四个站点：阿联酋（UAE），埃及（Egypt），沙特（Saudi），科威特（Kuwait）。2017 年,中东站被 Amazon 收购	2005 年迪拜
Cobone.com	团购网站,B2C,2013 年被收购	2010 年迪拜
Wadi	综合型电商平台,创立之初就专注于沙特市场,2018 年获传统零售巨头 Majid Al Futtaim 投资,食品杂货业务发展强势。该平台的母公司为 MEIG（The Middle East Internet Group）,该电子商务集团旗下的电商平台还有时尚电商 Namshi、二手汽车交易 Carmudi、共享出行 Easy Taxi、房地产交易 Lamudi 和家政服务平台 Helping 等	2015 年
Noon	B2C,总部位于沙特首都利雅得	2016 年
JollyChic	隶属浙江执御信息技术有限公司,B2C 移动端购物平台,平台运营模式为跨境 B2B2C 模式	2017 年

学习任务 6　了解大洋洲跨境电子商务的发展

1. 能完整描述澳大利亚和新西兰跨境电子商务市场的优劣势。

2. 能准确掌握澳大利亚和新西兰的交易主体的消费喜好，包括热门的社交媒体、消费平台和交易内容等。

3. 能准确掌握澳大利亚和新西兰热门平台及热销品类。

0.5 学时。

2017 年，阿里巴巴在澳大利亚成立总部。更多的澳大利亚中小企业和新西兰中小企业通过阿里巴巴平台进入中国市场。在 2016 年"双 11"购物节中，澳大利亚成为在中国销售量第四高的产品来源国。澳大利亚邮政已与菜鸟网络展开合作，提供从澳大利亚出口到我国的跨境包裹递送（及包装）的联名服务。阿里巴巴还与澳大利亚邮政签订谅解备忘录。

知识点 1：了解大洋洲跨境电子商务整体概况

大洋洲有 15 个国家，即澳大利亚、新西兰、巴布亚新几内亚、所罗门群岛、瓦努阿图、帕劳、瑙鲁、图瓦卢、基里巴斯、萨摩亚、汤加、密克罗尼西亚联邦、斐济、密克罗尼亚联邦、马绍尔群岛。各国经济发展水平差异显著，澳大利亚和新西兰经济发达，其他岛国多为农业国，经济比较落后。工业也主要集中在澳大利亚，其次是新西兰。大洋洲市场最有潜力的是澳大利亚和新西兰，2019 年，两国的线上零售交易总额突破 250 亿美元，跨境交易总额分别上涨 9.5% 和 33%。其他地区如新喀里多尼亚、帕劳在人均 GDP 上占有优势，分别为 38 896 美元和 9 983 美元，但在人口等各方面都不具优势，网络覆盖率低，人口极少，人口密度低，物流难度高（表 3-20）。

表　3-20

国家	2018 年总人口 / 人	人口密度 /每平方千米	2017 年人均 GDP/美元（名次）	2017 年 GDP/10 亿美元（名次）	2017 年网络覆盖率 /%
澳大利亚	24 772 247	3	55 925.93（1）	1 323.42（1）	87.8
新西兰	4 749 598	18	37 852.87（2）	205.85（2）	88.1
巴布亚新几内亚	8 418 346	18	2 401.60（9）	21.09（3）	10.8
斐济	912 241	49	4 323.00（5）	5.06（4）	54.9

澳大利亚电子商务起始较晚，多在 2000 年之后，且多为本地大型百货超市开通线上网店。2016 年，澳大利亚开始出现"倒闭潮"，各大型企业纷纷倒闭，如百货超市 Big W 也不得不宣布被列入中期破产保护观察。在此背景下，2017 年成为澳大利亚电子商务发展年，澳大利亚本土企业纷纷转向电子商务市场，如零售企业 Myer 推出电子商务平台 Myer Market，团购网站 Catch Of The Day（Catch 集团）则把自己的品牌重塑为 Catch，并以电子商务平台的身份重新推出，允许本地卖家入驻。

2020 年澳大利亚人最喜欢的社交媒体为 YouTube，使用率为 78.2%；其次是 Facebook，使用率为 77.7%。与此同时，澳大利亚的电子商务销售额从 2014 年的 170 亿美元增长到 2017 年的 220 亿美元，年增长率约为 8%，在整体零售市场中的份额为 6.5%。2018 年澳大利亚的电子商务销售额为 203 亿美元，占零售总额的 9%。

新西兰也是个发达的英语国家，它以农业为主，国内零售市场上，对橄榄球用品与球队服装、帆船配件、农业用品、运动与户外用品、工具产品等需求比较多。它的主要电子商务平台是 Trade Me，其他如亚马逊平台等国际平台占比小。近半数新西兰人在网上购物，其中 38% 的订单流向海外卖家。2018 年新西兰电子商务销售额为 42 亿美元，同比增长 16%，占零售总额的 8.9%。跨境电子商务增速低于本土电商平台销售额增速。在 Trade Me 平台上，最热销的品类包括玩具、家具产品、电子产品，特别是手机、品牌服装、汽车、摩托车和船配件，其中玩具品类中，乐高玩具在新西兰非常流行。新西兰人热衷于在中国跨境电子商务网站购买服装和运动用品。其他跨境电子商务畅销品类为娱乐用品 / 玩具、家具产品、户外家具、以手机为代表的电子产品等。

知识点 2：了解大洋洲主流电子商务平台

大洋洲主流电子商务平台见表 3-21。

表 3-21

平台名称	概要	成立时间
GraysOnline	大洋洲最大的工业和商业在线拍卖公司	2000 年澳大利亚
Trademe	新西兰最大的电子商务平台，拥有新西兰全国近 3/4 的流量	1999 年新西兰
Catch of the Day	团购网站，独立门户＋第三方平台	2017 年澳大利亚
Chemist Warehouse	连锁药店，澳大利亚	2002 年网上开通线上业务
Officeworks	卖场零售商，办公用品，澳大利亚	1994 年澳大利亚
Harvey Norman	百货超市，澳大利亚	2011 年开通线上业务
Coles	百货超市，澳大利亚	1999 年开通线上业务
Kogan.com.au	国内电子商务，在线零售，澳大利亚	2006 年
Woolworths online	食品百货超市	2010 年
JB Hi-Fi	百货超市，澳大利亚和新西兰	2009 年
Amazon.com.au		2017 年
eBay.com.au eBay.com		1999 年
Gumtree	英国在线电子商务	2000 年

1. 线上交易　online transactions

2. 移动电子商务　M-commerce

3. 社交电子商务　Social E-commerce

4. 社交媒体　social media

5. 自媒体　we media

6. 冲动式购买　impulsive purchase

7. 网红经济　internet celebrity economy（wanghong economy）

8. 人口红利　population bonus （demographic dividend）

9. 互联网普及率　internet penetration rates

10. 语音电子商务　voice commerce

11. 语音识别技术　voice recognition technology

12. 智能家居　smart home

13. 数字游戏　digital games

14. 活动派对用品　event & party supplies

15. 织物　fabric

16. 独立访客　unique visitor（UV）

17. 浏览量　page view（PV）

18. 用户黏度 user viscosity

19. 跳出率 bounce rate

20. 碎片化时间 fragmented time

21. 点击量 click amount

22. 腾讯 Tencent

23. 谷歌广告词 Google AdWords

24. YouTube 视频广告 YouTube Ads

25. 推送技术 push notification technology

26. 定向推广 directional promotion

27. 转化率 conversion rates

28. 客单价 per customer transaction

一、判断题

1. Rakuten France 的前身是 Price Minister。（ ）

2. Etsy 和 Bestbuy 平台都是美国的垂直型平台。（ ）

3. 语音商务、内容电子商务属于跨境电子商务发展第一阶段的内容。（ ）

4. 跨境电子商务发展在第一、二阶段中主要靠人口红利。（ ）

5. 亚马逊澳洲站开通的时间是 2016 年 12 月。（ ）

6. 精细化运营是跨境电子商务发展第三阶段的特征。（ ）

7. 在跨境电子商务中要注意知识产权保护，但跟卖对知识产权没什么影响，可以放任生长。（ ）

8. DHgate 平台是 B2C 平台。（ ）

9. Payoneer 是社交软件。（ ）

10. 跨境电子商务发展趋于完善的国家市场有中国、美国、英国。（ ）

二、选择题（根据题目的要求，从下列平台中选出最合适的一个填入括号中）

A. Noon B. Soup C. Kilimall D. Jumia E. Cdiscount F. Otto G. Trademe

H. Yandex I. Joom J. Qoo10 K. Lazada L. Shopee M. AliExpress

N. Linio O. Tokopedia P. Tiki Q. Thegioididong

1. 从事新西兰跨境电子商务可以选择（ ）平台。

2. 东南亚跨境电子商务平台可选（ ）平台和（ ）平台。

3. 俄罗斯跨境电子商务市场可选（ ）平台和（ ）平台。

4. 从事新加坡跨境电子商务可以选择（ ）平台。

5. 从事印度尼西亚跨境电子商务可以选择（　　　）平台。

6. 从事德国跨境电子商务可以选择（　　　）平台。

7. 从事西班牙跨境电子商务可以选择（　　　）平台。

8. 非洲跨境电子商务市场可以选择（　　　）平台和（　　　）平台。

9. 中东跨境电子商务市场可以选择（　　　）平台和（　　　）平台。

10. 越南跨境电子商务市场可以选择（　　　）平台和（　　　）平台。

三、简答题

1. 中国跨境电子商务的主要进口国有哪些？主要品类有哪些？

2. 中东跨境电子商务市场目前存在哪些有待解决的问题？

3. 请分别罗列出全球每个洲各 3 个热门跨境电子商务平台。

4. 跨境电子商务发展有哪三个阶段？

5. 全球跨境电子商务未来的发展趋势如何？

6. 可以通过哪些因素来考察一个国家的跨境电子商务市场潜力？

7. 跨境电子商务的发展与哪些科学技术有关？

四、思考分析题

1. 如何看待印度的跨境电子商务市场？

2. 全球跨境电子商务存在的共同问题是什么？

3. 请尝试给跨境电子商务的中小卖家提供业务指导，并阐述理由。

4. 在物联网时代，如何开展跨境电子商务？

5. 如何在竞争激烈的欧美跨境电子商务市场上立足？

6. 如何开拓跨境电子商务新兴国家市场？

7. 请提供 5 个国外的数据网址供跨境电子商务市场分析使用。

8. 整体上看，全球跨境电子商务消费者关注的要素有哪些？

了解跨境电子商务的发展考核评价表

序号	评价内容	得分 / 分			综合得分 / 分
		自评	组评	师评	
1	市场分析思维的掌握				
2	术语的掌握				
3	练习的准确率				
4	对全球各主要市场的了解度				

续表

序号	评价内容	得分/分			综合得分/分
		自评	组评	师评	
5	各主要国家市场的主要平台的掌握				
6	跨境电子商务发展的影响因素的掌握				
	合计				

注 综合得分 = 自评 ×30%+ 组评 ×30%+ 师评 ×40%。

学习项目 3　总结与评价

建议学时

0.25 学时。（总结本学习项目各任务的学习情况。）

总结与评价过程

一、汇报总结

序号	汇报人	值得学习的地方	有待改进的地方
1			
2			
3			
4			
5			
6			

二、综合评价

1. 专业能力评价

序号	项目名称	得分
1	学习任务 1	
2	学习任务 2	
3	学习任务 3	
4	学习任务 4	
5	学习任务 5	
6	学习任务 6	
	综合得分	

注 综合得分为本学习项目中各学习任务得分的平均值。

2. 职业素养能力评价

序号	评价内容	评价标准	得分/分			综合得分/分
			自评	组评	师评	
1	市场分析能力	能否用自身的外语优势寻找国外市场相关数据				
		能否掌握市场分析相关要素				
		能否进行市场细分并发现利基市场				
2	选品能力	能否掌握选品思维				
		能否掌握各主要国家市场的畅销品类				
		能根据具体产品确定市场定位				
3	平台熟悉度	能否记住主要国家市场的主流平台				
		能否掌握这些主流平台的相关情况				
4	学习态度	是否主动完成任务要求中的内容				
		是否主动、充分利用网络资源				
综合得分						

3. 综合得分

学习项目 1 综合得分 = 专业能力评价得分 × 60% + 职业素养能力评价得分 × 40% + 创新素养能力评价得分。

注：创新素养能力是指学生在学习的过程中提出的具有创新性、可行性的建议的能力；创新素养能力评价得分，满分 10 分（由老师根据学生表现评定），为加分项。

4 学习项目 4
掌握跨境电子商务国家政策及平台规则

　　跨境电子商务存在以下风险：①外国政府构筑贸易壁垒；②商品知识产权问题；③跨境支付的资金安全问题；④商品不符合当地消费习惯和文化引致滞销风险；⑤因不诚信和商品质量问题被投诉的风险；等等。对这些风险的把控，需要法律、法规、政策、标准、行业规范、平台规则等的引导。这些规则、规章制度根据制定者的不同，可简单分为两大类：①国家部门或组织颁布的政策法规；②电子商务平台制定的规则。本学习项目将围绕这两大类展开说明。跨境电子商务监管经历了自动调控和政府调控，现已逐渐进入共同调控阶段。共同调控是指政府、网络技术开发商、服务商等跨境电子商务主体共同监管，努力促进跨境电子商务长远发展。

项目目标

1. 能熟练掌握跨境电子商务政策、规则相关体系。
2. 能准确掌握纳税和退税、进出口货物管理及其他相关国家政策。
3. 能熟练识记相关政策、规则的术语的英文表述。
4. 能熟练掌握各主流平台的规则。

建议学时

4学时。

学习任务 1　掌握进出口商品相关政策法规

1. 能熟练掌握各主要市场主要产品标准、限制进口品类等相关方面的进出口货物管理。
2. 能熟练掌握各主流市场的相关税收规定。
3. 能熟练掌握各主流市场的产品认证要求。
4. 能熟练识记国外一些自由贸易园区。

2 学时。

　　小陈最近有些烦恼，他管理的店铺一直都是自发货模式，但近期订单暴涨，出单率迅速提高，而且再过两个月欧美国家就要进入圣诞节，到时这些市场的需求量更会大增，因此小陈考虑调整发货模式，打算提前给这些市场发一批货物。同事告诉小陈，大批量的货物得按一般贸易方式出口，进入对方国家时还需进行清关，办理清关手续，缴纳目的国规定的相关税费，提交或办理相关产品资格认证，确保产品质量安全等符合目的国的相关规定。对此，小陈开始翻阅各种网站、资料，了解目的国跨境电子商务相关政策。

知识点 1：跨境电子商务政策法规体系

　　全球跨境电子商务经历了 20 多年的发展，贸易流程体系不断完善，交易模式不断丰富、优化。作为一种蓬勃发展的新型贸易方式，全球各国逐渐制定相关的法律、法规规范跨境电子商务的良性发展，同时也出台政策促进全球交易方式改革。

1996 年以来，联合国制定了《电子商务示范法》，这是世界上第一个关于电子商务的法律。随后，一些国际组织与国家纷纷制定各种法律规范，如联合国的《电子签字示范法》《联合国国际合同使用电子通信公约》；世界贸易组织（WTO）的《全球基础电信协议》《信息技术协议》《开放全球金融服务市场协议》；国际商会的《国际数字保证商务通则》《电子交易和结算规则》；经济合作与发展组织（OECD）的《OECD 电子商务行动计划》《有关国际组织和地区组织的报告：电子商务的活动和计划》《工商界全球商务行动计划》《电子商务税务政策框架条件》《在全球网络上保护个人隐私宣言》《关于在电子商务条件下保护消费者的宣言》《电子商务身份认证宣言》。

我国制定的电子商务政策和规定有《中华人民共和国计算机信息系统安全保护条例》（1994 年）、《中华人民共和国计算机信息网络国际联网管理暂行规定》（1996 年）、《中华人民共和国合同法》（1999 年）（已于 2021 年 1 月废止）、《中华人民共和国电子签名法》（2004 年）、《电子认证服务管理办法》（2009 年）、《电子认证服务密码管理办法》（2009 年）、《电子支付指引（第一号）》（2005 年）、《互联网电子邮件服务管理办法》（中华人民共和国信息产业部令第 38 号）、《文化部 信息产业部关于网络游戏发展和管理的若干意见》（2005 年）、《文化部关于网络音乐发展和管理的若干意见》（2006 年）、《商务部关于网上交易的指导意见（暂行）》（2007 年）、《中华人民共和国电子商务法》（2018 年）、《中华人民共和国民法典》（2020 年）。

其他世界各国也都制定了相关政策和规定，美国有《高性能计算法规网络案》（1991 年）、《国家信息基础结构的行动纲领》（1993 年）、《全球电子商务纲要》（1997 年）、《统一电子交易法》（1999 年）、《统一计算机信息交易法》（2000 年）、《国际与国内商务电子签章法》（2000 年）；欧盟有《关于电子商务的欧洲建议》（1997 年）、《欧盟电子签字统一框架指令》（1999 年）、《欧盟关于处理个人数据及其自由流动中保护个人的指令》（1998 年）、《数字签名统一规则草案》（1999 年）；新加坡有《电子交易法》（1998 年）、《电子交易（认证机构）规则》（1999 年）和《认证机构安全方针》；日本有《数字签名法》（1996 年）、《数字化日本之启动——行动纲领》（2000 年）、《电子签名与认证服务法》（2000 年）；等等。自 2020 年起，全球主要国家或地区都在加速平台竞争政策创新，在平台反垄断方面制定各种规则，如我国《关于平台经济领域的反垄断指南》（2021 年）、欧盟的《数字服务法案》和《数字市场法案》（2020 年）、德国的《反对限制竞争法》第十修正案（2021 年）；等等。在未来一段时间内，强化数字平台监管将是全球主要国家或地区的总体基调。

大体上，跨境电子商务政策法规可以分为两方面：一方面为促进；另一方面为监管。用以促进跨境电子商务发展的政策法规意味着一国市场对他国的开放度，能够有力地推动跨境电子商务的发展。这类政策法规最明显地体现在各国海关关税等税收政策上。用以监管跨境电子商务发展的政策法规是跨境电子商务良性、长远发展所必不可缺的。无规矩不成方圆，合规化的趋势潮流下监管方面的政策法规显得尤为重要，它不仅能使跨境电子商务良性发展，还能于外来商品中守护国民、国家安全。

依据跨境电子商务各环节结构划分，政策法规的具体内容涉及进出口商品、交易主体、电子交易支付、物流等方面。此外，还有电子商务合同相关规则。其中，进出口商品相关规则包括：①产品安全、质量标准；②进出口商品品类相关法规；③商品税收相关法规；④商品知识产权相关法规。交易主体相关规则包括：①消费者个人信息安全、消费者权益保护类法规；②企业资质认证相关规定。支付方面还有外汇管理相关规定。物流方面有通关、商检相关法规，以及境内物流相关法规。跨境电子商务的政策较为复杂，这种复杂性不仅仅是因为整个交易环节涉及各行各业从而需要了解各行各业的法律、法规、标准，同时更在于每个国家不同的法律规定。因此，正如同国际贸易那般，跨境电子商务的从业者也应系统地了解各国的相关政策、法律法规。

知识点 2：跨境电子商务交易内容之进出口品类管理

尽管跨境电子商务零售的小件模式存在一些监管漏洞，但不管是一般贸易还是跨境电子商务零售方式，进出口品类依据的法律法规大多是一样的，如我国的《中华人民共和国对外贸易法》《中华人民共和国货物进出口管理条例》《中国海关禁止进出口与限制进出境货物名录》；又如日本的《他法令》等。各国海关都有相关进口货物品类的规定，跨境电子商务的进出口品类必须符合这些规定。此外，我国还为跨境电子商务专门设立可进口清单——《跨境电子商务零售进口商品清单（2019 年版）》，俗称海淘"白名单"。这个"白名单"上的商品可以按照跨境电子商务零售进口的新税制来进口，为跨境电子商务零售进口提供通关便利以及税收支持。

大多数国家会在原有的一般贸易进出口品类规定基础上对跨境电子商务的商品品类加些限制，这种可进出口的货物、禁止或限制进出口的货物的规定因国而异，如加拿大禁止在网络上贩卖医药品；除医药品外，俄罗斯还限制酒类销售。容易被各国禁止的品类通常为医药品、酒类和化妆品。大多数国家每年都会对禁止或限制进出口货物的品类和数量等方面做出调整，具体可通过各国海关网站查询。从事跨境电子商务时还要注意各国的贸易壁垒，如有些产品不可以整机进口，印度就规定手机不可以整机进口，需缴纳附加税，提供相关产品认证。此外，各个品类也有各自的法律法规，如食品进口时需要符合《中华人民共和国食品安全法》相关规定；植物性食品需符合《中华人民共和国进出境动植物检疫法》及其实施条例的规定，网购保税方式进口的动植物源性食品需要实施入境检疫；奶粉进口要按照《婴幼儿配方乳粉产品配方注册管理办法》执行；等等。通过跨境电子商务贸易的产品需要执行《跨境电子商务产品溯源信息管理规范》（GB/T 39062—2020）相关规定。

　　鉴于这些复杂性，HS 编码的使用能为跨境电子商务提供很大的便捷性。另外，海外仓库不断发展壮大，越来越多的企业选择通过一般贸易方式完成商品的跨境转移。虽然一般贸易方式进出口通常需要取得相应的进出口权，但进出口权有个好处在于，它能销售一些跨境电子商务无法销售的货物，特别是食品类产品。

知识点 3：跨境电子商务交易内容相关规定

　　商品的安全及质量相关规定，主要是产品标准和产品认证两类。跨境电子商务商品在销往他国时，通常要符合他国的产品标准及其他技术性要求。这些产品标准有国际统一的标准，或者欧盟等同盟国统一标准，但大部分是每个国家自行制定的不同标准，包括一些贸易壁垒的产品标准、法规。产品认证是指由第三方通过检验评定企业的质量管理体系，通过样品型式试验来确认企业的产品、过程或服务是否符合特定要求，是否具备持续稳定地生产符合标准要求产品的能力，并给予书面证明的程序。产品认证有自愿和强制两种。整体上看，食品类、家电工业类商品各国通常都会强制认证。

　　产品标准、认证能够使产品在使用、储运、销售等过程中，不会损害人体健康和人身、财产安全等。对企业而言，遇到比本国更严格、更高标准的产品安全及质量法规也是一件益事，因为它能够促使企业改进生产技术、提高产品质量、优化产品质量管理体系。在未来的跨境电子商务中，产品质量是硬标准，是企业打开国际市场获得飞跃发展的硬指标。目前，平台并没有审核有些上架商品的相关资质，但是一旦引起买卖纠纷，各国法律通常都会要求提供相关证书。而且，各国海关清关时有时会要求企业提供该国法律明确强制要求的相关产品认证，否则不予清关。因此企业若想长远发展，应重视目的国产品认证要求，合规化自身产品。在跨境电子商务零售中，由于直接销售终端就是最终用户，因此有些国家规定可以免除一些品类的产品标准或认证，如中国玩具、开关可申请免除 3C 认证，具体参照各国相关法律，如我国《免于强制性产品认证的特殊用途进口产品检测处理程序》《实施强制性产品认证的产品目录》（1—6 批）；俄罗斯的《俄罗斯联邦产品和服务认证法》等。

　　总之，从事跨境电子商务时，需要重点解读各国颁布的与商品相关的政策、法规，确保商品符合目的国安全标准；确认商品各种信息文件齐全，如使用说明、安全信息、符合标准声明等；确认商品或商品包装上贴有目的国要求的强制性标志标签、制造商或进口商的名称、注册商号、产品类型、批号、联系地址等，确保商品符合目的国进出口及销售要求。

　　全球主要国家产品标准认证要求见表 4-1。

表 4-1

国家或地区	名字	强制与否	适用产品等相关说明
中国	3C	强制性	具体参照《强制性产品认证管理规定》《强制性产品认证标志管理办法》《中华人民共和国国家标准》等
美国	UL 认证	非强制性	主要是产品安全性能方面的检测和认证,不包含 EMC(电磁兼容)特性。没有通过该认证时千万不能在产品上打上对应的标识
	FDA 认证		注册登记,食品、药品、化妆品和医疗器具。凡是眼镜,需要完成滴珠证明,滴珠证明是 FDA 认证中的一项
	EPA 认证	强制性	柴油/汽油发动机设备等排放要求必须达到 EPA 认证。如果要在加利福尼亚州销售,还要符合 CARB 的标准
	CPSC 认证	强制性	儿童用品如玩具、服装等
	DOT 认证	强制性	自我认证。交通工具和运输的危险物品(控制器、显示器、儿童约束系统、摩托车的头盔、汽车内饰材料等)
	FCC 认证	强制性	FCC 是指美国联邦通信委员会,无线电应用产品、通信产品、数字产品和家用电器等进入美国市场时需要 FCC 认证。该认证分别有 FCC-VOC、FCC-DOC 和 FCC-ID 三种
	COOL	强制性	原产国标签条例,肉类
	加州 65 提案	强制性	该提案针对所有产品有害物质限值
加拿大	CSA 认证	非强制性	CSA 是指加拿大标准协会。针对在北美市场上销售的电子、电器、机械、建材、电器、计算机设备、办公设备、环保、医疗防火安全、运动及娱乐等方面的所有类型的产品提供安全认证
日本	PSC 认证		针对消费生活用品中涉及安全类的产品,如电子产品。有强制性的菱形 PSC 认证、自愿性的圆形 PSC 认证和 SG 认证
	TELEC 认证	强制性	日本无线电设备符合性认证
	PSE 认证	强制性	用以证明电机电子产品已通过日本电气和原料安全法
欧盟及英国	CE 认证	强制性	欧洲通用安规认证,所有欧盟市场上自由流通的产品都必须加贴"CE"标志,儿童衣服、儿童玩具、电子产品、太阳镜和机械健身设备等品类需特别注意。申请 CE 认证需要提交符合标准声明(DOC)。除亚马逊平台归类为"需预先认证"(pre-approval)产品外,厨房设备、玩具、灯具、电池和充电器等也被强制要求提供符合标准声明。凡是贴有"CE"标志的产品就可在欧盟各成员国内销售,无须符合每个成员国的要求。除此之外,欧盟指令还要求电子电器、机械、一般消费品、医疗器械、建材等产品都必须在产品包装和说明书上标明欧盟授权代表地址(EU REP)的信息。德国的《产品安全法案》规定,市场流通的所有产品,制造商不在欧洲经济区的,都需要提供欧洲经济区内的授权人或者进口商的名称和联系地址
	RoHS	强制性	《关于限制在电子电器设备中使用某些有害成分的指令》
	GS	自愿性	德国安全认证标志
	BSI		英国标准协会认证标志,针对电气零组件

国家或地区	名字	强制与否	适用产品等相关说明
欧盟及英国	EMC 指令		电磁兼容性，所有电气电子产品必须通过 EMC 认证，加贴"CE"标志后才能在欧共体市场销售，又称欧盟 2004/108/EC 指令。美国也有此类法规，即联邦法典 CFR 47/FCC Rules
	EN 标准		根据欧洲规定标准检测所做的认证
	VDE		德国电气工程师协会认证
	ENEC		欧洲标准电器认证，变压器、照明灯饰和电器开关等
俄罗斯	GOST 认证		质量认证体系，PCT 标志，依商品品类分强制认证和自愿认证两种
	CU–TR 认证	强制性	《关于哈萨克斯坦共和国、白俄罗斯共和国以及俄联邦技术规范的共同准则和规则》，统一标志为 EAC。凡属于俄白哈海关联盟（俄罗斯、白俄罗斯、哈萨克斯坦 3 个国家统一关税，CU）认证范围内的产品
印度尼西亚	SNI 认证		唯一在印度尼西亚国内适用的标准。所有出口到印度尼西亚的管制产品都必须有 SNI 标志（SNI marking）。涉及汽车及摩托车零部件、家电、建材、电缆等领域
印度	BIS 认证	非强制性	印度标准局的产品认证，印度法律规定包括能源、健康、电子等产品在内的 100 多种商品必须通过此认证。该认证费用多、周期长
	IEC 认证		国际电工委员会为了促进世界电工电子领域的标准化、减少贸易壁垒设立了该标准。它通常指的是 CB 体系，是 IECEE 运作的一个国际体系，IECEE 各成员国认证机构以 IEC 标准为基础对电工产品安全性能进行测试，其测试结果得出的 CB 测试报告和 CB 测试证书在 IECEE 各成员国得到相互认可。但印度通常不太接受这个证书
	STQC 认证	非强制性	电子产品的第三方认证体系，有效期为 3 年
澳大利亚	SAA 认证	非强制性	电器产品的安全法规。SAA 标志主要有两种，一种是形式认可，一种是标准标志。所有取得澳大利亚认证的产品，均可在新西兰市场销售
	C/A–tick 认证		A-Tick 仅适用于通信产品和电子产品两者。澳大利亚的 EMC 体系把产品划分为三个级别，供应商在销售级别二、级别三产品前，必须在 ACA 注册，申请使用 C-Tick 标志。此外，澳大利亚还要求产品应该有产品说明书（最好是当地语言或者多语言的）、原产地说明（欧美的海关针对产品和外包装箱的 made in China 的标识检查很严格）、儿童用品的适用年龄段、服装类产品吊牌内容如水洗标和成分说明等，以及透明塑料口袋的防窒息标识和产品安全提醒等
	RCM 认证		将逐步取代 SAA 认证和 C-Tick 认证，只能由澳大利亚当地企业申请
巴西	INMETRO 认证	强制性	包括安全认证和能效认证两方面，家用电器和 IT 设备等属于强制性认证品类。巴西的产品标准大部分以 IEC 和 ISO 标准为基础

国家或地区	名字	强制与否	适用产品等相关说明
阿联酋	TRA 认证	强制性	TRA 是管制无线电和电信通信的机构，所有无线设备在销往阿联酋市场都需获得型号许可
	ECAS 认证	强制性	照明产品，在 ECAS 注册认证范围内的产品（含电子电气产品），应打上 ECAS 标志以及 NB 号码。申请人必须为阿联酋本地注册企业，并提供有效的本地工商注册证书
	GCC 认证		目前 13 类特定的电器产品类别已划入 GCC 强制认证范围，必须取得 GSO 指定机构所颁发的 GCC 型式认证证书，在产品标记 G-mark 才能在 7 个海湾会员国间流通
南非	SABS 认证	强制性	分为产品认证和体系认证两类，应用于化学制品、生物制品、纤维制品和服装、机械制品、安全设备、电工产品、土木和建筑和汽车产品等领域，该认证已成为南非政府控制产品进口的重要砝码
	LOA 认证	强制性	NRCS 机构颁发，又称 NRCS 认证。绝大多数电子电气产品和部件都纳入 NRCS 的强制认证范围，必须在 NRCS 注册并申请授权书（LOA），方可进入南非市场销售
	COC 符合性证书		沙特、伊朗等中东地区的货物，进口国海关需要进口商提供经承认的国际认证企业对该批货物出具的符合性证书。根据国家的不同证书也不同，有些有特殊名称，如沙特的 COC 叫 SASO，尼日利亚的 COC 叫 SONCAP
新加坡	PSB 认证	强制性	电子电气产品销售需要该认证。PSB 的持证者必须是在新加坡有税籍的企业
菲律宾	ICC 认证	强制性	进口商品清关认证。音频、视频及类似电器进口销售需要该认证。此外商品还需满足对应的 PS 标准（菲律宾标准）要求
泰国	TISI 认证	强制性 + 自愿认证	涉及领域：电气设备和附件、医疗设备、建筑材料、日用消费品、车辆、PVC 管、LPG 燃气容器及农产品
马来西亚	SIRIM 认证		虽是自愿，但很多情况下会被政府管理强制要求
	COA 认证		COA 所有者必须将"马来西亚合格标志"（MC 标志）标记或贴在玩具上。马来西亚 20 世纪 90 年代修订的《电力供应法》和《电器设备批准条例》规定共有 34 大类电子电器必须拥有该认证

知识点 4：跨境电子商务交易内容之缴税规定

跨境电子商务商品的通关有一般贸易和快件两种模式。一般贸易方式进出口的商品按目的国进出口税法规定执行，如《中华人民共和国海关进出口税则》《欧盟共同体综合关税税则》等，又如印度 HSN 编码（货物出口的商品编码）计算关税。快件模式的跨境电子商务零售在税收方面存在灰色地带。过去在该行业初始阶段，很多卖家利用这一点逃避税收。随着跨境电子商务合规化进程不断发展，这种现象逐渐减少。

关于国际包裹，各国大都规定个人消费品包裹按邮递物品征收行邮税。行邮税是海关对个人携带、邮递进境的物品关税、进口环节增值税和消费税合并征收的进口税。为了满足消费者个人的合理消费需求，各国还制定了征税点，超过征税点的才征税。但是由于跨境电子商务对国内传统市场的冲击，现在印度等国已取消征税点，对所有跨境电子商务商品都按货物征收关税、增值税和消费税等税种，所征税种据各国情况而定。关税是进出口商品经过一国关境时，由政府所设置的海关向其进出口商所征收的税收。增值税是以商品在流转过程中产生的增值额作为计税依据而征收的一种流转税，如欧盟的 VAT（增值税）、墨西哥的 IVA（增值税）和德国的 EUSt（进口税）等，由最终购买者缴纳。消费税是以消费品的流转额作为征税对象的各种税收的统称，如印度的 GST（商品和服务税）。

除了税种不一样外，各个品类的税率也不一样，有高低之分，各国都有详细的规定。我国相关规定可参照《财政部　海关总署　税务总局关于完善跨境电子商务零售进口税收政策的通知（财关税〔2018〕49 号）》和《中华人民共和国进出口关税条例》，以及涉及退税阶段的各类规章制度。各国在税收监管上通常都会采用特定的编码，如美国的 EIN（联邦税号），在美国开设企业必须申请。还有美国的 W8（Form W–8BEN），用于非美国公民申请免除美国相关税项，每次有效期 3 年。再有英国的 IEN 进口条目编号，企业用自己 VAT 税号清关时，英国税务局会颁发 C88 的证书，该证书上就印有唯一的 IEN（进口条目编号）。由于跨境电子商务零售模式中很多会使用快件邮包，按无须缴税的 CC（个人物品）行邮方式通关，因此很多跨境电子商务经营者没有申请税号。但是现在有些国家如欧盟就开始规定任何商品入境都得缴税，因此，跨境电子商务不断合规化的将来，各国税号也会成为必备要求。同时，由于零售的快件模式，逐个清关监管不太有效，且卖家数以万计，监管不方便。因此，跨境电子商务已经成熟的国家通常是对平台施压，要求平台出规则监管平台内的经营者，比如没有提供税号就封号、查封平台店铺。

电子商务多是依靠价格优势迅速占领市场，在现今各种税收体系开始正式全面覆盖互联网零售商的时代，跨境电子商务的税收红利期已逐渐结束，它们将步入与传统外贸进口平等竞争的时代。关税、增值税、消费税等的征收，对出口跨境电子商务而言是一个极大的挑战。今后，跨境电子商务需要不断探究如何做到"物美"且"价廉"。各主要国家市场缴税规定见表 4–2。

知识拓展 4.1

表　4–2

国家或地区	关税限值及税率
中国	进口模式有一般贸易、个人物品直邮、跨境电子商务通关三种途径。个人物品直邮：征收行邮税，食品、饮料、药品等商品的税率为 13%；纺织品、电器等税率为 20%。跨境电子商务通关：关税为零，消费税和增值税按应纳税额的 70% 征收。有征税点，单次 5 000 元，全年 2.6 万元免税。超额按一般贸易，需要全额缴纳关税、增值税、消费税等

国家或地区	关税限值及税率
欧盟及英国	有低于 22 欧元的免税限值，只适用于买家清关。 远程销售额 EFN：从英国货发到其他欧盟国的销售额度，在欧盟的远程销售额度内，不需要有欧盟其他国家税号，只需要英国税号，在英国申报就可以。各国额度不一致，英国 7 万英镑，德国 10 万欧元，法国、西班牙和意大利为 3.5 万欧元。超过需申请目的国 VAT 号，并缴纳消费税。 英国 VAT 低税率（Flat VAT），在年销售额没有超过 23 万英镑的情况下，下一年度还可以继续用低税率申报。年度销售额包括英国和通过 EFN 方式的远程销售额。自发货部分不计入申报。 税种有关税、进口增值税和消费税。进口 VAT 和消费税税率：英国 20%、德国 19%、西班牙 21%、法国 20% 和意大利 22%
瑞士	VAT7.7%。单次 5 CHF，全年 10 万 CHF（约 69 万人民币）免税
泰国	VAT7%；单次 1 500 泰铢，全年 180 万泰铢免税。没有在泰国进行商业注册登记的跨境电子商务经营者需缴纳"电商增值税"。实施日期未定
澳大利亚	GST10%。寄货人为个人才能免税，单次 1 000 澳元（约 4 750 人民币），年度 7.5 万澳元以内免税 GST 可以抵扣，应缴 GST 可以扣减卖家在别人那里购买商品或服务时候所交的税（GST paid）
瑞典	所有进境的非欧盟电商物品（Non-EU origin e-commerce）都需缴纳 VAT，税率 25%，不区分货值高低，向收件人征收。此外，低于 150 欧元的物品收取 7.5 欧元邮政服务费，高于 150 欧元的物品收取 12.5 欧元邮政服务费
印度	印度 GST 税率分为：免税、5%、12%、18%、28% 等；实行价外税，由消费者负担。低于 5 000 卢比（约合 480 元人民币）的，可以当作礼品避税，但目前印度不办理进口速递货物的清关手续。 直发：亚马逊平台 FBM 模式，需缴纳零售价的 42% 关税。 海外仓模式：亚马逊平台 FBA 模式，需缴纳 20% ~ 22% 的关税和 18%GST
印度尼西亚	单次 75 美元以内免税
比利时	小于 150 欧元的物品只需缴纳 VAT，不需要关税。可使用中比物流园仓库存放货物，该物流园 90 天以内免仓储费。 报关系统为 BE-GATE PLDA（比利时海关报关系统）
日本	中国货物以直邮模式发往日本，单次物品价值在 1.5 万日币以上需要收取消费税，海外仓模式无论金额多少都需要卖家缴纳消费税。日本本土的电商企业一年销售额在 1 000 万日币以内的，可以申请免缴消费税
美国	关税最低起征额为 800 美元，礼品免税限额为 100 美元或 200 美元，同一发件人在一天之内向亚马逊平台美国仓库发送超过 1 票的货物除外。 货物总价在 1 250 美元以下的可以选择 informal entry（非正式入关）模式通关。 2017 年起，美国各州都已陆续开始对在该州内没有实体店的电商企业征收跨州消费税
阿根廷	国际邮件小额通关的免关税额度是 50 美元，每年最多可免 12 次，共 600 美元，每次不足 50 美元的差额不可再用、不可累积。超过 50 美元的部分，将征收 50% 的税。另外，以个人使用为目的的进口包裹，其免税额度上升到 3 000 美元，且重量由 20 千克提到 50 千克。在阿根廷，截至 2018 年 9 月，约有 800 种类的物品需要进口许可证，此类物品不享受上面的优惠。出口方面，非商用的个人自用国际包裹，每个月有 5 000 美元的免税额度。另外，不是使用国际邮政，而是经由政府运营的简易出口入口的商用出口，每年可免税 60 万美元。注：要享受这些优惠政策需提前在阿根廷邮政局网页上登记。 增值税或消费税：21%

续表

国家或地区	关税限值及税率
巴西	个人寄给个人的邮包价值在 50 美元以内的免税。 需要缴纳进口税和 ICMS（流转税）
土耳其	为了避税，目前我国以个人物品方式销往土耳其的，如果超过征税额，一般采用分拆包裹或者按低价申报的方式。而需求最大的电子类产品是不能直接免税通关的（充电线、耳机等除外），必须交税。但是，在同一天内，同一收件人收到多个相同发货人寄出的货物，其价值总和超过 75 欧元，海关将认定为高价值类货物，并转为正式商业清关
欧亚经济联盟	成员国包括俄罗斯、哈萨克斯坦、白俄罗斯、吉尔吉斯斯坦和亚美尼亚五国，这五国都是"一带一路"建设的重要合作伙伴。 商业用途商品价值在 200 欧元以内可不支付关税和税款。 通过邮政和快递企业运输的个人使用物品，1 000 欧元免税限值。2020 年起降至 200 欧元。 进口货物需要缴纳关税的，还须支付增值税
韩国	个人使用的低价值商品（US150 \$，FOB）免于进口申报，部分商品可以免税。快递货物根据简化声明 /IGM 清单清算，邮政物品现场免税。 商业样品低于 1 万韩元的无须缴纳关税

知识点 5：跨境电子商务交易内容之退（免）税规定

退税有两种，一种为出口退税，另一种为进口国退税。

一、出口退税

出口退税是国家运用税收杠杆奖励出口的一种措施，有两种。

（1）退还进口税，即出口产品企业用进口原料或半成品加工制成产品出口时，退还其已纳的进口税。

（2）退还已纳的国内税款，即企业在商品报关出口时，退还其生产该商品已纳的国内税金。

出口退税的目的在于促进国内出口，提升本国产品的国际竞争力。如我国《出口退（免）税企业分类管理办法》（修订版）（国家税务总局公告 2016 年第 46 号）、《国家税务总局商务部关于进一步规范外贸出口经营秩序切实加强出口货物退（免）税管理的通知》（国税发〔2006〕24 号）等规定的出口退税，有办理税务登记的出口企业符合一定条件可申请出口退税。符合条件的跨境电子商务企业申请退税时要注意退税的期限及保留销售过程中相关发票。

二、进口国退税

进口国退税是指进口国退还非本国企业在该国缴纳的相关税种。如欧盟可申请退还进口增值税（import VAT），美国可退还所得税（W-8ben）。目前，这类国家极少，而且欧盟的进口增值税，通常不会退还到 VAT 账号上，而是用来直接抵销售增值税。但是如果商品是以一般贸易方式进出口的，可根据各国之间的贸易协议等享受协议约定的优惠政策，这方面可关注中国与其他国家的 FTA（Free Trade Agreement）。FTA 是指两国或多国间具有法律约束力的契约，其目标之一是消除贸易壁垒，如关税或繁杂的规则，让产品与服务在国家间自由流动。目前，中国已经和东盟、智利、巴基斯坦、新西兰、新加坡、秘鲁、哥斯达黎加、冰岛、瑞士、韩国、澳大利亚、马尔代夫、格鲁吉亚签订了自由贸易协定。东南亚国家中，新加坡和越南与欧盟签署了 FTA，很多货物出口欧盟时可免除关税。越南还与日本、韩国等 16 个国家签署了 FTA。

除此之外，还可关注各国的自由贸易园区（free trade zone，FTZ），见表 4-3，它是缔约方境内的一部分，但是在关税上通常被视为关境之外。换而言之，就是从境外进入该区域的任何货物的关税都可实施免税或保税。许多国家境内单独建立的自由港、自由贸易区都属于这种类型。目前有中东迪拜杰贝阿里自由区、俄罗斯倡导的独联体成员国多边自由贸易区、中日韩自由贸易区、美国加拿大墨西哥的北美自由贸易区（NAFTA）、德国汉堡自由贸易区、美国纽约 1 号对外贸易区、中国（上海）自由贸易试验区等。这些进出口退税政策、双边或多边贸易协议，以及 FTZ 等法律法规对物流方式为非快件邮包的货物影响较大。

表 4-3

名称	涉及国家
南亚自由贸易区（SAFTA）	尼泊尔、孟加拉国、不丹、马尔代夫、巴基斯坦、斯里兰卡、印度
美洲自由贸易区（FTAA）	阿根廷、安提瓜和巴布达、巴巴多斯、巴哈马、巴拉圭、巴拿马、巴西、秘鲁、玻利维亚、多米尼加共和国、多米尼克、厄瓜多尔、哥伦比亚、哥斯达黎加、格林纳达、海地、加拿大、美国、墨西哥、尼加拉瓜、萨尔瓦多、圣卢西亚、圣文森特和格林纳丁斯、圣基茨和尼维斯联邦、苏里南、特立尼达和多巴哥、危地马拉、委内瑞拉、乌拉圭、牙买加、智利、圭亚那、伯利兹、古巴、加勒比
中欧自由贸易区（CEFTA）	波兰、匈牙利、捷克、斯洛伐克、斯洛文尼亚、罗马尼亚、保加利亚
东盟自由贸易区（AFTA）	印度尼西亚、马来西亚、菲律宾、新加坡、泰国、文莱、越南、老挝、缅甸、柬埔寨
欧盟与墨西哥自由贸易区	奥地利、比利时、保加利亚、塞浦路斯、克罗地亚、捷克共和国、丹麦、爱沙尼亚、芬兰、法国、德国、希腊、匈牙利、爱尔兰、意大利、拉脱维亚、立陶宛、卢森堡、马耳他、荷兰、波兰、葡萄牙、罗马尼亚、斯洛伐克、斯洛文尼亚、西班牙、瑞典、英国、墨西哥
中国东盟自由贸易区	中国、印度尼西亚、马来西亚、菲律宾、新加坡、泰国、文莱、越南、老挝、缅甸和柬埔寨
巴拿马科隆自由贸易区	巴拿马、科隆

知识链接 4-1

中国出口退税

一、企业必须符合的条件

企业必须为有工商登记、税务登记、对外贸易经营者备案的外贸企业或者生产企业（可无对外贸易经营者备案）。国家对通过一般贸易交易方式出口的货物可以按规定办理退（免）税：海外仓头程（海运/空运/快递）发货、FBA头程（海运/空运/快递）发货和国际快递发货（头程是指货物进出口物流中转运输中的第一程，从起运点开始算到中转点截止）。

可享受免税的企业包括：①电子商务出口企业已办理税务登记。②出口货物取得海关签发的出口货物报关单。③购进出口货物取得合法有效的进货凭证。如出口企业只有税务登记证，但未取得增值税一般纳税人资格或未办理出口退（免）税资格认定，以及出口货物报关单并非出口退税专用联次，购进货物出口时未取得合法凭证等，应当享受免税政策。

二、可出口退税的商品

其包括：①必须是属于增值税、消费税征税范围的货物。②必须是报关离境的货物。③必须是在财务上做销售处理的货物。④必须是出口收汇并已核销的货物。

三、退税需要的材料

出口退税需要以下资料：采购合同、采购增值税专用发票、装箱单、代理报关委托书、报关单、销售合同、出口发票、形式发票、物流提运单以及结汇水单或收汇通知书，如果产品需要商检的话，还需要提供产品的商检单。

四、退税公式

不同货物的退税率不同，按《财政部 税务总局关于调整部分产品出口退税率的通知》（财税〔2018〕123号）规定，主要有0、6%、10%、13%、16%等几档退税率。

外贸企业：应退税额＝增值税专用发票所列进项金额 × 退税率（采购发票上的税率和国家规定退税率的较低者）。

生产企业：出口货物增值税"免、抵、退"。

免：生产企业出口的自产货物，免征本企业生产销售环节增值税。

抵：生产企业出口的自产货物所耗用的原材料、零部件、燃料、动力等所含应予退还的进项税额，抵顶内销货物的应纳税额。

退：生产企业出口的自产货物在当月内应抵顶的进项税额大于应纳税额时，对未抵顶完的部分予以退税。

五、生产型出口企业办理出口退税业务流程

生产型出口企业办理出口退税业务流程如图4-1所示。

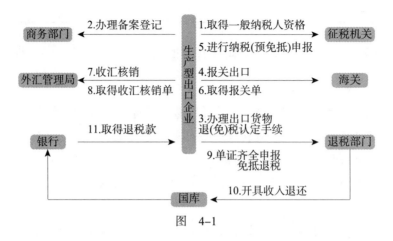

图 4-1

知识点 6: 跨境电子商务交易内容之商品知识产权相关法规

知识产权问题是跨境电子商务行业需重点关注的问题之一。在跨境电子商务野蛮发展的阶段，跟卖、仿造等曾是多数卖家的主要手段。就算在不断合规化的今天，也仍有一些卖家采取这些方式谋取短暂利益。

因此，对跨境电子商务行业而言，商品知识产权的合规化不仅迫在眉睫，它也是保护实干卖家的最主要手段。现今跨境电子商务行业的成熟带来了商品知识产权意识的增强，市场经济下，知识产权等于利益，各商家、平台日益重视商品品牌。凡是侵权行为，除诉诸法律之外，对跨境卖家而言，封店（经营的虚拟店铺被平台查封）带来的伤害更大、更迅猛。因此，在经营商品时，要保护好自己商品的知识产权，具体如外观专利申请、商标申请、设计版权等。有些卖家为了防患于未然，甚至将商品相关的关键词都申请知识产权。同时，亚马逊平台上的商品，还应在亚马逊平台做商标备案。跨境电子商务的卖家都是虚拟店铺，受平台管控，因此在平台上备案可防止后期不必要的麻烦。由于专利申请讲究新颖性，因此最好在产品上线前注册好商标、专利等，否则平台等会因为是已流通的产品缺乏新颖性而不给予知识产权保护。

此外，跨境电子商务从业者还应遵守各国知识产权相关法律法规、国际性公约等，规避侵权问题，做好自身产品的品牌建设，让自身产品取得更长远的发展。除了关注商标法、著作权法、专利法等这类各国的法规外，还需要参照一些关于域名管理、网络信息传播管理的相关规定。国际上，商标注册保护具有地域性且是分类别保护，因此，一国注册的商标只适用于该国，若要在其他多国销售，仍需在这些国家各自申请，这样才能保护产品权利。各国都设有商标查询官网，注册或上线销售时最好进行相应的查询。目前而言，各大卖家更应关注平台方对这类知识产权的相关规定，各平台对相关产品描述用词都有一些细微的规定，大体上，若不是品牌授权，应尽量避免出现各品牌名或图片等。

◎ 知识链接 4-2

各国或地区商标查询官网见表 4-4。

表　4-4

国家或地区	网址	国家或地区	网址
中国	http://sbj.cnipa.gov.cn/	新西兰	https://www.iponz.govt.nz/
菲律宾	http://www.ipophil.gov.ph/	阿联酋	http://www.ige.ch/
美国	http://www.tmquest.com 或：http://www.uspto.gov/	南非	http://www.cipc.co.za/
英国	http://www.ipo.gov.uk/	丹麦	http://www.dkpto.dk/
德国	http://www.dpma.de/	越南	http://www.noip.gov.vn/
欧盟	http://oami.europa.eu/	日本	http://www.jpo.go.jp/
俄罗斯	http://www.rupto.ru/	澳大利亚	http://www.ipaustralia.gov.au

学习任务 2　了解跨境电子商务其他相关法规

任务目标

1. 能熟练掌握各主流国家市场在个人交易信息保护、交易主体资质方面的规定。
2. 能熟练分析各主流国家市场的跨境电子商务支持政策和贸易壁垒。

建议学时

0.25 学时。

企业情景引入

小陈找到一家物流企业解决了货物清关问题，但是他发现一般贸易的关税花费巨大，他不得不去翻阅各种资料，询问同事，寻找对策。同事告诉小陈，有些支持跨境电子商务的国家会出台支持政策，比如免税政策，只要进驻它们跨境电子商务市场的企业符合相关资质要求即可。但也有些国家会设置贸易壁垒等来保护本国企业。了解这些政策对进出口贸易至关重要。

知识点1： 跨境电子商务交易类相关法规

跨境电子商务涉及交易主体、交易合同和交易支付三方面的内容，因此立法的核心，也是围绕这三方面展开。目前，跨境电子商务交易专属的法律法规比较少，基本上是以电子商务法规来管理跨境方面的电子交易。

交易主体买家方面，有个人信息保护相关法规、条例，如欧盟的《个人数据保护指令》、俄罗斯的《俄罗斯联邦信息法》、德国的《联邦数据保护法》、新加坡的《个人信息保护法案》等。这些法律都要求企业在进行产品推荐、邮件营销时慎重，消费者有权利拒绝并投诉相关的行销来电和信息。目前，发达国家对这方面的保护措施比较严格，企业若是泄露个人信息将会面临较重的惩罚。

交易主体卖家资质方面，各电商平台及各国法律法规也都有相关规定。电子商务早期，个人可以随意进入，现如今不管是个人进入平台销售，还是参与交易的企业及各类第三方服务商，都要满足登记和准入要求。电子商务各项活动的参与者应满足《电子商务模式规范》中关于成立、注册、身份认定审核的条件。若涉及设立网站行为，应主要依据《中华人民共和国电信条例》和《互联网信息服务管理办法》《网络交易监督管理办法》（2021年国家市场监督管理总局令第37号公告）进行审批和登记。第三方平台服务商还需要符合《第三方电子商务交易平台服务规范》的其他准入条件。这类登记认证不仅赋予企业经营的权利，有时还能为企业带来方便，如欧盟的"认可经济运营商"（authorised economic operator，AEO），在整个欧盟境内有效。该资格由当地机构授予那些从财务、记录保存以及相关技术角度已证明自己值得信赖的企业，可使海关优先处理该类企业的许可证请求或裁决请求、减少交易查验次数、简化例行检验的方式等。

跨境电子商务除了买卖双方直接交易主体外，还诞生出新兴的法律主体，如跨境电子商务平台、第三方支付机构、跨境购汇结汇、供应链、物流货代企业等。这就涉及了方方面面的法律法规。任何经济主体都应遵守各类法规，行使自己的权利，履行自己的义务。

交易合同法律法规涉及电子合同有效性的电子签名相关法律法规，传统国际贸易中，很多国家都规定合同应该具有书面形式才能起法律效力，但跨境电子商务中的合同是电子形式的，这具有特殊性。这种特殊性也使得跨境电子商务必须具有自己专属的交易合同相关的法律法规来确保电子合同的有效性。从美国犹他州颁布《数字签名法》（1995年）开始，世界各国或组织都逐渐颁布这方面的法律法规，如联合国贸易法委员会《电子商务示范法》（1996 年）、《电子签名统一规则》（2000 年）；欧盟《关于内部市场中与电子商务有关的若干法律问题的指令》《电子签名统一框架指令》《个人数据保护指令》《远程销售金融服务指令提案》；德国《信息与通用服务法》（1997 年）；俄罗斯《俄罗斯联邦信息、信息化和信息保护法》（1995 年）；美国《国际国内商务电子签名法》；等等。这些法律法规对电子签名赋予了与纸面签名同样的法律效力，使电子合同能够缔结。对规范电子签名活动、保障电子交易安全、维护电子交易各方的合法权益、促进电子商务的健康发展起到了重要作用。当然，网络交易行为更多还是需要诸如《中华人民共和国电子商务法》等进行管理。跨境电子商务的跨关境特征使跨境电子交易行为更为复杂，交易行为中的方方面面都需要专属的法律法规作出规定，确保交易合法有效。

　　交易支付方面，传统外贸的客户可以由进口商直接通过银行转外汇给企业，而跨境电子商务零售卖家多半通过第三方支付企业收款，有些还在境外设立关联企业，法律关系、财务账务处理等极其复杂。因此，中国人民银行发布《电子支付指引（第一号）》（中国人民银行公告〔2005〕第 23 号），并通过发布《中国人民银行办公厅关于实施支付机构客户备付金集中存管有关事项的通知》（银办发〔2017〕10 号），明确规定第三方支付机构不得挪用、占用交易过程中的客户备付金，今后客户备付金将统一交存至指定账户，由央行监管。2018 年，网联下发 42 号文督促第三方支付机构接入网联渠道。这些政策法规的颁发，规范了电子支付业务，防范了支付风险，保证了资金安全，维护了银行及其客户在电子支付活动中的合法权益，促进了电子支付业务健康发展。此外，跨境电子支付涉及他国国内电子支付相关规定，从事电商贸易时要注意根据这些政策选择恰当的支付手段。如日本规定第三方平台需获取电子支付牌照，同时《电子决算法案新修订法案》还规定了电子支付代理业者全部实行登录制，所有尚未有电子货币支付牌照的平台，必须在金融厅完成登录。最后，跨境电子商务支付环节涉及向外汇管理部门、金融机构结汇等问题，此类规范主要有《中华人民共和国外汇管理条例》（以下简称《外汇管理条例》）等。《外汇管理条例》中所涉及的经常项目售汇、结汇条文会直接影响到跨境电子商务的部分支付问题。

知识点 2：跨境电子商务国家支持政策及贸易壁垒

　　国际贸易中，以国家对外贸的干预与否为标准，可以把对外贸易政策归纳为三种基本类型：自由贸易政策、保护贸易政策和管理贸易政策。自由贸易政策是指国家对商品进出口不加干预，对进口商品不加限制，不设障碍；对出口商品也不给予特权和优惠，放任自由，使商品在国内外市场上自由竞争。保护贸易政策是指国家对商品进出口积极加以干预，利用各种措施限制商品进口，保护国内市场和国内生产，使之免受国外商品竞争；对本国出口商品给予优待和补贴，鼓励扩大出口。保护贸易政策在现今呈现的是新贸易保护主义，它的主要形式是绿色壁垒、技术壁垒、反倾销和知识产权保护等非关税壁垒措施。管理贸易政策，又称协调贸易政策，是指国家对内制定一系列的贸易政策、法规，加强对外贸易的管理，实现一国对外贸易的有秩序、健康的发展；对外通过谈判签订双边、区域及多边贸易条约或协定，协调和其他贸易伙伴在经济贸易方面的权利与义务。

跨境电子商务中最常见的是管理贸易政策和保护贸易政策。前者才能协调和管理跨境电子商务，激发本国产业的竞争能力，促进电子商务的真正发展。经济全球化愈演愈烈，跨境电子商务影响力不断扩大，越来越多的国家接受并开展这一经济活动。在新旧生产方式的碰撞摩擦中，各国的贸易政策有愈演愈烈的趋势，这之中不仅有管理贸易政策，更有保护贸易政策。跨境电子商务确实会冲击目的国国内市场，再加上政治等因素，保护贸易政策在跨境电子商务中也比较常见，在开拓新兴市场时，要关注该国是否有保护贸易政策，判断市场投资环境。通常这类保护贸易政策首先反映在各国的关税等税收规定上。比如我国降低消费品及工业品关税的相关规定，设置各种保税区等特别经济区域，以此促进外贸进口及跨境电子商务的发展。

经济全球化的今天，跨境电子商务行业国家管理日趋精准，税收政策日趋完善，市场的自主调控日趋理性。今后跨境电子商务要取得更长远的发展，合规化是必行之路。跨境电子商务从业者要实时关注相关政策变化，熟读相关法律，妥善利用支持政策及特殊经济区域，避开贸易壁垒，谋取更大的发展。

◎ 知识链接 4-3

一些国家跨境电子商务支持政策与贸易壁垒见表 4-5。

表　4-5

国家	内容
美国	从 2019 年 6 月 1 日起，美国部分州对一系列亚马逊销售费用和 FBA 库存准备费用征税。亚马逊平台对美国 45 个州征收销售税，2017 年 8 月，美国 13 个州共同宣布了一个针对电商的销售税特赦计划，只要卖家在 2017 年 8 月 17 日至 10 月 17 日内到美国的州际商务委员会进行注册，确保以后按规定交税，就能免除之前的税款。 （1）卖家与消费者所在州是否有 Nexus？ Nexus 是联结、关系的意思，它大致可分为三种情况： ①卖家在某一州内有店铺、雇员、库存； ②卖家通过州内的网站和市场机构帮自己引流； ③卖家从州内批发商处买货并让他们代为发货。 如有以上三种情况中的任何一种，就需要交销售税；因此只有完全从中国发货才不用交税。 （2）销售的产品类别是否需要交税？ 大多数产品都需要交税，但也有例外，比如宾夕法尼亚州的服装就不需要交税，这种情况需要卖家去了解美国各州的规定①

① 跨境知道.美国电商销售税全面来袭？跨境电子商务该如何合理避税？[EB/OL].（2018-04-19）. https://www.ikjzd.com/home/545.

续表

国家	内容
印度	2019 年 2 月 1 日起，印度禁止包括亚马逊平台和 Flipkart 平台在内的电商平台销售其持股企业提供的产品，同时禁止电商企业与卖家签订独家商品协议。此外，禁止非印度实体跨境电子商务平台货物入境；外资控股的印度企业只能开展 B2B 业务
伊朗	①伊朗政府不允许吸尘器整机进口，这就倒逼着企业去做散件的进口，比如 SKD、CKD； ②由于美国的制裁，昆仑银行付款通道已经被关闭，买家无法通过昆仑银行汇款，卖家也无法通过昆仑银行收款，买卖双方汇款的渠道已经被阻断； ③现在中国海外是不允许直接从国内运营至伊朗的，必须要从第三国去中转
越南	《税收征税管理法（修正）》规定，自 2020 年 7 月 1 日起： ①代表境外机构、从事电商业务并从越南获得收入的个人，需要代扣缴或缴纳税款。 ②对于在越南没有常设机构的海外供应商提供的电商业务活动、数字平台业务和其他服务，境外供应商应直接或授权（第三方）在越南按照财政部的指导进行税务登记、纳税申报和缴纳税款。 ③出台原产地管理新政，禁止通过转口贸易来规避高额关税的行为①

学习任务 3　了解跨境电子商务平台规则框架

1. 能准确描述跨境电子商务平台规则框架。

2. 能熟练掌握亚马逊平台相关规则。

3. 能准确分析跨境电子商务政策、法规现存课题。

1.5 学时。

　　小陈最近负责给新员工培训业务内容，今天的培训内容是熟悉平台。小陈首先介绍了平台规则体系，教会新员工今后不管使用哪个平台，都可以循着这个规则体系了解平台规

---

① 宋淑湲.越南自 2020 年 7 月 1 日起对跨境电子商务征税 [EB/OL].（2019-06-24）. http://www.mpaypass.com.cn/news/201906/24100129.html.

则。接着，小陈通过自己所管理的亚马逊平台店铺对上述规则体系进行逐一讲解，并让新员工进行操作，使其掌握平台操作技能。

知识点 1：平台规则框架体系

平台规则，是指基于法律法规下的平台对平台用户的约束条款。它也是跨境电子商务与国际贸易的不同点之一。跨境电子商务中买卖双方电子化，平台作为交易场所必须替代国家监管平台各类用户的各种经济行为。同时，作为一个企业，平台本身的各种行为也要符合国家法律规定。此外，跨境电子商务各种关系纷繁复杂，既包括买卖双方之间的买卖关系、代理关系、产品质量责任、信息披露义务、消费者保护等，又包括平台与用户的隐私保护、知识产权保护、数据储存、信用记录等，还包括用户和外部环境之间纳税义务、反垄断责任、物流配送等之间的关系。新的关系产生新的矛盾，而矛盾的协调解决需要依靠法律法规和平台规则。因此，平台规则的重要性是巨大的，构建并制定平台规则体系也是促使跨境电子商务合规化的有效手段之一。

平台规则是为了解决用户、平台、外部环境三者之间的矛盾。它包括网上交易规则、网上支付规则、UGC（用户生成内容）规则。从实际各大跨境电子商务平台规则的框架来看，平台规则针对交易结构中的各个环节展开，具体如交易主体的资质要求、产品上传等交易内容相关规则、仓储物流相关规则、市场管理、违规行为及处理等方方面面的内容。目前，需重点关注的是不要违反平台的知识产权政策、产品上传政策、产品真伪及安全政策、物流危险品限制政策、商品评论政策、客服政策等。另外，为了利润，有些平台会对店铺绩效进行评估，并采取销售权限移除等措施，如亚马逊平台 ODR（在线非诉讼纠纷解决服务）超标政策等。

目前多国出台法律规定平台必须监管自身用户，常见的如各国要求平台监管平台卖家按法规缴税等，如亚马逊平台将代表美国税务局，对发往华盛顿州、宾夕法尼亚州、俄克拉何马州、明尼苏达州的所有订单直接收取销售税，卖家即使在州内无实体营业场所也需缴纳。亚马逊平台还要求在欧盟国家储存货物或销售额超过一定数量的非欧盟卖家需上传增值税税号，否则将封闭虚拟店铺。平台规则也规范用户的行为，如 Wish 商户使用"虚假物流单号"将被罚款。

此外，每个平台出于自身的经营理念都有各自的要求，使用平台时需要仔细了解平台规则。平台规则对于卖家行为的影响是最直接的，它对电子商务行为的合法化和合规化，以及国际卖家的监管是最有效的。由于平台规则的限制不断增多，越来越多的卖家开始尝试自建站。自建站是企业自行建设，没有繁多的规则要求，但这也对国家监管提出很多的难题，自建站统一规则体系的制定迫在眉睫。除卖家行为外，现实中针对买家行为的平台规则较少，这也就存在买家行为监管不到位的现象，跨境电子商务平台规则体系仍需充实完善。

知识点 2：主流跨境电子商务平台相关规则列举

一、卖家资质要求

主流平台企业入驻资质见表 4-6。

表　4-6

平台	要求
亚马逊平台	亚马逊平台美国站以个人名义注册的账号全部要提供企业执照进行审核，才能够继续销售。新注册的账号也被要求提供执照
阿里巴巴国际站	需要有中国内地市场监督管理部门注册的做实体产品的生产型和贸易型企业，服务类型如物流、检测认证、管理服务等企业暂不能加入，离岸企业和个人也不行
日本乐天	①在日本或美国注册的企业。②日本人或日本永住（绿卡）的个人
日本雅虎	①在日本注册的企业。②日本人或日本永久居住（绿卡）的个人，只能以拍卖形式发布产品，不能在平台上开设店铺经营
虾皮平台	卖家必须拥有合法的企业营业执照；产品符合市场当地出口要求及当地进口要求；有一定的电商经验及产品数量达到 100 以上

二、商品上传相关规则

1. 亚马逊平台主图（主要图片）上传规则 [①]

（1）主图背景必须是纯白色 [亚马逊搜索和产品详情界面也是纯白的，纯白的 RGB（红、绿、蓝）值是 255，255，255]。

（2）主图是产品的实际图，不能是插图、手绘图或漫画图。

（3）主图不能带 Logo 和水印等（产品本身的 Logo 是允许的）。

（4）主图中的产品最好占据图片大约 85% 的空间。

（5）有变体的产品，父子产品都要有主图。

（6）产品在图片中清晰可见，而且完整显示，不能是部分或多角度组合图。

（7）有些类目的主图允许有模特（如内衣），但只能使用真人模特，不能使用服装店里的模型模特，模特必须是正面站立，不能是侧面、背面、多角度组合图、坐姿等。另外，主图模特身上不能有非售物品；有些类目主图则不允许使用模特（如 Shoes）。

（8）不能包含裸体信息。

[①] 跨境知道. 亚马逊发布最严图片政策，产品主图和产品辅图应满足什么条件？ [EB/OL].（2018-06-11）.https：//www.ikjzd.com/home/1805。

（9）部分家居装饰用品主图不强制一定要用纯白背景，如蚊帐、窗帘、沙发、墙壁挂画、灯等。

自 2018 年 7 月起，卖家产品主图中如存在以下几个问题，其 Listing 类目将被屏蔽整改：①背景非纯白底色。②像素化、边缘锯齿状图像。③包含文字、图形或水印的图像。④显示多个产品视图、颜色或尺寸的图像。⑤使用模型模特的图像。⑥产品主图占图片空间85%以下。

2. 亚马逊平台产品辅图（辅助图片）要求

（1）亚马逊平台产品 Listing 中卖家可以最多添加 8 张辅图。

（2）辅图应该对产品做一个不同侧面的展示，产品使用的展示，或对在主图中未凸显的产品特性做补充，可以展示细节、其他面或搭配图等。

（3）辅图最好也是纯白背景，但这不做强制要求。

（4）辅图不能带 Logo 和水印（产品本身的 Logo 是允许的）。

（5）产品必须在图片中清晰可见，如果有模特，那么模特不能是坐姿，最好站立，使用真人模特，不能使用服装店里的模型模特。

（6）不能包含裸体信息。

3. 亚马逊平台上传图片大小规则

（1）图片不能低于 500 像素，否则无法上传到亚马逊平台后台，也影响买家查看商品。

（2）图片的长边至少有 1 001 像素，最大可以为 3 000 像素，建议为 2 560 像素，以便使用亚马逊的图片缩放功能（缩放可以更好地展示图片以及提升销量）。

（3）图片的长或宽任意一边大于 1 000 像素时，该图片就可以有"zoom function"图片放大功能（对产品销量提高有一定帮助）。

（4）图片的格式可以为 JPEG（联合图像专家组）、TIFF（标签图像文件格式）、GIF（图形交换格式），建议使用 JPEG 格式，上传速度比较快。

（5）建议图片横向和纵向的比例是 1 ∶ 1.3，以便达到最佳的视觉效果。

（6）图片必须无边框（白色封面图书需要添加 3 像素的灰色边框）。

4.eBay 汽车、摩托车品类关键词描述要求①

（1）没有整车厂授权的情况下，不要使用"OE""original""genuine"这些词语。

（2）没有授权的情况下，不要使用带整车厂 Logo 或含"OE""original""genuine"词语的图片。

（3）没有授权的情况下，刊登标题或刊登描述，对于产品适配车型需要加"fit for""compatible with"等词。

三、物流相关规则

亚马逊平台物流相关规则见表 4–7。

---

① eBay 汽摩品类最常见的四大侵权行为 [EB/OL]. http：//info.hhczy.com/article/20180621/33942.shtml。

表　4-7[①]

项目	规则
FBA 新仓储费用和政策	对于标准尺寸和超大尺寸的物品，每月库存费用每立方英尺（1 立方英尺 =0.028 3 立方米）增加 0.05 美元； 自 2018 年 9 月 15 日起，按月收取长期仓储费用； 所有储存超过一年的物品每单位每月最低长期储存费为 0.50 美元； 自 2018 年 7 月 1 日起，库存绩效指数每 3 个月评估一次，适用于所有通过 FBA 发货的专业卖家，评分低于 350 意味着卖家库存将受到限制
新的 FBA 欧洲站费用	本国站点订单将征收本土配送费用（local fulfilment fees），泛欧订单将根据下单地址征收 FBA 费用； 跨界配送的订单将征收不同的欧洲配送网络（EFN）费用； 存储在欧洲物流中心的库存每月存储费将增加； 对于售价为 300 美元或以上的商品，亚马逊平台正逐步取消其享受的免费配送折扣，配送费按尺寸等级收取； 珠宝、手表和行李类别产品退货，将收取退货费； 自 2018 年 10 月 9 日起，无目录信息的包装箱，将收取手动处理费用
货件追踪编码	自 2016 年 2 月起，卖家需要为至少 95% 超过 15 美元的货件提供有效追踪编码。而亚马逊方面表示，为订单提供有效的物流追踪编码，不仅方便消费者实时追踪自己的订单，不再担心订单的下落，也能帮助卖家清晰了解订单状态，提高买家满意度
亚马逊物流欧洲整合服务	注册一个亚马逊平台欧洲账户，就可以在同一账户下将产品同时在亚马逊平台英国、德国、法国、西班牙、意大利 5 个站点上销售。物流方面，卖家只需把产品送到一个欧洲国家的亚马逊运营中心，亚马逊平台会根据预计的顾客需求，自动将这些库存产品分配到在多个国家的运营中心
轻小商品物流计划	适用于快速移动的、价格低于 10 美元（或 7 英镑）的小商品，原配送费减半，同时，参与该计划的商品将会拥有 Prime 标志

四、客服模块、用户评价规则

亚马逊平台客服模块规则是，不允许卖家在站内信中发送其他产品信息、优惠促销信息、索要好评等信息。用户评价方面，亚马逊平台禁止卖家使用打折、免订单费等方式刷好评，除非使用 Vine Program，加入 Vine Program 的 Reviewer，才可以为免费或是折扣商品写 Review。

知识点 3：跨境电子商务政策、法律法规相关课题

跨境电子商务发展的年代并非很长，相应的法律法规以及政策还不够完善，各类电商法律问题层出不穷。目前，跨境电子商务法律法规政策方面的课题有以下几种。

（1）不同跨境电子商务模式，不同的监管方式。跨境电子商务零售模式作为新型的贸易方式，量小且多为邮包模式，已有的外贸相关法规不太适用，所以零售模式所受的监

---

① 盘点：亚马逊平台近期都出台了哪些政策？[EB/OL]. https://www.cifnews.com/article/33973。

管约束少一些，相关法制体系暂不健全。《中华人民共和国电子商务法》第二十六条指出"电子商务经营者从事跨境电子商务，应当遵守进出口监督管理的法律、行政法规和国家有关规定"。但是，跨境电子商务零售的很多商品无法满足通关单、中文标签、食品添加符合国标这些条件。另外，B2B 模式货物量大，通常是按一般贸易形式进出口。海外仓头程模式的跨境电子商务也经常按一般贸易模式进出口。这两种情况的跨境电子商务都是受一般贸易进出口相关法律法规的约束，如需要一般贸易申报，需要进出口权和相关证件。B2B 模式与 B2C 模式监管方式的不一致也是它们现行不一样发展态势的原因之一。

（2）针对买家的法规不齐备。尽管中国在跨境电子商务政策的不断修改中，将"个人"修改为"消费者（订购人）"，明确了买家必须为商业活动的终端这一身份特征，规定了进口零售商品不得二次销售，但对于买家的其他不端行为并未作出规定、监管。而且，跨境电子商务的买卖双方跨越了关境，对于买卖双方的行为监管就存在更大的漏洞。尽管中国正在试行 ODR 模式，通过联合业界专业人员，为企业及消费者提供包括在线法律咨询、消费投诉、协商和解、调解、仲裁，以及先行赔付在内的一站式电子商务纠纷处理，实现"快速纠纷解决服务"，但在跨境电子商务方面还没有这类服务以及完善的法规。跨境电子商务在这方面的监管范围不够全面，监管力度不足。

（3）全球跨境电子商务规则、政策、监管不一致。从上面的分析中可以看出每个国家的跨境电子商务规则是不一样的。这既反映在商品标准认证体系的不统一上，又反映在税收税种的多样性上。这些不一致使得跨境电子商务政策环境复杂无比，在从事这一经济行为时需各国市场逐个分析，增加了交易活动顺利进行的难度。

一个行业的长久健康发展需要合规、合法化，随着跨境电子商务的快速发展，越来越多的国家出台专门的法律加以监管，从 2013 年到 2017 年，我国陆续出台了 17 个与跨境电子商务有关的政策，涉及税收政策、外汇政策、检验检疫政策、海关监管政策、综试区先行先试政策等。而且，各大跨境电子商务平台的新政也层出不穷。同时，为解决全球电商行业普遍缺乏规则约束的问题，2017 年 12 月世界海关组织政策委员会签署了一份"跨境电子商务解决方案"（卢克索决议），2018 年 6 月世界海关组织通过了《跨境电子商务标准框架》。这些都加快了跨境电子商务全球化进程。截至 2019 年 5 月，已有近 70 个 WTO 成员支持商讨制定全球电商规则，制定关于电子商务或数字贸易的全球性规则框架。这些都彰显出跨境电子商务"合规化"的决心。

当然，也有国家对这种全球性规则持反对态度，如印度、南非和沙特阿拉伯等。印度担心的因素在于国内相关政策的缺乏，美国和欧洲致力推动的数据自由流通，是否会迫使发展中国家和最不发达国家降低关税并放宽对服务贸易的限制等。尼泊尔目前也禁止使用微信支付、支付宝支付及跨境 POS 机等国际支付系统。不可否认，全球市场的对外开放确实会有隐患。全球性的规则框架意味着将全球市场置于同一平等位置对待，它首先带来的是各国市场对其他国家的全面开放，这不仅意味着利益的分摊，还将本国产业置于全球范围内的行业竞争之中，其激烈程度是可想而知的。而且，商品流通带来货币流通、个人信息流通等，将一个国家的数据在全球自由流通，这给国家的安全带来一定的隐患。但是如果只是无限地设立各种关税等来保护本国产业的话，一个国家的进步就是有限的。

克林顿网络新政指出：①政府应避免对电子商务施加不当限制，政府应尽可能少干预网上交易行为，尽量不要制定不必要的新管制条例、官僚主义手续和新税种，包括关税。②政府干预的重心应是建立一个可预见的、干预最少的、一致的、简明的电子商务法律环境。在新兴电子商务领域，私人部门起领导作用并不意味着政府无能为力，但政府干预应当是维护竞争、保护知识产权和隐私、提高透明度、防范欺诈等，尤为重要的是建立一个包括所有有关各方解决争端、达成共识的机制。这种意识对于各国乃至国际组织制定跨境电子商务法律框架都具有参考意义。

发展跨境电子商务对于扩大国际市场份额、拓展外贸营销网络、转变外贸发展方式具有重要而深远的意义。电子商务既然是一种合理的存在，任何一个国家都应该考虑利用这种新兴的技术发展国家经济，跟上工业革命的步伐。在未来，各国都应该出台相应的政策法规来监管跨境电子商务，都应该采取监管加包容的态度来有效地利用这一经济形式所带来的工业革命技术革新。合理的跨境电子商务政策将有利于促进跨境电子商务新业态的健康发展，培育贸易新业态新模式；有利于给国内相关企业引入适度竞争，促进国内产业转型升级，促进新动能增长；有利于增加境外优质消费品的进口，满足人民群众对美好生活的需要；有利于维护公平竞争的市场环境。

1. 增值税　value added tax（VAT）

2. 消费税　excise duty

3. 销售税　sales tax

4. 流转税　commodity turnover tax（goods turnover tax）

5. 国内税　domestic tax

6. 退税　tax refund

7. 出口退税政策　export tax rebate policy

8. 限制或禁止进口　prohibited & restricted imports

9. 产品标准　product standards

10. 知识产权　intellectual property

11. 个人信息安全　personal information security

12. 交易安全　transaction security（attach-time security）

13. 出口合规　export compliance

14. 品牌化　branding

15. 个性化　personalization

16. 定制礼品　personalized gifts

17. 促销产品　promotional products

18. 亚马逊服务条款　Amazon Term of Service（Amazon TOS）

19. 英国进口条目编号　Import Entry Mumber（IEN）

20. 美国联邦税号　Employer Identification Number

21. 欧盟统一报关单或海关 C88 表　Single Administrative Document（SAD）

22. 英国增值税税单，即 C79 文件　the C79 HMRC Vat Certificate

23. 英国税务海关总署　Her Majesty's Revenue and Customs（HMRC）

24. 商品和服务税　Good and Service Tax（GST）

25. 德国进口税　Einfuhrumsatzsteuer（EUSt）（German tax）

26. 英国 VAT 低税率　Flat Rate Scheme（FRS）

27. 欧盟报废的电子电气设备　WEEE 指令　Waste Electrical and Electronic Equipment

28. 美国消费品安全协会　Consumer Product Safety Committee（CPSC）

29. 美国食品药品监督管理局（FDA）认证　Food and Drug Administration

30. 欧盟《关于限制在电子电气设备中使用某些有害成分的指令》　*The Restriction of the Use of Certain Hazardous Substances in Electrical and Electronic Equipment Regulations32.*（RoHS）

31. 符合标准声明　declaration of conformity（DOC）

32. 欧盟授权代表地址（欧代）　EU Representative（EU REP）

33. 德国《产品安全法案》　German Product Safety Act（ProdSG）

34. 欧盟《通用数据保护条例》　*General Data Protection Regulation*（GDPR）

35. 日本消费品安全协会　Consumer Product Safety Association（CPSA）

36. 印度标准化检测与质量认证中心　Standardization Testing and Quality Certification（STQC）

37. 印度信息技术部　Department of Information Technology（DIT）

38. 南非国家强制性要求管理部门　National Regulator of Compulsory Specification（NRCS）

39. 客单价　average transaction value（ATV），per customer transaction

40. 美国海关边境保护局　U.S.Customs and Border Protection（CBP）

41. 危害分析和关键控制点　Hazard Analysis Critical Control Point（HACCP）

42. 用户生成内容　user generated content（UGC）

43. 在线非诉讼纠纷解决服务　online dispute resolution（ODR）

44. 欧洲远程销售限额　Distance selling thresholds

45. 免税　tax exemption

46. 免税豁免　duty-free exemption

47. 个人豁免　personal exemption

一、判断题

1. 大体上跨境电子商务政策法规可以分为两方面, 一为促进方面, 一为监管方面。（　　　）

2. 商品的安全及质量相关规定, 主要是产品标准和产品认证两类。（　　　）

3. 产品认证的形式有强制性和自愿性两类。（　　　）

4. 巴西规定, 个人给个人的邮包, 价值在 50 美元以内免税。（　　　）

5. 在日本销售电器需要申请圆形 PSC 认证。（　　　）

6. 在中国销售电器需要申请 3C 认证。（　　　）

7. RoHS 是指澳大利亚的《关于限制在电子电器设备中使用某些有害成分的指令》。（　　　）

8. 在欧盟销售儿童玩具需要加贴 CE 标志。（　　　）

9. 在我国, 海外购进口时, 符合个人自用的邮包价值在 2 500 元以内免税。（　　　）

10. 在 eBay 上销售汽车类零件时, 标题关键词任何时候都可以带整车厂 Logo。（　　　）

二、选择题

1. 欧盟 VAT 的税基是（　　　）。

A. 商品价值

B. 完税价格

C. 完税价格 + 关税金额

D. 完税价格 + 关税金额 + 国内物流费用

2.（　　　）进口货物不需要缴纳增值税。

A. 日本　　　　　　　B. 德国　　　　　　　C. 美国　　　　　　　D. 印度

3. 在我国,（　　　）产品属于强制性认证产品。

A. 娃娃玩具　　　　　B. 座椅　　　　　　　C. 无线局域网产品　　D. 以上都是

4. 入驻日本雅虎平台的必备条件是（　　　）。

A. 在日本注册的企业

B. 有一定的电商经验

C. 产品数量达到 100 以上

D. 拥有日本永久居住权（绿卡）的个人

5. 往阿联酋销售手机, 需取得（　　　）。

A. TRA 认证　　　　　B. PSB 认证　　　　　C. ICC 认证　　　　　D. STQC 认证

6.（　　　）不属于南非认证。

A. SABS 认证　　　　B. COC 符合性证书　　C. LOA 认证　　　　　D. TISI 认证

7. 亚马逊平台主图不可以是（　　　）。

A. 背景非纯白底色

B. 使用模型模特的图像

C. 显示多个产品视图、颜色或尺寸的图像　D. 以上都是

8.跨境电子商务进出口商品相关规则包括（　　　）。

A.产品安全、质量标准　　　　　　　　　　B.进出口商品品类管理相关法规

C.商品税收相关法规　　　　　　　　　　　D.以上都是

9.跨境电子商务交易主体相关规则包括（　　　）。

A.消费者个人信息安全　　　　　　　　　　B.企业资质认证相关规定

C.消费者权益保护类法规　　　　　　　　　D.以上都是

10.1995年，美国犹他州制定的（　　　）成为世界上第一部电子签名方面的立法。

A.《数字签名法》　　　　　　　　　　　　B.《电子签名法》

C.《信息技术管理改革法》　　　　　　　　D.《电子商务安全法》

三、简答题

1.跨境电子商务进出口商品相关规则包括哪些？

2.跨境电子商务交易主体相关规则包括哪些？

3.完善跨境电子商务法律制度环境有哪些重要性？

4.跨境电子商务合规化涉及哪些方面的法规政策？

5.跨境电子商务交易类相关法规包括哪些方面？

6.跨境电子商务平台规则体系包括哪些方面？

四、思考分析题

1.亚马逊平台上的进口税费是怎么计算的？

2.中国跨境进口税费如何征收？

3.全球哪些国家的跨境电子商务政策比较宽松？

掌握跨境电子商务国家政策及平台规则考核评价表

序号	评价内容	得分/分			综合得分/分
		自评	组评	师评	
1	主流市场法规的掌握				
2	平台规则体系的掌握				
3	练习的准确率				
	合计				

注 综合得分＝自评×30%＋组评×30%＋师评×40%。

学习项目 4　总结与评价

建议学时

0.25 学时。（总结本学习项目各任务的学习情况。）

总结与评价过程

一、汇报总结

序号	汇报人	值得学习的地方	有待改进的地方
1			
2			
3			
4			
5			
6			

二、综合评价

1. 专业能力评价

序号	项目名称	得分
1	学习任务 1	
2	学习任务 2	
3	学习任务 3	
	综合得分	

注：综合得分为本学习项目中各学习任务得分的平均值。

2. 职业素养能力评价

序号	评价内容	评价标准	得分 / 分			综合得分 / 分
			自评	组评	师评	
1	法律法规的熟悉度	能否熟练掌握主要市场的清关税率				
		能否熟练掌握主要市场的产品认证				
		能否熟练计算主要市场的缴税金额				
2	平台规则的熟悉度	能否熟练掌握平台规则体系				
		能否熟练掌握主流平台的规则				

续表

序号	评价内容	评价标准	得分 / 分			综合得分 / 分
			自评	组评	师评	
3	学习态度	是否主动完成任务要求中的内容				
		是否自主学习寻找方法解决疑惑				
		综合得分				

3. 综合得分

学习项目 1 综合得分 = 专业能力评价得分 ×60%+ 职业素养能力评价得分 ×40%+ 创新素养能力评价得分。

注：创新素养能力是指学生在学习的过程中提出的具有创新性、可行性的建议的能力；创新素养能力评价得分，满分 10 分（由老师根据学生表现评定），为加分项。

5 学习项目 5
认识跨境电子商务营销

　　传统营销是销售导向的，即"将产品或服务信息传播给潜在的消费者"；现代营销是关系导向的，强调的是"与消费者的互动"。如今，在关系导向型的营销时代，视频营销、社媒营销、大数据营销，这些已不再遥远，成为企业营销的必要手段。跨境电子商务企业应立足消费国市场，重构营销理念，开展更有效的营销，捕获更优质的商机。

 项目目标

1. 了解市场营销与网络营销的含义及主要营销理论。
2. 熟悉全球主要网络消费者市场概况。
3. 掌握跨境电子商务的主要营销策略。
4. 了解跨境电子商务的主要营销方法。

建议学时

4学时。

学习任务 1　了解网络营销

1. 了解市场营销的概念与传统营销理论。

2. 了解网络营销的含义及特征。

3. 熟悉网络营销 4I 理论。

4. 熟悉跨境电子商务选品策略与定价策略。

1 学时。

半年前，就读商务英语专业的小陈大学毕业，进入跨境电子商务行业，成为亚马逊和速卖通平台上的新卖家。虽然之前大学学过"市场营销学"与"网络营销实务"的专业课程，但他对于跨境电子商务交易中涉及的营销策略和方法还是一片茫然，因此有必要将最基础的市场营销理论梳理一番，并希望借助网络营销的优势推广自己的店铺与产品。

知识点 1：市场营销与传统市场营销理论

一、市场与市场营销

古时候，市场是人类对于固定时段或地点进行交易的场所的称呼。社会发展至今，市场具备了两种意义，有狭义与广义之分。狭义的市场是指买卖双方进行商品交换的场所，如传统市场或者股票市场等。广义的市场是指为了买和卖某些商品而与其他厂商和个人相联系的一群厂商和个人。市场的规模即市场的大小，由购买者的人数决定。

对于企业来说，市场是营销活动的出发点和归宿，成功的市场营销源于对市场的认识与了解。杰罗姆·麦卡锡在《基础营销学》一书中指出，市场是指一群具有相同需求的潜在客户，他们愿意以某种有价值的东西来换取卖主所提供的商品或服务，这样的商品或服务是满足需求的方式。

菲利普·科特勒认为，市场营销是个人和集体通过创造产品和价值，并同别人自由交换产品和价值，来获得其所需所欲之物的一种社会和管理过程。一般而言，市场营销是指企业通过向客户提供能满足客户需要的产品和服务，促使客户消费企业提供的产品和服务，进而实现企业目标的经营理念的战略管理活动。市场营销的最终目标是满足需求和欲望，市场营销主要是营销人员针对市场开展经营活动、销售行为的过程。

二、传统市场营销经典理论

早在 1953 年，尼尔·博登在美国市场营销学会的就职演说中就首次提出了"市场营销组合"（marketing mix）这一术语，其意是市场需求或多或少地在某种程度上受到所谓"营销变量"或"营销要素"的影响。1967 年，菲利普·科特勒进一步确认了以 4P 为核心的营销组合方法，即产品（product）、价格（price）、促销（promotion）、渠道（place）。传统市场营销一般采用 4P 组合营销策略，并从传统媒介入手去进行营销渗透，将产品和服务、公司品牌传播给消费者，常见的传统媒介有电视、报刊、广播等传统媒体。

到了 20 世纪 90 年代，随着消费群体个性化的日益突出，厂商面临着前所未有的挑战，在充满"个性化"的社会中，消费者的需求日益彰显其重要作用，传统的 4P 营销理论已经无法顺应时代的要求，于是以客户战略为核心的 4C 新型营销思路应运而生。4C 理论即客户需求（consumer's want and needs）、成本（cost）、沟通（communication）、便利性（convenience）四要素。4P 理论与 4C 理论的区别如图 5-1 所示。

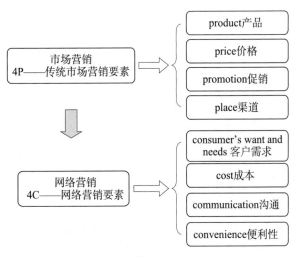

图　5-1

随着时代的发展，营销理论又被不断赋予新的内涵，4C 营销思路也逐渐显示出其局限性。在 4C 营销理论的基础上，美国唐·舒尔茨（Don E.Schultz）提出了 4R 理论。4R 分别指代 relevance（关联）、reaction（反应）、relationship（关系）和 reward（回报）。4R 理论以关系营销为核心，重在发展与客户之间的长期关系。它既从厂商的利益出发又兼顾消费者的需求，着眼于企业和客户的互动与双赢，把企业和客户联系在一起，是一个更为实际、有效的营销制胜术。

知识点 2：网络营销与 4I 理论原则

随着科技的发展与社交的网络虚拟化，市场不再只是一个真实的场所和地点，当今许多买卖都是通过计算机网络来实现的，这也对企业的营销提出了新的挑战。网络营销是随着互联网进入商业应用而产生的，尤其是万维网、电子邮件、搜索引擎、社交软件等得到广泛应用之后，网络营销的价值越来越明显。

一、网络营销的概念

网络营销是企业整体营销战略的一个组成部分，是为实现企业总体经营目标所进行的，以互联网为基本手段，营造网上经营环境并利用数字化的信息和网络媒体的交互性来辅助营销目标实现的一种新型的市场营销方式。根据这一定义，网络营销与传统营销的最大区别就在于营销的方式、媒介以及产生的效果有所不同。

应该指出的是，网络营销不是网上销售，不等于网站推广，也不等于电子商务。网络营销是手段而不是目的，它是传统营销理论在互联网环境中的应用和发展。

二、网络营销的特征

网络营销不能脱离一般营销环境而独立存在，在企业的营销实践中，网络营销常常与传统市场营销并存。它具有以下特征。

（1）低成本高效率。相比于传统的面对面交易方式，网络营销可以极大地减少印刷与邮递成本，节约水电与人工等销售成本，大大提高了交易效率。互联网的性质决定了网络营销能够超越时间限制和空间的约束，节约费用，轻松控制营销预算，最大限度地向客户开展营销活动。每周 7 天，每天 24 小时，随时随地可以向客户提供全球性的营销服务。

（2）以客户关系为导向。为客户创造价值是网络营销的出发点和目标，网络营销是一个以客户为核心的价值关系网络。与传统营销相比，消费者化被动为主动，与企业之间建立交谈式对话，相互沟通得以实现，大大促进了交易的发展。

（3）资源整合。在网络营销的过程中，对多种资源进行整合，对多种营销手段和营销方法进行整合，对有形资产和无形资产的交叉运作与交叉延伸进行整合。这种整合的复杂性、多样性、包容性、变动性和增值性具有丰富的理论内涵。无形资产在营销实践中的整合能力和在多种资源、手段整合后所产生的增值效应，也是对传统市场营销理念的重大突破和重要发展。

三、网络营销 4I 理论

在传统媒体时代，信息传播是自上而下、单向线性流动的，消费者只能被动接收。而在网络营销时代，信息传播是多向性、互动式流动的，自媒体呈现爆炸性的增长。借助博客、论坛、微博、微信公众号，每个个体消费者都有了自己发声的平台，信息开始显得过剩，传统市场营销经典理论很难适应新媒体的传播。那么，企业该如何面对这一营销新形势呢？把内容整合得有趣（interesting）、给用户带来利益（interests）、做到和用户互动（interaction）、让用户彰显个性（individuality），网络营销 4I 理论原则这一营销理念应运而生，具体如图 5-2 所示。

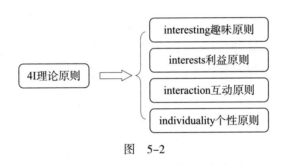

图　5-2

以 4I 理论原则为基础的网络营销更迅速、更精准，而且形式多样化，而多样化的营销形式更能提高消费者对产品、品牌的认知。其普及覆盖面更广，无论是文字，还是图片、视频、音频，都可以通过网络传播，这些都可以成为企业开展网络营销的工具。

知识点 3：跨境电子商务选品策略

产品策略作为市场营销组合策略的一部分，也被认为是整个营销策略的基石。从一定意义上说，企业是否成功的关键在于产品策略的正确与否。产品策略主要包括商标、品牌、包装、产品定位、产品组合、产品生命周期等方面的具体实施策略。

"七分选品，三分运营。"对于跨境电子商务卖家来说，选好适销的产品是至关重要的一步。跨境电子商务卖家在制定经营战略时，首先要明确自己能提供什么样的产品和服务去满足消费者的需求，也就是要解决产品策略问题。

一、产品组合策略

产品组合策略是指企业为面向市场，对所生产经营的多种产品进行最佳组合的谋略。其目的是使产品组合的广度、深度及关联性处于最佳结构，以提高企业竞争能力、取得最好经济效益。

选对产品可以让跨境电子商务卖家以较低的推广和采购成本迅速获得买家的青睐，从而快速积累销量，提升自身的竞争力。那么，怎样才能选到对的产品呢？该如何制定合适的选品策略？ 选品，即选品人员从供应市场中选择适合目标市场需求的产品。选品人员必须一方面把握用户需求，另一方面又要从众多供应市场中选出质量、价格和外观最符合目标市场的产品。

对于工厂、贸易公司、网商以及个体商户等各类跨境电子商务而言，选品的方式不尽相同。如工厂类的卖家本身就是生产厂家，那么选择自有的产品来进行销售当然是首选。因为它们不但对产品了解，同时在成本控制以及商品价格上具有很大的优势。工厂类卖家最需要考虑的是自己的产品适合哪些市场，国内畅销的产品不一定会受国外买家的青睐。所以，这部分卖家应多关注国际市场，借鉴同行的热卖品（top seller），分析它们的产品，了解国外买家的喜好。

同时，跨境电子商务卖家在选品时要注意以下三个问题。

（1）侵权问题。选品的时候不应盲目跟风卖爆品，因为爆品都会被申请专利，很多电商平台如亚马逊非常重视产品品牌、商标、专利，如果账号因侵权被投诉，很容易就会被封号。

（2）季节性产品。季节性太强的产品风险很大，很多人都想通过这些季节性产品大赚一笔，如夏天泳衣、太阳镜等，结果导致竞争太激烈。

（3）不要跟风。看到好的产品卖到断货，就想去分一杯羹，但是对于资源有限的跨境电子商务卖家来说，很有可能血本无归。

二、品牌定位策略

品牌就是消费者对产品或企业的感性和理性认知。一个跨境电子商务卖家只卖货而没有产品定位，没有清晰的产品路线，很容易沦为一个杂货店。对于跨境电子商务卖家而言，如果能快速打造自主的品牌，制定一个有利的品牌定位，就可以在激烈的市场竞争中占据消费者的心智，获得消费者对品牌的期望认知。

品牌定位对于跨境电子商务卖家至关重要，品牌五要素都是为品牌定位服务的，即品牌名称、品牌标识、品牌信条、品牌受众与品牌故事。那么，在确定品牌定位之前，需要做什么呢？跨境电子商务卖家在研究目标市场时，应着力回答以下问题：

（1）什么情况下引起消费者对产品的需要及购买？

（2）所销售的产品具体特征是什么以及处在哪个商品类目？

（3）在消费者的认知里，所属产品市场的领导者及竞争者的市场份额怎么样？

（4）消费者喜欢和不喜欢市场领导者与竞争者产品的什么方面？

（5）品牌定位可以填补什么市场缺口？

三、产品生命周期策略

产品生命周期是指产品从准备进入市场开始到被淘汰退出市场为止的全部运动过程，

主要是由消费者的消费方式、消费水平、消费结构和消费心理的变化所决定的，一般分为引入期、成长期、成熟期和衰退期四个阶段。

（1）引入期。引入期是指产品引入市场、销售缓慢成长的时期。在这一阶段因为产品引入市场所支付的巨额费用，利润几乎不存在。

（2）成长期。成长期是指产品被市场迅速接受和利润大量增加的时期。

（3）成熟期。成熟期是指因为产品已被大多数的潜在购买者所接受而造成的销售成长减慢的时期。为了对抗竞争，维持产品的地位，营销费用日益增加，利润稳定或下降。

（4）衰退期。衰退期是指销售下降的趋势增强和利润不断下降的时期。

产品生命周期就是产品从进入市场到退出市场所经历的市场生命循环过程，进入和退出市场标志着周期的开始和结束，表现为一条抛物形曲线，如图 5-3 所示。

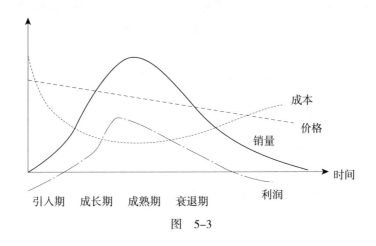

图　5-3

作为跨境电子商务卖家，不能奢望自己所选的产品永远畅销，因为一种产品在市场上的销售情况和获利能力并不是一成不变的，而是随着时间的推移发生变化，这种变化经历了产品的诞生、成长、成熟和衰退的过程，就像生物的生命历程一样。跨境电子商务只有具备对产品生命周期的正确意识，才能在变化万千的选品市场中瞄准产品，抢占蓝海市场。

知识点 4：跨境电子商务定价策略

定价策略是市场营销组合中一个十分关键的组成部分。价格通常是影响交易成败的重要因素，同时又是市场营销组合中最难以确定的因素。企业定价的目标是促进销售，获取利润。这要求企业既要考虑成本的补偿，又要考虑消费者对价格的接受能力，从而使定价策略具有买卖双方双向决策的特征。此外，价格还是市场营销组合中最灵活的因素，它可以对市场做出灵敏的反应。

定价方法是企业在特定的定价目标指导下，依据对成本、需求及竞争等状况的研究，运用价格决策理论，对产品价格进行计算的具体方法。定价方法主要包括成本导向、竞争导向和价值导向三种类型。跨境电子商务卖家在定价时，也遵循这三种定价方法。对跨境电商新手卖家来说，制定有效的定价策略，确保价格包含所有成本支出的同时又有一定的利润，还要让客户满意，是一件非常棘手的事。下面三种电商定价策略可以给跨境电子商务卖家一些指南。

一、以成本为基准的电商定价策略

这一定价策略是零售行业中最受欢迎的定价模式之一。这个策略的好处在于操作简单，零售商无须进行大量的客户和市场研究，就能保证产品具有一定的利润空间。卖家只需计算出正在销售的产品成本，然后加上希望获得的利润。记住，此处的产品成本包括产品的采购价格，以及各项运营运输、人力资源成本等。而卖家在成本上添加的价格必须能维持企业的运营，同时还可以获得一定的利润。该定价策略的计算公式为

$$成本 + 期望的利润额 = 价格$$

想象你拥有一家卖T恤的电商店铺。采购一件衬衫并打印样式，你需要花上11.5美元；这件衬衫的平均运费是3美元，所以你估计的成本是14.5美元；而你想在每件售卖的衬衫上赚取10.5美元的利润，所以你的价格就应该是25美元。

二、以竞争为导向的电商定价策略

使用这一策略，卖家的产品价格只需与竞争对手制定的价格相近即可。但随着电商市场的不断扩张，跨境电子商务卖家需要时刻保持对竞争对手产品定价的关注，以把握自己的产品定价在竞争中所处的位置。

假设你也在亚马逊平台上销售你的产品，你有一个通常在自己网站上标价299.99美元的产品，因此你将亚马逊上的价格也设定为299.99美元，希望订单能蜂拥而来。但你发现，订单并没有涌来。后来，你发现你的竞争对手正在以289.99美元的价格出售相同的产品，因此你将价格降至279.99美元。不久之后，你们双方都会因为不断降价，把利润空间压缩得几乎可以忽略不计。

三、以价值为导向的产品定价策略

这个策略比上述两个策略复杂，因为零售商需要根据买家对产品价值的定义来定价，而不是根据实际成本。采用这个策略，零售商不仅要进行市场研究，还需要进行客户分析。卖家需要研究客户的购买行为，了解他们网购的原因和重视的产品功能，并分析价格在他们的购买决定中的决定性作用有多大。虽然这一策略相对烦琐，但能帮零售商获得更高的产品利润，从整体上提高产品销售额。

想象一位在繁忙大街上卖雨伞的供应商，当阳光灿烂时，路过的行人没有立即买雨伞的需要。如果他们买了雨伞，那也是在未雨绸缪。因此，在天气好的情况下，雨伞的感知价值相对会较低。但尽管如此，卖家仍可以依靠促销价来达到薄利多销的目的。在下雨天

时，雨伞的价格可能会上升很多。一位着急赶去面试的行人在下雨天时可能愿意为一把雨伞支付更高的价格，因为他不愿意浑身湿透了再去面试。因此，卖家可以从每把销售的雨伞中获得更多利润。换句话说，产品价格是以客户的感知价值为基础的。

　　当然，市场上还有许多定价策略可以适用于跨境电子商务领域。最重要的是，卖家需要弄清楚哪种模式最适合自己的业务类型。毕竟，一个成功的定价策略能让自己比竞争对手又多一个优势。

学习任务 2　熟悉全球主要网络消费者市场

1. 了解美国市场。
2. 了解中东市场。
3. 了解俄罗斯市场。
4. 了解巴西市场。

1 学时。

　　跨境电子商务卖家小陈力图熟悉不同国家或地区的网络消费者市场与行为习惯，以拓宽在当地的市场。他在亚马逊欧洲站的一个主打品类是运动服，为了制定有效的网络营销战略，他对欧洲纺织品消费市场进行了细致的分析。小陈发现，欧洲服装市场从整体上可以分为两个消费档次：第一档次是德国、法国、意大利、英国等国家，对服装的要求较高，消费数量较大；第二档次是希腊、葡萄牙、爱尔兰等国家，国民收入水平相对低，纺织品服装消费相对较少。

知识点1：美国市场

一、美国消费市场概况

美国是世界上最大的消费品市场。首先是因为美国人消费能力强。其次是美国人消费意识强，美国人不但较少储蓄，而且超前消费，许多人都拥有信用卡，甚至有好几张。再次是美国人对消费品的更新快，很多日用品使用都不超过一年，他们往往不是因为旧的坏了而买新的，而是因为"喜新厌旧"，遇到新鲜时髦，或节假日商品打折，他们都会产生购买意愿。最后，美国劳动力成本高，美国劳动密集型的消费品生产多已转移到其他国家和地区，所以美国国内市场上所需的日用消费品主要靠进口，而且进口需求量相当大。如市场上的服装、鞋类、箱包、礼品、小家电，以及家具、卧具、灯具、文具、工具、玩具、厨具、餐具等，很多都是进口的。而且这一趋势还在上升，不太可能转变。美国经济的景气指标可能会影响高档商品的销售，但不会减少大众百姓对中国制造、价廉实用的日用消费品的购买。

（1）美国是一个移民国家，美国社会是一个民族大熔炉。美国的人口中，大多是来自不同国家与地区、不同民族的移民，或是他们的后裔。他们有着不同的文化传统和风俗习惯，美国人口结构的多元化决定了美国消费品市场的多样化。在美国的移民，既习惯于使用本民族及传统的商品，也对世界上其他民族的商品很有好奇性与新鲜感，因此美国大众消费者对市场上各种商品的接纳性很强，极少排斥。

（2）由于美国贫富差别较大，高中低收入阶层构成了不同层次的消费群体和不同层面的特定市场，而且规模都相当可观，因此，来自世界各地的高中低档次产品在美国均有很大的需求。

（3）美国人购物消费只重视个人喜好或便利，不太考虑别人的看法，社会上也鲜少有人议论他人的消费方式。因此一些较高收入的人也常到折扣商店买便宜货，甚至逛逛"9毛9"商店或跳蚤市场。值得一提的是，现在随着美国中等收入人数的增加，美国中等收入阶层已成为消费品市场的主体，是商界追逐的主要对象。因此，中国生产的商品要重视争取这一消费群体，获取更高的商品附加值。

美国消费者对产品品牌的认可度极深，因为品牌很全面地包含了他们对质量概念的理解，而且也比较准确地表示了自己的消费层次，所以他们较多购买有品牌的产品，也愿意付更多的钱。但是，有品牌的产品并非一定高价，美国产品的品牌往往针对不同的消费群体，一般通过品牌即可知道其价位，如Macys（梅西百货）属于中档，Wal-Mart（沃尔玛）

则较为大众化。

美国市场竞争十分激烈，经销商还要对其商品承担责任险，商家稍不注意就会吃巨额赔偿官司。所以，美国对产品的质量要求都非常严格，各种产品的标签、包装、说明都要符合美国市场要求，以分清责任。其中最为突出的是安全标准，如电子产品要符合 UL 标准、打火机要防止儿童开启发生火灾、玩具零件不能脱落而被儿童误吞，对各类食品进口的安全要求就更严格了，也不允许一些商品随意标明有医药功能。

美国消费品市场对各种商品的需求均有较强的季节性，通常分春季（1—5 月）、夏季（7—9 月）和节日季（11—12 月）。每个季节都有商品换季的销售高潮，如感恩节（11 月底）开始美国人便进入冬季节日购物的季节，特别是圣诞节，是美国商品全年销售旺季，通常要占全年销售额的 1/3。美国进口商进口订货均是根据其国内销售季节来组织的，因此，如错过销售季节，这些商品就难以销售，意味着这一年度退出美国市场，甚至被竞争对手长时间排除在市场之外。这就是一些中国企业如果未能按合同日期交货，不但拿不到货款还要被罚款的原因。此外，美国有许多节日，如情人节、母亲节就是商家销售礼品的良机。美国作为移民大国，各个民族都有自己不同的传统节日，这些传统节日也就形成了为数众多的消费市场，商家往往都想方设法利用这些传统节日来促销。

二、美国消费者的购物喜好

有关数据显示，美国消费者每月平均购物两次，平均花费 103 美元，其中有 79% 的购物开支花在网上。美国电商消费者平均年龄 50 岁，其中女性消费者占了很大的比例，住在郊区的消费者更有可能网购。其中，健康和美容用品（29%）、电子产品（43%）和娱乐用品（书籍、音乐和电影，44%）的平台网购比例，比其他渠道高。

美国人最关心的首先是商品质量，其次是包装，最后才是价格。因此商品质量是进入美国市场的关键。美国人非常讲究包装，它和商品质量处于平等的地位。因此，出口商品的包装一定要新颖、雅致、美观、大方，能够产生一种舒服惬意的效果，这样才能吸引买家。中国的许多工艺品就是因包装问题一直未能打入美国的超级市场。如著名的宜兴紫砂壶，只用黄草纸包装，80 只装在一个大箱子中，内以杂纸屑或稻草衬垫，十分简陋，在买家心目中被排在低档货之列，只能在小店或地摊上销售。可见包装是何等重要。

影响美国消费者做购买决策最重要的因素是价格。不过，价格本身并不能建立消费者忠诚度。消费者更关注品牌的整体购物体验，而不仅仅关注低价。客服、运输、便利性和易用性等，是能否将新客户转化为回头客的一些重要因素。研究显示，美国消费者表示，支付运费（58%）会阻止他们网购，其次是不能先试用产品（49%）、很难退货（34%）、延迟发货（34%）和担心隐私问题（29%）等。

网上支付、电话支付、电子支付、邮件支付等各种支付方式对于美国

知识拓展 5.1

的消费者来说都不陌生。在美国，信用卡与 PayPal 是在线使用的常用支付方式，中国商家应该熟悉这些电子支付方式，这是与美国人进行跨境电子商务必须了解的内容之一。

知识点 2：中东市场

一、中东消费市场概况

中东市场通常是指环绕波斯湾和阿拉海的 9 个国家和周边阿拉伯国家的市场，总人口达到 7 亿，人均年收入从阿联酋、科威特等的三四万美元到伊朗、伊拉克、也门等国家的年人均收入五六千美元，这些国家的轻工、日用、电子、服装等基本都要依赖进口，产品的价格要求为中低档。中国产品在全世界以物美价廉著称，中国作为世界第一轻工、电器、服装等产品大国，以绝对优势占据着整个中东市场。

中东这些国家的购买力基本略高于一般亚洲国家的水平，产品地区之间的差价基本保持在 6%～30%，非常利于以前没有外贸经验的中国企业开拓海外市场，这样在进入中东市场后，可以不断地调整产品结构和质量要求，同时积累大量的出口经验，为日后打开欧美市场做好准备。

近年来，中东跨境电子商务的市场已经得到不少投资者的青睐。在过去的几年里，亚马逊、速卖通、Wish 等知名电商平台都加大了对中东市场的投入，亚马逊更是投资 6.5 亿美元收购中东本土电商平台 Souq。除此之外，还有 Noon、Namshi、JollyChic、SheIn、Zaful 等电商平台也都加大了中东市场的开发力度。

作为电商发展的基础，中东地区互联网普及率相对较高。尤其是阿联酋、卡塔尔、沙特阿拉伯、约旦、黎巴嫩、巴林的互联网渗透率都超过 90%，分别有 98.4%、98.1%、90.2%、97.8%、91.0%、98.0% 的民众都拥有智能手机。中东地区较高的互联网渗透率和互联网普及程度为电商市场的发展提供了优渥的条件。

此外，由于宗教原因，中东地区各国都相对保守，方便挑选、不用外出的电商成为女性消费的重要渠道。

当然，中东跨境电子商务市场也有自己亟待解决的问题，尤其是物流和支付。很多物流公司面对同样的问题，如沙特阿拉伯很多普通居民没有门牌导致的地址不清，递送团队的拓展和管理问题等。中东地区的一年两次大促——斋月和黑五会带来严重的运力不足的问题。为了争夺运力，单位物流价格会上升，导致物流成本提高。尤其在沙特，物流行业并未完全开放，要想获得执照很不容易，像埃及等部分国家，通关也是一个很大的难题，来自中国和土耳其的电商货物普遍被课重税，常常导致商业模式无法维系。

中东地区电商业务目前主要的支付方式还是货到付款，甚至在信用卡普及率相对较高的海湾国家也是如此。熟悉电商的人都知道 COD 带来的一系列问题：现金管理成本高，结算周期长，拒收率提高等。据了解，很多电商卖家在中东的拒收率超过了 30%，带来了大量的资金成本。目前市场上有很多有能力有场景（尤其是线下）做支付的玩家，但是目前看来支付还远没有形成像东南亚一样的热度。

除此之外，中东地区大部分民众都信奉宗教，而且存在地域特性、人文因素的差别，在跨境贸易时需要特别注意将禁售商品和敏感性商品考虑在内，尊重该地区民众的宗教和风俗习惯，如小猪佩奇等宗教敏感类商品不应售卖。

沙特阿拉伯地区的斋月营业和工作时间如图 5-4 所示。

沙特阿拉伯	工作时间	Mall营业时间	餐馆营业时间
平常	10am-6pm	10am-1am	10am-1am
斋月期间	10am-3pm	10am-4pm,8pm-2am	2pm-2am

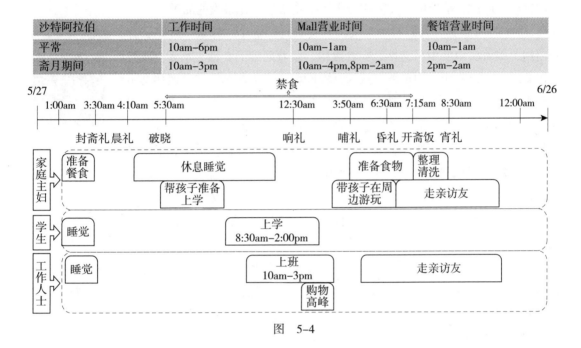

图 5-4

二、中东消费者的购物喜好

提及中东，你的第一反应是沙漠、骆驼、绿洲、清真寺的礼拜曲子、阿拉丁的神灯，还是石油、黄金、迪拜塔、帆船酒店、满大街的跑车？对很多人来说，中东就是财富和土豪的代名词，那中东土豪们喜欢在网上购买哪些产品呢？具体畅销品类如图5-5所示。

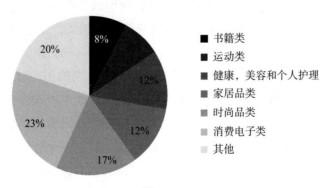

图 5-5

（1）消费电子类。据统计，阿联酋是中东地区最大的家电及消费电子进口市场，中国是阿联酋最大的家电及消费电子进口来源国，约占其总额的 51%，对消费电子品类需求如此旺盛，除了本地区不具备生产能力外，还有个很重要的原因是中东的主流消费群体极其年轻化。以沙特阿拉伯为例，四成人口年龄不足 14 岁，而 15～24 岁以及 25～39 岁的人士则分别占总人口的 18% 及 24%。因此，中东当地对于新产品、新技术的接受度普遍较高，不同于约旦等国产品还停留在基础款的阶段，有创意、有特色的前沿产品很容易被阿联酋接纳。因此，消费电子类能成为中东电商市场占比最大的品类。

（2）时尚品类。人们对中东人民的穿衣打扮的第一印象可能是：穿着白袍、戴着头巾的中东男性，穿着黑袍、蒙着面纱的女性，不太会联想到太多时尚元素。卖家们可能会认为，在欧美市场上热销的产品风格会不适合中东人民的着装习惯，其实不然。在日常生活中，中东消费者对于时尚品类的需求不亚于任何欧美国家。放眼迪拜商场，欧美大牌比比皆是。只是限于某些习惯，无法在公共场所表现他们时尚的一面。但中东消费者在家里或是比较私密的场所，是会使用许多流行的时尚产品的，尤其是一些女性在聚会期间，也会穿一些比较便利的服饰。时尚品类是中东电商上仅次于消费电子类的第二大品类，占比 17%，而在阿联酋电商最受欢迎的产品中，时尚品类高达 31%（服装：17%；时尚配饰：14%）。

（3）家居品类。中东地区纺织品、服装产业生产规模不大，技术水平和产品质量存在很大差距，因此中东市场的纺织品大多数都是采用进口的方式。据中国驻沙特首都利雅得贸易机构的调查显示，作为中东地区最大终端消费市场的沙特，90% 的纺织品是通过中国进口的，中国以价格优势在激烈竞争中决胜为王。据预估，在 2023 年之前，迪拜会再增加 127 000 平方米的新住宅，发展潜力巨大的家居品类市场为商家们提供了掘金中东的良好机遇。另外，在沙特阿拉伯和阿联酋，每个家庭平均分别有 8 名和 6 名成员，庞大的家庭架构使得家庭用品在当地市场十分畅销，其中中国制造的家用装饰品类及厨卫纺织品在当地很受欢迎。装饰品类如灯具、相框、墙纸、贴纸等，纺织品类如床品、浴室纺织品，以及地板毛毯、户外毯、垫子等，在土豪们的大别墅里都是必不可少的用品。

除以上热卖品类外，也需要关注中东人口的年轻化趋势。中东地区男女人口比例为 1∶1.4，女性人口远多于男性；25 岁以下人口大约占 70%，65 岁以上人口大约占 4.1%；中东地区男性网购用户在逐渐增长；中东有近 4 亿人口，网购用户以 18～34 岁的年轻用户为主，市场潜力巨大；沙特阿拉伯、阿联酋及埃及人口以年轻人为主，城市人口多。中东地区的年轻用户对网络、手机、高级轿车等十分迷恋，在网络上交友、聊天、玩游戏，如 Facebook、Twitter、WhatsApp、Online Games 等都是他们最常光顾的；中东地区所使用的主要网站还是 Yahoo、MSN、Google 之类的国际性网站，本地最大的阿拉伯语网站是 Maktoob。

知识拓展 5.2

知识点 3：俄罗斯市场

一、俄罗斯消费市场概况

俄罗斯横跨亚欧大陆，在"一带一路"倡议的实施中占据着重要的国际地位，是"一带一路"地区最大的电商市场之一。近年来，已经有众多中国跨境卖家将目光投向俄罗斯电商市场。然而，想要把握住俄罗斯电商市场的机遇，还需了解该市场的当前状况和未来发展趋势。俄罗斯国民经济基础雄厚，拥有巨大的经济潜力。俄罗斯被誉为跨境电子商务潜力最大的市场，且牢牢坐稳了中国跨境电子商务交易的头把交椅。据俄罗斯电子通信协会（REAC）统计，到 2020 年底，俄罗斯电子商务增长率为 16% ~ 18%，达到 4.8 万亿卢布。

俄罗斯市场结构复杂，不确定因素较多。居民贫富差距很大，民族人口构成复杂，消费层次呈多元化，市场导向困难。出于误解，国内及西方的一些公司以为俄罗斯消费水准低下，向俄罗斯市场出口呆滞积压商品，它们的错误在于将俄罗斯市场看成不发达国家的市场，未注意到原先主体是俄罗斯的苏联是一个与美国平行的超级大国。俄罗斯消费者对商品的选择要求较高，具有严格的挑剔性。俄罗斯消费者喜欢追逐名牌，即使价格较贵，他们也愿意购买。造成这种状况的主要原因：①俄罗斯人普遍受教育程度较高，希望购买与其身份相适应的名牌商品。②俄罗斯人在住房、轿车等设施方面较为现代化，而将其主要收入投资于食品、家电、服饰及耐用消费品上。

对于来自中国的跨境电子商务卖家来说，俄罗斯是一块有巨大市场潜力的处女地，特别是当原有的主要外贸市场美国、欧盟等地区由于次贷危机所造成的经济危机和市场疲软时。俄罗斯市场需求以家电类、家具类、日用消费品为主，随着俄罗斯人生活水平的提高，更多的电子产品和家用电器逐渐进入寻常百姓家，对于年轻人来说，轻巧的电子产品更是他们的最爱。对于想在国外打响自己品牌产品的中国企业来说，俄罗斯市场是一个最好的试金石。不需要投入太多的资金，找准相应的消费群体，就可以像在国内运营品牌一样，开始海外品牌的运营。特别是一些类似连锁加盟销售的企业，在俄罗斯同样能找到巨大的市场，因为对于俄罗斯人来说，一切品牌都是新鲜的，他们对于奢侈品以外的产品品牌没有太多的忠诚度。

二、俄罗斯消费者的购物喜好

基于屡次金融危机的历史经验，俄罗斯消费者热衷于将大部分可支配收入用于消费而非储蓄或投资。电子产品、时尚奢侈品与高品质商品都是俄罗斯消费者喜爱的门类。此外，由于俄罗斯本国轻工业的落后，消费者对于日常用品也有比较旺盛的需求。俄罗斯人对商品价格很敏感，这导致忠诚度较低。

相关资料显示，在网上，最受俄罗斯人欢迎的产品类别是服装、鞋子、电子产品以及美容品。

（1）保暖用品冬季必备。俄罗斯的冬天十分寒冷，保暖用品帽子、围巾、手套是必备品。卖家在俄罗斯冬季的时候要做好保暖用品的库存工作，注重商品的保暖性能。

（2）热销的家居服饰。俄罗斯人在家换家居服饰、家居鞋，洗完澡会穿浴袍，睡觉的时候喜欢穿薄的睡衣。因此，卖家要了解俄罗斯人的生活习惯，深层次挖掘不同的家居用品。

（3）爱度假的俄罗斯人。在俄罗斯，尤其是年轻人和孩子，有度假的习惯，一到节假日就会带上家人朋友去海滩。此时，泳装、适宜海滩的衣服、沙滩鞋之类的度假用品都是不可或缺的。

（4）运动是俄罗斯人生活的重要组成部分。俄罗斯人会经常购买运动服、运动鞋、泳装等体育用品。俄罗斯品牌"Forward"是俄罗斯第一家全国性的运动服装品牌，该品牌受到了俄罗斯总统普京的高度评价，深受俄罗斯人的喜爱。

（5）俄罗斯女性偏爱美容产品。据调查，有超过一半的俄罗斯网购消费者年龄在 25 岁到 34 岁之间，主要集中在莫斯科和圣彼得堡，51% 的网购者是女性。俄罗斯女性很喜欢追赶时尚潮流，时刻关注新款的服装、鞋、包。一些当季热门和热卖的，新奇、创意、流行的商品比较受追捧。此外，她们对美容类以及饰品也十分喜爱。

（6）每逢俄罗斯重要传统的节假日，如元旦、圣诞节、洗礼节，俄罗斯人都会给家人、朋友购买礼物。商家可针对不同的节假日，推出适合的礼品，满足俄罗斯人送礼需求。

知识点 4：巴西市场

一、巴西消费市场概况

巴西是拉丁美洲的大国家，人口数量居世界第五，占据整个世界人口数量的 1/35。其国内生产总值位居南美洲第一、西半球第二、世界第六。巴西电商发展迅速，是国内增长最为活跃的领域之一。巴西政府相关部门制定和实施了一系列的积极支持政策，从最基础的电信网络设施建设到设立电子商务发展基金等，推动电商在巴西的迅速发展。

近几年，巴西电子商务销售额一直以两位数的幅度在增长，巴西网民数量高达 1 亿多，网民男女比例为 49：51，15 ~ 44 岁的网民占比达 70%，成为世界第十大零售电子商务市场。巴西本地物价高、人民可支配收入较多、收入中高层人数增长快、巴西轻工业税费较重导致轻工业不能满足国内需求，跨境购买已经成了他们的日常。

1. 巴西消费者画像

巴西男性和女性消费者的购物金额大致相同。35 ~ 49 岁人群是最具消费力的群体，占目前网购人数的 37.8%；年龄在 50 岁以上的人群为第二大消费群体（30.4%），其次是 25 ~ 34 岁（23.4%）及 24 岁以下（8.4%）。巴西最流行的支付方式是现金（52.1% 的网购使用 Boleto 支付）和信用卡分期付款。19.5% 的消费者选择分 2 ~ 3 期付款，28.5% 的消费者选择分 4 ~ 12 期付款。

巴西消费者是世界上最热衷社交媒体的消费群体之一，巴西人对社交媒体有着浓厚的兴趣，其用户群更是活跃于 Facebook、Instagram、Twitter 等社交平台。巴西拥有世界第三大 Facebook 用户群，仅次于印度和美国。大约有 1 800 万人使用 Twitter，使得巴西成为 Twitter 的第六大用户群；91% 的巴西互联网用户在日常交流中严重依赖 WhatsApp，55% 的巴西消费者表示，他们使用 WhatsApp 与品牌和公司进行交流。巴西人平均每天花在社交媒体上的时间为 3 小时 43 分钟，消费内容具有较高的转化销售潜力。巴西人经常使用的社交媒体如图 5-6 所示。

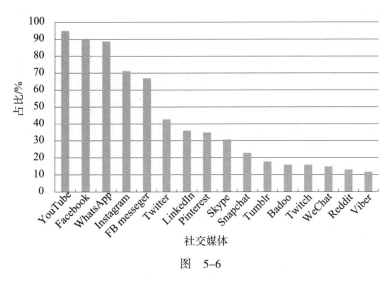

图　5-6

2. 巴西移动电商 E-shopper 渗透率持续增长

在移动电商 E-shopper 方面，其渗透率持续增长。在 2015—2018 年 4 年时间里，巴西的移动电商购物者从不足 4 000 万增长到了 6 000 万。2018 年，移动电商占据电子商务交易总额的 25%，如图 5-7 所示。

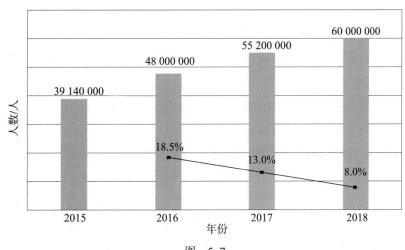

图　5-7

3.巴西清关难，关税高

巴西海关规定，所有通过快递方式寄到巴西的包裹，收件人在巴西当地的 VAT 号码必须填写在运单和商业发票上。如果快件发出时没有按上述要求在发票和运单上注明 VAT 号码，所有寄给当地私人的物品，同样的货物数量不能超过 3PCS（pieces），否则海关将拒绝清关而直接安排货件退回发货地（退件前不会有任何通知），所产生的一切运费均由发货人承担。

巴西海关对进口包裹进行100%的查验，不论价值和重量多少，当地海关都要征收关税，所以跨境电子商务卖家网站向巴西消费者出售商品，需要了解清关、关税和限制商品等方面的信息。巴西平均关税在10.73%左右，进口税在10%～35%，所以卖家必须明确向买家说明关税费用。有客户表示，他们选择 UPS（联合包裹），关税基本在货值＋快递费之和的100%～200%。有的表示买了 60 USD 的产品，却支付了 120 USD 的关税。有些卖家认为只要调低申报价值就能平安无事。但巴西海关除了查看卖家的申报价值外，还会依照该产品在本国的平均售价考量卖家是否存在低报的嫌疑。如果他们觉得货值不符，则需要购买方提供境外消费的证据，提供网址，核对正确无误，并按照网址上的价格缴税，才可以带走购买的商品。

二、巴西消费者购物喜好

巴西是拉美的人口大国，其与中国文化、习惯、环境等方面因素的差异，一定会形成区别于中国消费者的消费习惯。所以，了解巴西市场买家的购物特点就成为跨境电子商务卖家入驻巴西市场必不可少的条件。在巴西，59%的人在购买商品时更倾向于实惠的价格，44%的人倾向于卖家能有额外赠品、意外惊喜。当然，促销推广、商品满意度、其他卖家推荐等也是他们参考的因素。在巴西市场，具体产品品类中服饰占18%，美妆用品占16%，家具用品占11%，电子数码产品占14%。

因为在巴西国内购买商品需要缴纳高额的税费，所以网上的产品价格通常会更便宜。本地的商品价格能比国际网站的价格贵 3 倍。例如巴西的 iPhone 和游戏机价格是全球最贵的，而且国际网站的产品更丰富，有巴西当地没有的产品。巴西人经常网购服装、配饰、美容和保健品、家电、电子产品和网络游戏等产品。他们最喜欢从美国和中国那里购买商品。近几年来，巴西人对中国商品的态度有了显著的改善，他们觉得在跨境平台上购买的商品质量超乎意料，他们普遍认为中国商品价格上更有优势，设计也更现代化。而且巴西市场对中国品牌更为熟悉，并将中国视为国际级的强国。

巴西人花在网上的时间相当可观，男性平均每个月的上网时间达 38.5 小时，女性是 32.5 小时。巴西人对社交媒体有着浓厚的兴趣，87%的互联网用户会参加社交媒体，是全球社交媒体访问时间最长的国家。社交媒体是消费者上网的主要动力，这其中 Facebook 是卖家吸引消费者的一个必备平台，也是推动电商快速发展的重要因素。巴西人喜欢关注商家，以追踪商家提供的商品和促销。因此，跨境电商应利用社交媒体来创建品牌、发展客户忠诚度和产生新需求。巴西消费者与俄罗斯消费者一样喜欢与卖家聊天，在购物过程中他们会查看其他买家的体验和评价，会将心仪商品推荐给身边的朋友。

经济下滑使得巴西消费者更加谨慎，在购买产品或服务前，巴西消费者热衷寻找信息，比较功能和价格。配送费会影响 59% 消费者的购买决定，所以巴西近一半的网站提供免费送货，新卖家需要注意制定自己的定价策略。但是巴西的退货率相对全球水平率更低，只有 15.6%，而全球退货率达 27.5%。而且巴西 37% 的网购消费者年龄在 35 岁以上，所以消费年龄要高于大多数电商市场。移动电商也正迅速发展。

巴西人普遍喜欢通过分期付款进行购物，约占交易总量的 80%。几乎任何东西在巴西都能通过分期付款进行购买。据统计，巴西家庭每月收入的 40% 要用来偿还分期付款的债务。

三、巴西最常见的支付方式

巴西的电商支付方式有很多，最常见的是信用卡支付，其次是 Boleto Bancário 和银行卡支付。全球四大信用卡 Visa（维萨）、MasterCard（万事达）、American Express（美国运通）和 Diners Club（大来卡）在巴西都能使用，巴西本地的信用卡 Hipercard、Elo 和 Aura 也很流行。Boleto Bancário 是比较受巴西人欢迎的一个支付方式，支付流程是银行会给消费者发送一张发票（invoice），然后客户可以在商店、超市、邮局、网上银行或者银行机构进行支付。

巴西最流行的电商平台是 MercadoLibre，卖家可以通过这个平台接触到大量的消费者。该平台提供其他服务，包括 MercadoPago 支付、MercadoClicks 广告服务，以及定制店铺服务 MercadoShops。Dafiti.com 是巴西另一个流行的电商平台，它成立于 2001 年，一开始主要销售鞋类，现已扩展至服装、配饰、美容用品和家具用品。该平台的商品种类超过 7 万，品牌数量超过 1 000，每个月的访问量达 500 万。

学习任务 3　了解跨境电子商务营销方法

1. 了解电子邮件营销。

2. 了解社交媒体营销。

3. 了解搜索引擎营销。

1学时。

小陈查看速卖通平台上的店铺后台数据，发现店铺最近的买家访问量与订单成交量基本维持在两个月前的水平，不涨也不减，这可急坏了他！因为一年一度的圣诞旺季马上就要来临，谁不想借此机会大赚一把啊？这时，平台自动发送的一封海外网红营销邮件提醒了他。为什么不找个海外网红来推广自己的店铺产品呢？社交媒体营销可是站外引流的一大利器啊！

随着跨境电子商务如火如荼地发展，越来越多的跨境电子商务卖家不再局限于平台自身的流量，纷纷把目光瞄向海外营销，以获取更多的站外流量。其中最常见的营销方式有电子邮件营销（email direct marketing，EDM）、社交媒体营销与搜索引擎营销（search engine marketing，SEM）。

知识点1：电子邮件营销

电子邮件营销是指在用户事先许可的前提下，通过电子邮件的方式向目标用户传递价值信息的一种网络营销手段，是利用电子邮件与受众客户进行商业交流的一种直销方式。

从这一定义可以看出，电子邮件营销具有三个必不可少的要素：①基于用户许可。②通过电子邮件来传递信息。③向用户传递有价值的信息。

一、许可式邮件营销与垃圾邮件的界限

曾经很长一段时间内，电子邮件营销被误解为发送垃圾邮件，原因在于垃圾邮件营销的出现要早于合法的许可式邮件营销。因此，企业采取电子邮件营销时，应该注意其与垃圾邮件的界限，才能最大限度地发挥电子邮件营销的效果。二者的区别体现在以下方面。

（1）邮件来源渠道：垃圾邮件往往是来自采集、购买第三方邮件名单等渠道，许可式邮件营销的邮件列表一般是来自用户自发产生的订阅行为。

（2）在订阅的情况下，虽然发的是名义上的许可邮件，但是若邮件对收件人来说没有价值和意义，就变成了垃圾邮件。

（3）二者本质的区别在于许可。如果客户选择了退订许可式邮件营销，企业仍然不依不饶地进行邮件推送，这种邮件也会变成垃圾邮件。

二、跨境电子商务平台的电子邮件营销策略

作为最古老的网络营销手段，电子邮件营销广泛地应用于网络营销领域，成为 20 世纪末风靡全球的一种营销方式。在这个信息爆炸的时代，每天大量的邮件会塞满我们的邮箱，目前，营销邮件的送达率和打开率只有千分之几，效果大不如从前，甚至很多用户会直接屏蔽这些邮件。

尽管如此，邮件营销仍然是跨境卖家低成本品牌营销的重要策略。例如，速卖通平台给卖家开放免费的邮件营销功能，针对加购物车、加收藏、下过订单的客户，向客户的注册邮箱发送邮件，实现二次营销和客户关系管理的目的。再如 Shopify 的邮件营销，一般分为三类。

（1）购物车恢复邮件，也就是用户把产品加入购物车后没有购买，我们通过邮件提醒用户。这个功能是 Shopify 自带的。

（2）定期促销通知邮件，如黑五促销、母亲节促销等。

（3）交叉销售邮件，如用户购买了一个厨具 A，那么可以过些天后通过邮件给她介绍一个厨具 B 产品。

三、电子邮件营销技巧

1. 对买家进行细分建组

想要做好邮件营销，首先要做好精准的人群分类，做好细分建组。跨境电子商务卖家可以根据已有的客户数据，对所有客户进行细分定位，最终筛选出邮件营销目标客户。比如，卖家可以通过客户的询盘、购买记录以及其他数据，开发区分出新客户与 VIP（贵宾）客户、drop shipping 代购客户与 wholesaler 批发客户等，然后向他们推送不同的电子邮件，就会收到不同的邮件营销效果。

2. 个性化电子邮件的推送

对买家进行分组的目的就是精细化地向客户推送内容，有针对性地对客户开展营销。在邮件营销中，如果在 3～5 秒的时间内，邮件内容没能抓住用户的眼球，企业就丧失了一次和用户沟通的机会。此时，一个吸引眼球的标题和个性化的邮件内容就显得至关重要，跨境电子商务卖家应该在了解买家定位与分组的基础之上，推送个性化的邮件内容。

速卖通平台规定，为了控制买家接收营销邮件的频率，提高买家体验，针对同一买家发送营销邮件需要间隔 14 天以上，且营销邮件的疲劳度控制还需按照买家维度进行。不管是哪个卖家发送的，一个买家 7 天内只会收到 2 封营销邮件，所以如买家 7 天内收到营销邮件达到 2 封，卖家的营销邮件则会发送不成功。速卖通平台的这一规则，对跨境电子商务卖家的电子邮件营销提出了更高的要求，即把握个性化邮件与推送时机的问题。

3. 电子邮件的制作

一封电子邮件的制作很简单，常见的步骤是：选择客户—邮件标题—邮件内容—添加推荐商品—优惠券。

关于选择客户，注意一个客户一个分组，避免重复发送营销信息，引起客户的反感。

关于邮件标题，尽量简单明了，能引发客户的好奇心。

关于邮件内容，针对不同的主打产品，进行灵活的推广和促销活动。如新品推广邮件预热活动、库存产品甩卖促销邮件营销活动、产品试销邮件预售活动等，同时直白明了地说明打折和运费等促销信息，可以灵活使用"Free Delivery""New Arrival""20% off Discount""Big Sale"等这些客户比较敏感的词汇。

关于添加推荐商品，应以客户为中心，考虑产品或服务与客户的关联性，以及和其他产品服务的相关性，向客户传达公司产品和服务资讯，维持客户的关注。

关于优惠券，发送领取型优惠券，建议比店面的优惠券更优惠一些，如给客户的领取型优惠券是满 15 美元减 2 美元，店面的优惠券是满 17 美元减 2 美元。客户自己一对比，就知晓私发邮件的优惠券比店面的优惠券更优惠，他就有种被卖家重视的感觉，读完邮件之后就有可能产生购买行为。

4. 数据反馈和效果分析

电子邮件发送给客户之后，第三方邮件营销工具后台有相关的数据反馈，对客户的反应进行追踪，查看 EDM 营销效果，包括累计营销人数、累计订单数、累计成交额、退订客户数、客户回访数。通过这几个数据，可以分析出邮件的送达率、打开率、点击率、转化率。通过对追踪结果的分析，可以根据反馈的效果，改进选择受众和发送邮件的技巧等细节，不断测试和调整。

四、邮件营销实例：Dropbox 与用户重新接触邮件

一般人会以为，人们很难喜欢上一封从未使用过其产品的公司发来的电子邮件。但 Dropbox 找到了一种方法，让它的"回到我们身边来"（come back to us）电子邮件既可爱又有趣，这要感谢一对古怪的卡通人物和一个表情符号。另外，这封邮件简短而亲切，强调了 Dropox 并不想入侵的信息。它只是想提醒收件人这个品牌的存在，以及它为什么会对接收邮件的人有帮助。在发送这种类型的电子邮件时，发件人可能会同时发送鼓励收件人再次使用它的服务的奖励，如限时优惠券。邮件的具体内容如图 5-8 所示。

知识点 2：社交媒体营销

社交媒体是指互联网上基于用户关系的内容生产与交换平台，是人们彼此之间用来分享意见、见解、经验和观点的工具和平台。社交媒体营销就是基于关系导向型的社交媒体，借助社交媒体天然的用户黏度特性，将人与人的距离拉近，帮助企业以更低的成本达

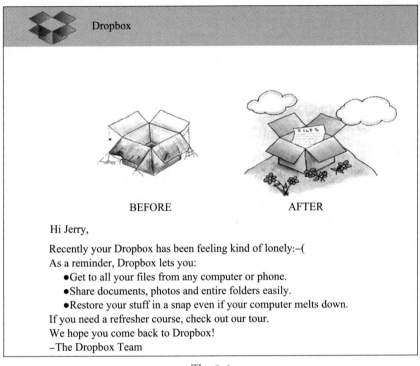

图　5-8

成卖货和品牌传播目的的营销方式。

在过去的 10 多年中，大量的跨境电子商务卖家都在尝试海外社交媒体营销，海外社交媒体营销成为出海商家营销推广的一大趋势。在出海营销推广领域，所有的社交媒体都可以引来独有的流量。有数据显示，其中 40% 的流量来自谷歌和 Facebook，30% 源于 Twitter 与 LinkedIn 等，另有 20% 的 Ad Network SSP，剩余 10% 则是长尾流量。下文介绍几款主流社交平台的特点以及营销策略。

一、Facebook

Facebook 是世界领先的社交与照片分享平台，其社交广场的属性，决定了其适合作为粉丝沉淀、社群维护的首选阵地，拥有 14 亿＋的日活跃用户（数据来源于 Alexa）。越来越多的跨境电子商务卖家开通 Facebook 官方账户，作为品牌宣传运营和客户互动的平台。Facebook 商店和广告也受到卖家追捧。同时 Facebook 打通了 Instagram、Twitter、Pinterest 大热的社交媒体平台，让用户和流量形成闭环，最大限度地向客户展示多面的自己。Facebook 上的大 V 网红博主，也是跨境电子商务卖家争相合作的对象，利用他们的知名度做产品推广和品牌推广。

二、LinkedIn

LinkedIn 主要是商务人士用来找工作和拓展业务的平台。一般情况下，大家都是实名制，这一特质，让 LinkedIn 的用户在这个社交媒体上，更加注意保持良好的社交形象，围绕各自擅长的核心话题精耕细作，经常会有高质量帖子，使得 LinkedIn 使用环境相对更加干净。该平台是一个常常被人忽视的功能强大、有价值的社交媒体平台，上面活跃用户 2 亿。

三、Twitter

Twitter 是全球主流的 SNS 媒体之一，拥有 2.5 亿＋日活跃用户，每天可以向用户发送超过 4 亿条信息。跨境电子商务卖家可利用 Twitter 进行产品促销和品牌营销。同时，Twitter 的购物功能键也大大丰富了卖家的营销方式。

四、Pinterest

Pinterest 是世界上最大的图片社交分享网站。网站允许用户创建和管理主题图片集合，如事件、兴趣和爱好，拥有 6 000 万＋日活跃用户（数据来源于 Alexa）。网站拥有超过 300 亿张图片。对于跨境电子商务卖家来说，可以充分利用已有图片，上传自家精美的产品图片，建立自己的品牌主页，与其他人互动分享，推广相关产品和服务。

五、YouTube

YouTube 是全球最大的视频网站，每天有成千上万视频被用户上传浏览和分享，月活跃用户 20 亿，观众每天花费 2.5 亿小时在电视屏幕上观看 YouTube。相对于其他社交网站，YouTube 的视频更容易带来病毒式的推广效果。

苹果公司前首席宣传官盖伊·川崎（Guy Kawasaki）认为，社交媒体的 5P 理论是：Google 适用于兴趣爱好（passion），Facebook 适用于跟人联络（people），linkedIn 适用于打通职场人脉（pimping），Pinterest 用来贴图（picture），Twitter 用来发表看法（perception）。从中，我们不难把握当下最盛行的社交媒体各自的特色和社交媒体营销的精髓，即 passion，people，pimping，picture，perception。因此，跨境电子商务的卖家可以充分利用世界主流的社交媒体，为店铺的产品引来更大的流量。

知识点 3：搜索引擎营销

搜索引擎营销，简单来说，就是通过搜索引擎来进行网络营销和推广。搜索引擎营销就是基于搜索引擎平台的网络营销，利用人们对搜索引擎的依赖和使用习惯，在人们检索信息的时候将信息传递给目标用户。搜索引擎营销的基本思想是让用户发现信息，并通过点击进入网页，进一步了解所需要的信息。企业通过搜索引擎付费推广，让用户可以直接与公司客服进行交流、了解，实现交易。

一、搜索引擎营销的基本工作原理与步骤

（1）企业将信息发布在网站上成为以网页形式存在的信息源。

（2）搜索引擎将网站/网页信息收录到索引数据库。

（3）用户利用关键词进行检索，对于分类目录则是逐级目录查询。

（4）检索结果中罗列相关的索引信息及其 URL（统一资源定位器）链接。

（5）根据用户对检索结果的判断，选择有兴趣的信息并单击 URL 进入信息源所在网页。

以百度搜索引擎为例，一个完整的搜索引擎营销过程如图 5-9 所示。

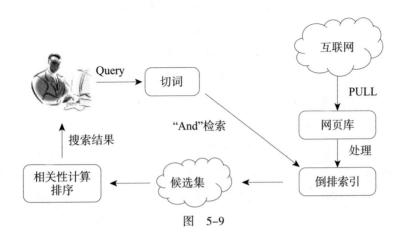

图　5-9

二、跨境电子商务领域常用的搜索引擎

在跨境电子商务领域，最常见的搜索引擎就是 Google。当然不同国家的主流搜索引擎不同，针对不同国家做搜索引擎营销的时候，可以优先考虑用这些国家主流的搜索引擎做营销，效果可能比 Google 更好。因为本地化的搜索引擎通常会更懂国人的搜索习惯，和国人的契合度更高。例如，Ask 是英国常用的搜索引擎，Yandex 是俄罗斯最大的搜索引擎，Naver 是韩国最大的搜索引擎。欧洲各国的主流搜索引擎见表 5-1。

表　5-1

国家	本地搜索引擎		
奥地利（Austria）	Abacho	Lycos	
法国（France）	Nomade. tiscali	Lycos	
德国（Germany）	Firehall	Bellnet	Acoon
荷兰（Netherland）	Scarch		
西班牙（Spain）	Hispavisla	Es.dir.alcgo	
英国（England）	Ask	Splut	Abacho
丹麦（Denmark）	Jubii	Voila	Sol
波兰（Poland）	Netsprint		
塞尔维亚（Serbia）	aladin		
芬兰（Finland）	Eniro	Www.fi	Walhello
瑞士（Switzerland）	Search	Ahacho	Sharelook
挪威（Norway）	Sunsteam	Search	
希腊（Greece）	Dir.forthnet	Gogreece	

三、搜索引擎优化、Google AdWords 与 Google AdSense

比较常用的搜索营销可以细分为搜索引擎优化（search engine optimization，SEO）、关键词竞价排名、网站联盟广告。我们以 Google 搜索引擎营销为例，Google 营销大体可分为三类：搜索引擎优化、Google AdWords、Google AdSense。

搜索引擎优化包括网站本身的框架和开发源码内部优化和高质量的外部链接建设。对于有自己独立网站的卖家来说，内部优化工作交给专业网页开发人员或者相关建站机构。而外部优化，尤其是对于没做独立网站的跨境电子商务卖家来说，最应该看重的是购买链接和自建链接，确保购买链接的安全性和原创文章的质量。通过优化购买链接相关的软文和推广帖子，达到排名靠前的搜索位置。比如当客户想要购买耳机，去 Google 上搜索 "earphone" 的时候，刚好我们有篇帖子 "the best 10 earphones on Amazon" 非常靠前，客户打开文章后，每款推荐的耳机都有详细的数据说明和体验感受，附有两款卖家产品的链接，这样整体来说，文章就很有吸引力。这样一篇文章，会给我们的网站或者是产品带来更多的流量和阅读量，从而提高知名度和转化率。

Google AdWords 于 2000 年 10 月推出至今，它出色的 PPC（每次点击付费）广告模式和广告服务效果，深受广告主和搜索者的喜爱，是 Google 最重要的收入来源。Google 首要目标是满足搜索者而不是广告主，这也是 Google AdWords 一直遵循的原则，所以这套竞价系统比较复杂，不是出价高就排名高这种简单粗暴的模式，而是综合考量各项指数，比如根据关键词的匹配程度、广告契合度等来排名。Google AdWords 的流程也非常简单：目标市场分析—挖掘关键词—建立广告系列—竞价投放—反馈分析—持续优化。其中关键的一步就是挖掘关键词。Google 自带 Google AdWords Keyword Planner（关键词规划师），这款工具可以提供很多关键词信息，一来查找关键词，二来获取对应关键词预估流量，对于广告主来说非常有效，可帮助广告主取得更好的推广效果。

Google AdSense 是将广告投放在 Google 联盟的网站页面上，使其覆盖在各个门户网站、个人网站、博客、论坛等互联网世界上。在 Google Adsense 上，广告主可以根据自身需求设定语言、地理区域、投放时间、资金预算等。在广告形式上，可以是文字、图片、Flash 或者视频，灵活多样化。同时，Google 根据用户数据的沉淀和用户行为的分析，可以千人千面地向用户展示他们感兴趣的广告，这极大满足了个性化的需求，提高了 Google AdSense 的效果。

1. 市场营销组合　marketing mix
2. 网络营销　online marketing

3. 营销策略　marketing strategies

4. 市场调研　market research

5. 市场细分　market segmentation

6. 年度营销计划　annual marketing plan

7. 软文　advertorial

8. 软文营销　article marketing

9. 个性化营销　personalized marketing

10. 销售渠道　sales channels

11. 促销　sales promotion

12. 消费者行为　consumer behavior

13. 广告反馈　advertising feedback

14. 广告媒体　advertising media

15. 广告接受人数　advertising reach

16. 广告信息来源　advertising source

17. 新产品开发　new products development

18. 搜索引擎优化　search engine optimization（SEO）

19. 搜索引擎营销　search engine marketing（SEM）

20. 电子邮件营销　E-mail direct marketing（EDM）

21.（产品）知名度　awareness

22. 定位　positioning

23. 社区营销　community marketing

24. 众筹　crowdfunding

25. 品牌忠诚度　brand loyalty

26. 品牌化战略　branding strategy

27. 品牌价值　brand equity

28. 品牌识别　brand recognition

29. 预算　budgeting

30. 交换链接 / 互惠链接　link exchange

31. 网络直播　webcast（s）

32. 网红　online celebrity；internet celebrity

33. 网红带货　（social）influencer marketing

34. 页面浏览量　page view（PV）

35. 独立访客　unique visitor（UV）

36. 点击率　click through rate（CTR）

37. 投资回报率 return on investment（ROI）

38.（广告）每千人印象成本收费模式 cost per thousand impression（CPM）

39.（广告）每点击成本收费模式 cost per thousand click-through（CPC）

40.（广告）每行动成本收费模式 cost per thousand action（CPA）

41.（广告）每购买成本收费模式 cost per purchase（CPP）

42. 以浏览者的每一个回应计费 cost per response（CPR）

43. 关键绩效指标 key performance indicator（KPI）

一、填空题

1. 一般而言，市场营销是指企业通过向客户_____，促使客户_____，进而_____的战略管理活动。

2. 网络营销的特征有_____、_____、_____。

3. 网络营销4I原则是指_____，_____，_____，_____。

4. 电子邮件营销是指在用户_____，通过_____向目标用户_____的一种网络营销手段，是利用电子邮件与受众客户进行商业交流的一种直销方式。

5. 社交媒体营销就是基于_____，借助社交媒体_____，将人与人的距离拉近，帮助企业_____的营销方式。

二、选择题（可多选）

1. 跨境电子商务选品策略包括（　　　）。

A. 产品组合策略　　　　　　　　　　B. 产品生命周期策略

C. 品牌定位策略　　　　　　　　　　D. 产品包装策略

2. 跨境电子商务定价策略有（　　　）。

A. 以成本为基准　　　　　　　　　　B. 以竞争为导向

C. 以价值为导向　　　　　　　　　　D. 以利润为导向

3. 关于俄罗斯市场，下列描述准确的有（　　　）。

A. 俄罗斯消费者对商品的选择要求不高，一点也不挑剔

B. 每逢俄罗斯重要传统的节假日，如元旦、圣诞节、洗礼节，俄罗斯人都会给家人、朋友购买礼物

C. 俄罗斯被誉为跨境电子商务潜力最大的市场，且牢牢占据了中国跨境电子商务交易的头把交椅

D. 俄罗斯人对商品价格很敏感，这导致忠诚度较低

4. 关于巴西市场，下列描述准确的有（　　　）。

A. 巴西拥有世界第三大 Facebook 用户群，仅次于印度和美国

B. 巴西最流行的支付方式是现金和信用卡分期付款

C. 巴西清关难、关税高

D. 巴西消费者热衷寻找信息，比较功能和价格

5. 电子邮件营销的技巧包括（　　　）。

A. 对买家进行细分建组　　　　　　　B. 推送个性化电子邮件

C. 制作精良的电子邮件　　　　　　　D. 进行电子邮件营销效果分析

三、简答题

1. 阐述传统市场营销 4P 理论与 4C 理论之间的联系。

2. 跨境电子商务卖家在选品时应该注意哪些问题？

3. 在确定品牌定位之前，研究海外目标市场之时，跨境电子商务卖家应该思考哪些问题？

4. 产品生命周期是什么？一个产品会经历几个阶段？

5. 许可式电子邮件营销与垃圾邮件有什么区别？

四、思考分析题

1. 跨境电子商务卖家在选定某款产品、进入某个国家的消费者市场之前，会综合考虑哪些因素？

2. 假设你是敦煌网平台上的一个卖家，最近准备开拓中东市场与俄罗斯市场，二者的网络营销策略会有什么差异？

认识跨境电子商务营销考核评价表

序号	评价内容	得分 / 分			综合得分 / 分
		自评	组评	师评	
1	概念的掌握				
2	术语的掌握				
3	练习的准确率				
	合计				

注 综合得分 = 自评 ×30%+ 组评 ×30%+ 师评 ×40%。

学习项目 5 总结与评价

建议学时

1 学时。（总结本学习项目各任务的学习情况。）

总结与评价过程

一、汇报总结

序号	汇报人	值得学习的地方	有待改进的地方
1			
2			
3			
4			
5			
6			

二、综合评价

1. 专业能力评价

序号	项目名称	得分
1	学习任务 1	
2	学习任务 2	
3	学习任务 3	
	综合得分	

注 综合得分为本学习项目中各学习任务得分的平均值。

2. 职业素养能力评价

序号	评价内容	评价标准	得分 / 分			综合得分 / 分
			自评	组评	师评	
1	平台的熟悉度	能否理解传统市场营销与网络营销的关系				
		能否熟悉不同的跨境电子商务营销方法				

续表

序号	评价内容	评价标准	得分／分			综合得分／分
			自评	组评	师评	
2	流程的熟悉度	能否掌握电子邮件营销的基本技巧				
		能否在不同的社交媒体进行相应的营销				
3	交易内容理解	能否利用所学的跨境电子商务选品与定价策略，拓宽选品思路，确定产品价格				
4	学习态度	是否主动完成任务要求中的内容				
		是否自主学习寻找方法解决疑惑				
	综合得分					

3. 综合得分

学习项目 5 综合得分 = 专业能力评价得分 × 60%+ 职业素养能力评价得分 × 40%+ 创新素养能力评价得分。

注：创新素养能力是指学生在学习的过程中提出的具有创新性、可行性的建议的能力；创新素养能力评价得分，满分 10 分（由老师根据学生表现评定），为加分项。

6 学习项目6 了解跨境电子商务支付

由于跨境电子商务出口与进口的不同业务模式，跨境电子支付业务会涉及资金的收结汇与购付汇，跨境电子商务卖家所采用的支付结算方式也就存在着差异。跨境电子商务支付方式受不同的跨境电子商务平台、消费者市场与消费者群体等因素的影响。跨境支付与收款是跨境电子商务卖家需要考虑的一个重要因素，选择一种优质的支付与收款方式，能为买家减少一笔很大的支出。

项目目标

1. 了解跨境支付的相关概念、跨境支付与跨境电子商务的关系。
2. 熟悉跨境电子商务支付业务模式及特点。
3. 熟悉影响跨境支付方式选择的因素。
4. 了解信用卡、西联、PayPal、国际支付宝与货到付款等跨境支付方式。
5. 了解 Payoneer、World First、PingPong、Skyee 等跨境收款工具。

建议学时

4学时。

学习任务1　跨境电子商务支付概述

1. 了解支付的相关概念、跨境支付的概念及与跨境电子商务的关系。
2. 了解跨境电子商务支付企业类型。
3. 熟悉第三方支付的概念与交易流程。
4. 熟悉跨境电子商务支付业务模式及特点。
5. 熟悉跨境电子商务支付方式的影响因素。

1 学时。

远在巴西的消费者卡纳瓦罗在亚马逊跨境电子商务平台上的中国卖家小陈的店铺里购买了一双足球运动鞋，1分钟之内便完成下单和支付，卡纳瓦罗只要在家坐等鞋子送上门来即可。如今，这样的网上交易是地球村里再简单不过的事情。但是，小陈该如何将这位巴西买家支付的货款收回境内呢？这就不是一个简单的问题了。

老师讲

知识点1：跨境支付的内涵

一、支付的相关概念

支付又称付给、付款，是指发生在购买者和销售者之间的金融交换，是社会经济活动所引起的货币债权转移的过程，包括交易、清算和结算。支付是由于商品交易的发生，货币在交易主体之间的转移。交易的存在是支付发生的前提，支付的完成是交易成功的保证。

电子支付作为电子商务的重要组成部分之一，主要是指电子商务支付平台通过采用规范的连接器，在网上商家和银行之间建立起连接，从而解决从消费者到金融机构、商家现金的在线货币支付、现金流转、资金清算、查询统计等问题。比如，以信用卡为代表的电子支付手段早已实现，消费者可在商场、饭店等场所使用信用卡，采用刷卡记账、POS 终端结账、ATM（自动取款机）提取现金等方式进行支付。

在线电子支付，又称为网上支付、电子货币支付，是指交易双方在网上发生的一种资金交换，它以金融电子化网络为基础，以商用电子化机具和各类交易卡为媒介。在线电子支付系统多种多样，主要有网上银行卡支付系统、电子现金支付系统、电子钱包支付系统、电子支票支付系统等几种形式。

在线电子支付不等同于电子支付。电子支付系统是实现在线支付的基础，而在线支付则是电子支付系统发展的更高形式，它使得电子支付随时随地通过 Internet 进行直接的转账、结算，形成电子商务环境。

二、跨境支付的概念

跨境支付（cross-border payment）是指通过一定的结算工具和支付系统，对于因商务活动所发生的国际债权和债务，实现不同关境之间的资金转移。通俗地讲，中国消费者需要购买国外商家产品或者国外消费者需要购买中国商家产品时，由于币种的不同，需要通过一定的结算工具和支付系统实现两个国家商家之间的资金转移，最终完成交易。交易双方可以利用第三方支付金融机构、网上银行、信用卡和移动手机支付完成资金转移。

1.跨境支付的分类

跨境支付包括境外线下支付、跨境电子支付和跨境转账汇款，具体的含义如下。

（1）境外线下支付。境外线下支付的主要途径是信用卡刷卡、借记卡刷卡、外币现金和人民币现金等。

（2）跨境电子支付。跨境电子支付的途径多样，有第三方支付平台、网银线上支付、信用卡在线支付、电子汇款、移动手机支付和固定电话支付等。

（3）跨境转账汇款。跨境转账汇款途径主要包括第三方支付平台、商业银行和专业汇款公司。

经济全球化和信息技术的发展推动了跨境电子商务的蓬勃发展，也带来了跨境第三方支付业务的快速发展。第三方支付企业在资金周转上的安全性和及时性也给跨境交易双方带来信赖感和依赖感，从而进一步推动跨境电商的良性发展。

2.跨境支付与跨境电子商务的关系

跨境电子商务与跨境支付存在着紧密的关系。跨境电子商务巨大的发展空间以及潜在的获利空间不断推动着第三方跨境支付企业推出优质的服务，使企业在跨境支付中具备更好的资金管理能力。

而跨境支付是跨境电子商务中不可或缺的环节，是占领境内境外消费市场的重要条件，必将从技术层面推动跨境电子商务的发展。跨境支付企业在资金周转上的安全性和及时性，最终带给境内外买卖双方一种信誉感和依赖感。

跨境支付的产生是以跨境电子商务及国际贸易的快速发展为基础的，且跨境交易的产生是需要国内外企业相互合作完成的。随着技术、监管等相关方面的不断完善，跨境支付必将扮演着更重要的角色。

知识点 2：跨境电子商务支付企业类型

跨境电子商务的发展推动了跨境支付的发展，传统行业与关联企业也纷纷开拓跨境支付业务，具体可以分为以下八类。

（1）传统银行业拓宽产品类型：涉足跨境支付市场，如网银在线、跨境转账业务等。

（2）专业信用卡机构涉足跨境支付业务：Visa 信用卡、MasterCard 信用卡、美国运通卡等。

（3）专业第三方支付企业从事的跨境支付业务：如 PayPal、支付宝、财付通、Qiwi Wallet 等。

（4）社交媒体新增跨境支付业务：如微信支付、QQ 钱包、Facebook 与 Twitter 的跨境支付业务。

（5）手机企业开发跨境支付业务：如苹果的 ApplePay、三星的 SamsungPay、小米支付等。

（6）电商平台辐射跨境支付业务：如亚马逊 Wallet、京东钱包、Snapdeal 等。

（7）互联网企业从事跨境支付业务：如 Google Wallet、网易宝等。

（8）物流企业附带货到付款业务：如国际快递企业、中国国内快递公司等。

知识点 3：第三方跨境电商支付

一、第三方支付的概念

在中国，第三方支付受中国人民银行的监管。中国人民银行颁布的《非银行支付机构网络支付业务管理办法》对第三方支付运营机构的定义为：办理互联网支付、移动电话支付、固定电话支付、数字电视支付等网络支付业务的非银行机构。

跨境电子支付结算，包括对外汇的支付和收取，目前以第三方支付的发展最具活力。第三方支付，是指具备一定实力和信誉保障的独立机构，采用与各大银行签约的方式，提供与银行支付结算系统接口的交易支持平台的网上支付模式。之所以称"第三方"，是因为这些平台并不涉及资金的所有权，而只是起中转作用。它原本是用来解决不同银行卡的网上银行对接以及异常交易带来的信用缺失问题，通过提供线上支付和线下支付渠道，完成从消费者到商户以及金融机构间的货币支付、资金清算、查询统计等系列过程。

二、第三方支付的分类

目前第三方支付百花齐放，各种服务层出不穷，竞争异常激烈，但是其业务模式不外乎网关支付模式和账号支付模式两种。

网关支付模式是电子支付产业最为成熟的一种模式。银行和许多第三方支付企业提供的在线支付实际上都是用银行卡网关支付。这种支付模式实际使用价值相对有限，将会被其他支付方式所取代。

在账号支付模式下，可以通过网上支付账号直接进行交易。目前大多数商户首选这种支付方式，同时，这种支付方式包含数字证书安全手段，并提供多种配套服务，符合人们的习惯，因而这种模式能够占领中国 B2B 和 B2C 领域的大部分市场。

三、第三方支付交易流程

在第三方支付交易流程中，支付模式使商家看不到客户的信用卡信息，同时又避免了信用卡信息在网络上多次公开传输而导致信用卡信息被窃。以 B2C 交易为例，第三方支付交易流程如图 6-1 所示。

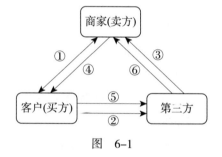

图　6-1

第一步，客户在电子商务网站上选购商品，最后决定购买，买卖双方在网上达成交易意向。

第二步，客户选择利用第三方作为交易中介，客户用信用卡将货款划到第三方账户。

第三步，第三方支付平台将客户已经付款的消息通知商家，并要求商家在规定时间内发货。

第四步，商家收到通知后按照订单发货。

第五步，客户收到货物并验证后通知第三方。

第六步，第三方将其账户上的货款划入商家账户中，交易完成。

在跨境电子商务交易环境下，一个跨境买方将货款付给买卖双方之外的第三方，由第三方保证交易的安全，其运作模式是设立一个中间过渡账户，买方付款后，货款会先存入此中间账户，只有双方意见达成一致才能决定资金去向。第三方跨境电商支付的交易流程如图 6-2 所示。

四、跨境电子商务支付业务模式及特点

第三方跨境支付平台实际上是第三方支付平台给境内外的消费者提供的跨境支付业务。中国第三方支付机构针对跨境电商所提供的跨境支付，主要包括购付汇和收结汇两类业务。

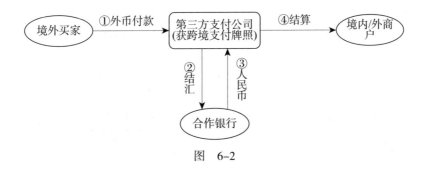

图 6-2

1. 进口跨境电商平台的购付汇业务模式

购付汇主要是指中国消费者通过跨境电商平台购买货品时，第三方支付机构为消费者提供的购汇及跨境付汇业务，购付汇主要针对进口跨境电商平台。当境内买家在跨境电商平台下单后，选择中国第三方支付机构进行支付，如支付宝、财付通等，订单信息在发到境外卖家的同时，也会发到第三方支付机构，第三方机构会通过买家所使用的本机构的合作银行，将商品货款以购付汇模式支付给卖家。卖家收到第三方支付机构的支付信息后，通过跨境物流将商品运至买家手中。购付汇具体流程如图6-3所示。

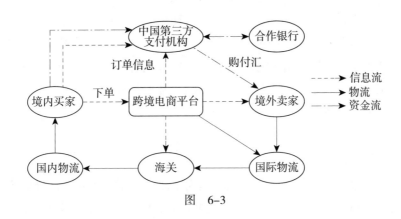

图 6-3

2. 出口跨境电商平台的收结汇业务模式

收结汇是第三方支付机构帮助境内卖家收取外汇并兑换人民币，结算人民币，主要针对出口跨境电商平台的业务。境外买家通过跨境电商平台下单后，订单信息会同时发至境内卖家及海外第三方支付机构，买家通过支付公司、信用卡组织、银行、电汇公司等将商品货款支付给海外第三方支付机构，如 PayPal 等，海外第三方支付机构通过与中国合作的第三方支付机构，以收结汇模式，将商品货款支付给境内卖家，再通过跨境物流将商品送至境外买家手中，从而完成跨境电子商务交易活动。收结汇具体流程如图6-4所示。

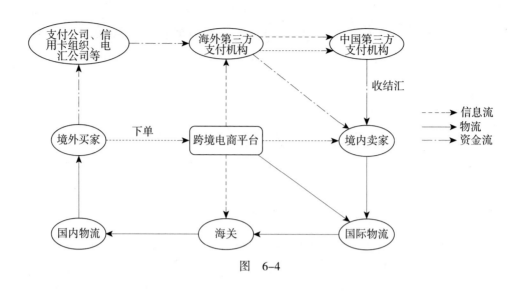

图　6-4

知识点4：跨境电子商务支付方式的影响因素

一、跨境支付方式的普及率与覆盖范围

跨境支付方式的普及率与覆盖范围是选择跨境支付方式的基础和前提，信用卡支付、货到付款、第三方支付平台等不同跨境支付方式在全球不同市场的普及率都不同，不同跨境支付方式的地理覆盖范围与业务覆盖范围也不同，针对某个市场或某类市场，跨境支付方式的选择也会不同。在欧美等发达国家，金融环境相对成熟，电子商务发展与支付技术相对成熟，信用卡支付和第三方支付具有较高的普及率与较大的覆盖范围，成为跨境电子商务环境下首选的跨境支付方式。而在非洲、拉美、东南亚等国家或地区，金融环境比较落后，信用卡普及率较低，信用卡支付、PayPal等第三方支付工具一般不会成为首选。

二、跨境支付方式的使用成本

跨境电子商务卖家在货款回收方面远比国内电子商务卖家困难，海外资金结汇困难、周转慢、提款费率高、汇率变动风险等都是制约跨境电子商务货款回收的重要问题。跨境支付方式的使用成本已成为影响跨境支付方式选择的重要因素，使用成本包括时间成本与资金成本，资金成本又包括交易的手续费、汇率的成本等。不同支付方式交易的手续费各不相同，需要综合比较。目前，跨境支付的交易手续费一般为1.7%～5%。伴随着市场竞争，支付公司的手续费在不断降低，旨在争取更多的客户。此外，对于跨境电子商务交易而言，由于与不同国家进行商品交易时还会涉及货币兑换与汇率的问题，这成为跨境支付方式的成本构成之一。一般而言，跨境支付机构会开具多种币种，采用用户本币直接扣款方式，避免了用户承担汇率损失的风险，但商户需要在银行或支付机构进行货币转化，这会产生货币转换成本，一般为0.1%～2.5%。

三、跨境买家的使用偏好

在跨境电子商务交易中，目标消费群体的支付习惯、偏好及宏观经济整体环境不同导致跨境支付方式不同，这是从事跨境电子商务活动时所要重点关注的，也成为影响跨境支付方式选择的重要因素。例如，在中东与拉美国家或地区，移动支付发展速度较快，显著高于欧美等成熟市场，已成为一种重要的跨境支付方式。在非洲、俄罗斯、印度等发展中市场，消费者对电子支付工具缺乏信任，大部分消费者偏好使用货到付款，尤其是货到付现金的支付方式。在开发东南亚跨境电子商务市场时，货到付款是一个必备选项，但一般的中小型卖家很难直接与当地物流商对接，所以，选择提供货到付款服务的跨境电子商务平台成为普遍的方式。

四、跨境支付方式自身的优劣势

不同的跨境支付方式有各自的优缺点，决定了跨境支付方式在使用范围、交易时间、手续费、支付风险等方面各有不同。从事跨境电子商务活动的交易主体会结合自身特点，选择最合适的跨境支付方式。所以，跨境支付方式自身的特征与优势，成为跨境电子商务交易下跨境支付方式选择的重要影响因素。

知识拓展 6.1

学习任务 2　主流跨境电子商务支付方式

1. 了解信用卡支付。
2. 了解西联支付。
3. 了解 PayPal 支付。
4. 了解国际支付宝。
5. 了解货到付款。

1 学时。

在跨境电子商务发展的刺激下，跨境支付方式不断创新，不再局限于货到付款、银行转账等，信用卡在跨境支付中得到广泛的应用，电子钱包成为主流的跨境支付方式之一。从事跨境电子商务半年，小陈发现第三方支付等非现金支付方式在客户中广受欢迎。他认为，只有为跨境买家提供尽可能多的支付方式选择，才能吸引更多的新买家，维护现有买家。

传统的国际贸易一般采取货到付款、信用证、银行转账等支付方式。而在新兴的跨境电子商务领域，传统的支付方式并非跨境买家的首选，信用卡支付、专业汇款公司、第三方支付等非现金支付方式不断得到推广，使用比重也逐渐增大。据报道，中国、韩国、德国、美国等跨境电子商务成熟市场的非现金支付比例越来越高，德国与美国接近80%，英国更达88.5%。目前，第三方支付平台在跨境电商支付方式中占据主流地位，国外的 PayPal、国内的支付宝等支付平台备受欢迎。

知识点 1：信用卡

目前，国际上有五大信用卡品牌，即 Visa、MasterCard、America Express、JCB（吉士美）、Diners Club。其中，Visa 和 MasterCard 的用户超过 20 亿，遍布全球。在美国，信用卡是在线的常用支付方式。一般的美国第三支付服务公司可以处理支持 158 种货币的 Visa 和 MasterCard 信用卡，支持 79 种货币的 American Express 卡，支持 16 种货币的 Diners Club。

尽管每个国家的消费者习惯有所不同，但主流跨境电子商务 B2C 网站支付方式是以接收信用卡支付为基础的。跨境电子商务网站可通过与 Visa、MasterCard 等国际信用卡组织合作，或直接与海外银行合作，开通接收海外银行信用卡支付的端口。

一、信用卡支付的优势与劣势

作为欧美最流行的支付方式，信用卡的用户人群非常庞大，信用卡支付迎合了海外买家的消费习惯，使跨境支付变得极为方便。因此，跨境电子商务网站和卖家应该为各国的买家提供信用卡支付方式，借此最大限度地锁定跨境电子商务的目标用户群体。此外，对于卖家来说，提现也很方便，只要提供国内一张借记卡，就可轻松提现。最后，买家一般不会轻易拒付，因为银行会有相应的信用记录，这会影响其一生。

然而，国际信用卡的接入方式比较麻烦，卖家需要预存一定的保证金，而且收费较高，付款额度偏小。因此，信用卡支付只适合跨境电子商务零售平台和独立 B2C 网站。信用卡支付最大的问题在于黑卡蔓延，买家存在拒付的风险，这对于卖家来说可能意味着财货两空。

二、国际信用卡交易流程

在跨境电子商务交易中，卖家接入国际信用卡在线支付通道之后，持有 Visa、MasterCard 等信用卡的买家即可用信用卡支付订单。采取信用卡支付的跨境电子商务交易流程如下。

（1）在跨境电子商务网站支付时，买家在国际信用卡支付接口输入他的信用卡信息。

（2）此信息经支付通道传输到银行，银行确认信息之后，反馈给支付通道。

（3）支付通道进一步确认信息的真实有效，反馈给跨境电子商务网站，随即支付成功。

（4）跨境电子商务网站或者卖家根据买家留下的信息及时发货，并提交相应的运单号给信用卡公司。

（5）货物到达目的地之后，买家签收，快递信息显示货物已妥投，信用卡公司和跨境电子商务网站或商家结算货款，交易成功。

三、与 PayPal 关联的信用卡投诉

根据 PayPal 的资料显示，70% ~ 80% 的 PayPal 账户是和信用卡关联在一起的，另外还有无 PayPal 账户而直接以信用卡支付的情况。信用卡投诉是持卡人通过其发卡行对已经完成的交易提出质疑，分为信用卡查单和信用卡拒付两类。信用卡投诉的有效期取决于持卡人与发卡行的协议规定，一般为付款之后的 120 ~ 540 天。

跨境电子商务交易的过程中，经常会发生买家由于没有收到货物或因货物质量问题引发的信用卡投诉，买家以信用卡号被盗用等理由要求信用卡公司撤款（chargeback）等信用卡纠纷和欺诈。此种投诉的裁决最终由信用卡公司做出，PayPal 也无法控制结果。因而，跨境电商卖家要有防范与 PayPal 关联的信用卡投诉的意识，在跨境电子商务交易的过程中注意以下三点。

（1）卖家需要尽可能详细准确地描述所售物品。特别是对于一些中国有别于其他国家的质量标准和度量单位，一定要有详细说明。

（2）卖家应尽可能保留与客户沟通的聊天记录，以作为今后产生纠纷时的有效证据。

（3）警惕高风险国家和反常交易。反常交易一般表现为买家不惜运费成本要求卖家使用较贵的快速运送，或者不断要求更改送货地址等。对于类似交易情况的发生，卖家要提高警惕。而一些来自中东、非洲的国家因为 EMS（Express Mail Service）货运信息有可能会显示不全，所以交易风险也相应加大。

知识点 2：西联汇款

在第三方支付平台和商业银行之后，专业汇款公司也是跨境电子商务的主要支付方式之一。西联是跨境电商卖家经常采用的一种专业汇款支付方式。

一、西联汇款介绍

西联汇款是国际汇款公司（Western Union）的简称，是世界上领先的跨境货币特快汇款公司，迄今已有170年的历史，它拥有全球最大最先进的电子汇兑金融网络，代理网点遍布全球近200个国家或地区。西联汇款打通数字和物理世界，使消费者和企业能够快速、便捷、可靠地收汇款。2019年初，西联汇款放弃了原先比较松散的大写字体，改用更容易辨认、更适应数字环境的新字体，如图6-5所示。

图 6-5

与普通国际汇款相比，西联汇款、速汇金等国际专业汇款的优势明显。首先，它们无须开立银行账户，1万美元以下业务无须提供外汇监管部门审批文件。其次，汇款在10分钟之内就可以汇到，简便快捷。而普通国际汇款需要3～7天才能到账，2 000美元以上还须外汇监管部门审批。

目前，西联在中国境内的合作银行有12家，包括中国光大银行、中国邮政储蓄银行、中国建设银行、浙江稠州商业银行、吉林银行、哈尔滨银行、福建海峡银行、烟台银行、龙江银行、温州银行、徽商银行、浦发银行等。

二、西联汇款的优点与缺点

对于跨境电商卖家来说，西联付款最大的优点在于由买家承担手续费，因此是最划算的一种支付方式。其次，卖家可以先提钱再发货，安全性最高。同时到账速度快，卖家可以在买家付款15分钟之后用买家提供的监控号（money transfer control number，MTCN）即可收到付款。

然而，由于对买家来说提前付款风险极高，很多时候买家不愿意接受，除非是已经非常熟悉的老买家。此外，买家需要去西联线下柜台或者网上汇款，卖家则需要去线下银行或者网上结汇，相对而言比较不方便。

三、西联汇款流程

（1）发汇人在西联指定的当地合作网点填妥发汇单。卖家需要告诉买家自己的联系方式，包括名字、地址、电话，而无须银行账号。

（2）发汇人将填妥的表格、汇款、汇款手续费及发汇人个人身份证明文件递交给柜台工作人员，即完成汇款。汇款后，买家会给卖家如下信息：Sender，即汇款人（买家）的姓名；Receiver，即收款人（卖家）的姓名；汇款人的国家；汇款的币种和金额；MTCN。其中，MTCN 是一串 10 位数的号码，是汇款人通过西联把钱打到收款人账户提供给收款人的付讫凭证，卖家只有凭这个号码才能拿到款项。

四、西联付款的手续费

由于西联汇款的手续费是由买家支付的，所以跨境电子商务卖家在买家使用西联汇款前，要明确告知相应汇款额度的手续费，具体的手续费见表 6-1。

表　6-1　　　　　　　　　　　　　　　　　　　　　　　　　　　　　　美元

发汇金额	手续费
500 以下	15.00
500.01 ~ 1 000.00	20.00
1 000.01 ~ 2 000.00	25.00
2 000.01 ~ 5 000.00	30.00
5 000.01 ~ 10 000.00	40.00
超过 10 000 美元，每增加 500 美元或其零数，加收 20.00 美元	

五、西联汇款注意事项

（1）西联汇款单笔最大金额是 2 万美元，每年每人的结汇金额是 5 万美元。

（2）在发汇人汇款之前，收汇人必须确保提供给他的是自己身份证上的名字（拼音），其中 First name 是名，Last name 则是姓，千万不能弄反了或者填错收汇人的姓名。

（3）在收汇人未领取钱款时，发汇人可以将支付的资金撤回。所以，跨境电子商务卖家在买家西联汇款之后，应该及时去与西联合作的当地银行柜台或者在网上银行进行结汇。

知识点 3：PayPal

PayPal，中文名称贝宝，是美国 eBay 公司的全资子公司，是一个总部在美国加利福尼亚州圣荷西市的因特网服务商。它允许在使用电子邮件来标识身份的用户之间转移资金，避免了传统的邮寄支票或者汇款。PayPal 也和一些电子商务网站合作，成为它们的货款支付方式之一，但是用这种支付方式转账时，PayPal 会收取一定数额的手续费。在中国，PayPal 与 Wish、速卖通、中国银联等达成合作伙伴关系。

一、PayPal 的优势

（1）品牌效应强。PayPal 在欧美普及率极高，是全球在线支付的代名词，覆盖国外 85% 的买家，强大的品牌优势能让网站轻松吸引众多海外客户。

（2）资金周转快。PayPal 独有的即时支付、即时到账的特点，让跨境电子商务卖家能够实时收到海外客户发送的款项。同时最短仅需 3 天，即可将账户内款项转账至国内的银行账户，及时高效地帮助开拓海外市场。

（3）安全保障高。完善的安全保障体系，丰富的防欺诈经验，业界最低风险损失率（仅 0.27%），不到使用传统交易方式的 1/6，可确保交易顺利进行。

（4）使用成本低。无注册费用、无年费，手续费仅为传统收款方式的 1/2。

（5）数据加密技术。当你注册或登录 PayPal 的站点时，PayPal 会验证你的网络浏览器是否正在运行安全套接字层 3.0（SSL）或更高版本。传送过程中，信息受到加密密钥长度达 168 位（市场上的最高级别）的 SSL 保护。

二、PayPal 的支付流程

在跨境电子商务交易过程中，付款人通过 PayPal 支付一笔金额给商家或收款人要经过以下五个步骤。

（1）只要有一个电子邮件地址，付款人就可以登录开设 PayPal 账户，通过验证成为其用户，并提供信用卡或者相关银行资料，增加账户金额，将一定数额的款项从其开户时登记的账户（例如信用卡）转移至 PayPal 账户下。

（2）当付款人启动向第三人付款程序时，必须先进入 PayPal 账户，指定特定的汇出金额，并提供收款人的电子邮件账号给 PayPal。

（3）PayPal 向商家或者收款人发出电子邮件，通知其有等待领取或转账的款项。

（4）如商家或者收款人也是 PayPal 用户，其决定接受后，付款人所指定之款项即移转予收款人。

（5）若商家或者收款人没有 PayPal 账户，收款人得依 PayPal 电子邮件内容指示连线站进入网页注册取得一个 PayPal 账户，收款人可以选择将取得的款项转换成支票寄到指定的处所，转入其个人的信用卡账户或者转入另一个银行账户。

从以上流程可以看出，如果收款人已经是 PayPal 的用户，那么该笔款项就汇入他拥有的 PayPal 账户；若收款人没有 PayPal 账户，网站就会发出一封通知电子邮件，引导收款者至 PayPal 网站注册一个新的账户。所以，也有人称 PayPal 的这种销售模式是一种"邮件病毒式"的商业拓展方式，它使得 PayPal 越来越多地占有市场。

三、PayPal 的账户冻结问题

跨境电子商务交易中，经常会有中国卖家被 PayPal 冻结账户，这是为什么呢？因为 PayPal 为了保障买方的资金安全和交易公正，会不定期地对它认为值得怀疑的付款主动发起调查。一旦调查结果显示该笔交易涉嫌欺诈，那么 PayPal 就会暂时冻结这笔货款。

鉴于 PayPal 账户容易被冻结，商家利益不太受 PayPal 保护，跨境电子商务卖家应该注意以下四个问题，防止自己的 PayPal 账号被冻结，造成不可挽回的损失。

（1）收款后不能立马提现。比如账户收了 1 000$，收款后马上提现 900$，卖家收了款，而买家订的货还没发出，难免引起 PayPal 的怀疑导致被冻结。

（2）提现金额不宜过高。例如收款 1 000$，发货后，卖家需要资金周转，把 1 000$ 全部提现，这种情况比较危险。PayPal 一般提现金额在 80% 是比较安全的，留 20% 首先是为了防止买家退单，其次是为了让 PayPal 放心。

（3）被客户投诉过多，退单过多。一般来说，投诉率超过 3%，退单率超过 1%，就会被 PayPal 终止合作。

（4）所售产品不能涉及知识产权问题。国外对知识产权的保护非常重视，仿牌或者假货是 PayPal 禁止交易的，一旦国际品牌商投诉 PayPal，后果将非常严重。所以，建议使用 PayPal 账户的卖家不要涉嫌侵犯知识产权。

知识点 4：国际支付宝

国际支付宝，英文是 Escrow，是阿里巴巴国际站与支付宝联合为国际贸易买卖双方全新打造的在线安全支付解决方案。与 PayPal 一样，国际支付宝也属于第三方支付方式。与国内支付宝的操作流程一样，国际支付宝保障卖家实现款到发货，买家将货款支付至支付宝后，卖家才需发货，全面保障卖家的交易安全。国际支付宝具体流程如图 6-6 所示。

Escrow ❯

1 买家在线下单　**2** 买家付款至支付宝　**3** 通知卖家发货　**4** 买家确认发货　**5** 卖家收款

图　6-6

一、国际支付宝的优势

在跨境电子商务交易过程中，国际支付宝对买卖双方的优势尽显。其对卖家的优势主要体现在以下三点。

（1）免费服务，增加曝光。Escrow 服务向卖家免费开放，开通 Escrow 服务，点亮 Escrow 标志，提高国际站搜索概率，赢得更多曝光。同时，美元结汇无手续费、无汇损。

（2）凸显诚信，提升成交。海外买家更倾向于和开通 Escrow 的卖家交易，丰富真实的交易记录可以提升买家的信任，减少与买家沟通成本，快速达成交易。

（3）保证货物和资金安全。国际支付宝在收到买家全部货款后才会通知卖家发货，帮助卖家规避收款不全或钱货两空的风险。

国际支付宝对买家的优势，首先在于交易安全性。因为买家支付的货款将在 Escrow 账户上被暂时冻结，等待买家确认之后再放款给卖家，很受海外买家的欢迎。其次，国际支付宝的支付极为方便。只要海外买家有信用卡账户，就可以方便地在网上进行付款操作。即使没有信用卡账户，买家也可以通过传统的 T/T（电汇）、西联等方式进行付款，而不会增加海外买家的任何额外操作成本。

二、国际支付宝与 PayPal 的区别

国际支付宝与作为全球最大的第三方支付方式的 PayPal 的区别如下。

（1）PayPal 是全球性的，通用货币为加元、欧元、英镑、美元、日元、澳元六种货币，支付宝是中国的，以人民币结算。

（2）PayPal 是保护买家方针，支付宝是偏向卖家方针。也就是说，PayPal 从买家的角度考虑问题，买家有任何不满意都可以提出争议，卖家无法拿到钱。而在国际支付宝的支付条件下，一旦超过特定时期，买卖双方之间就钱货两清。

（3）PayPal 是一个将会员分等级的机构，对高级账户会收取手续费，当然利益保障也更牢靠。支付宝则不存在会员等级之分。

（4）PayPal 账户存在纠纷会导致账户永久性关闭，因此卖家必须很谨慎。支付宝不会轻易关闭账户。

（5）PayPal 的资金在美国可以提现至银行，中国可以电汇至银行，都是要手续费的。支付宝可以直接提现至银行，免手续费。

三、国际支付宝的账号注册

如果卖家已经拥有国内支付宝账号，无须再另外申请国际支付宝账户。只要卖家是全球速卖通的用户，就可以直接登录"My Alibaba"后台（中国供应商会员）或"我的速卖通"后台（普通会员），管理收款账户，绑定国内的支付宝账户即可。如果卖家还没有国内支付宝账号，可以先登录支付宝网站申请国内的支付宝账号，再绑定即可。

绑定国内支付宝账户后，卖家即可通过支付宝账户收取人民币。国际支付宝会按照买家支付当天的汇率将美元转换成人民币支付到卖家的国内支付宝或银行账户中，卖家还可以通过设置美元收款账户的方式来直接收取美元。

知识点 5：货到付款

货到付款，在对外贸易中是指出口商先发出货物、进口商后付款的结算方式，此方式实际属于赊账交易，或延期付款（deferred payment）结算。在电子商务中，货到付款指的是由快递公司代收买家货款，货先送到客户手上，客户验货之后再把钱给送货员，也就是我们常说的"一手交钱一手交货"，之后货款再转到卖家账户里去。

在金融发展还不够成熟的地区，"一手交钱一手交货"的货到付款模式是当地民众偏好的也觉得最安全的付款方式。例如，东南亚网购就以货到付款为最大宗，其中，泰国货到付款占 70%～80%，在越南更是高达九成以上。

然而，货到付款必须依赖当地物流企业协助，所以物流发展不够成熟，或还无法达到的地区，就不能采用此种方式。另外，由于货到付款必须由物流代收，这就意味着会多一层手续费，虽然手续费常转嫁由买家承担，但也会拉高交易成本。

对于想要进入东南亚市场的跨境电商卖家来说，货到付款是必备选项。一般的中小型卖家很难直接与当地的物流商接洽上，因此选择提供货到付款服务的跨国电商平台可以省去很多后顾之忧。而跨国电商平台想要在海外找寻物流伙伴协助货到付款，除了自行与当地大型物流厂商接洽，也可寻找与专为电商提供服务的新兴物流平台的合作。例如，2012 年才成立的越南 Giaohangnhanh，专门锁定越南电商，提供物流服务，将配送、仓储、履约、货到付款、退货等服务一举全包解决。

知识拓展 6.3

学习任务 3　主流跨境电子商务收款工具

1. 了解 Payoneer 收款。
2. 了解 World First 收款。
3. 了解 PingPong 收款。
4. 了解 Skyee。

1 学时。

跨境电商平台亚马逊的最重要五种收款方式是美国银行账户、中国香港银行账户、World

First、Payoneer 和 PingPong 卡。初涉跨境电商行业的小陈最近想更换亚马逊店铺的收款工具，他在半年前选择的国际领先的 World First 收款公司和中国本土的跨境收款品牌 PingPong 金融之间犹豫不决，小陈认为有必要研究一番再做决定。

跨境电商卖家除了关注支付方式上的问题，平时会收到来自世界各地的款项，而且不是同一个币种。如何把不同币种的款项进行系统高效的管理，实现即时的提现和转款就成为跨境卖家的一个棘手问题。

需要明确的是，跨境电商收款方式不同于跨境电商支付方式。跨境电商支付方式主要从跨境买家的角度出发，衡量不同的支付方式对买家偏好的影响，解决的是买家的款项如何转到跨境电商平台，比如在速卖通上，一个海外买家会选择国际支付宝或者 PayPal 来支付订单，这两种支付工具是作为第三方支付公司存在，起到买家与卖家之间交易的担保作用。而跨境电商收款方式主要是从跨境卖家的角度考虑，权衡各大收款工具对卖家的利益是否最大化，解决的是卖家在跨境电商平台上的收益如何转到国内账户的问题。例如，当中国卖家在亚马逊上的销售收入累积到一定额度，就可以借助 Payoneer 卡转账至国内银行或者其他账户上，进行及时的收款，资金也得以顺利回笼。

总体而言，跨境电商收款行业可以分层为外资收款企业、国内头部收款企业、国内中小收款企业以及银行等其他收款方式。目前，外资收款企业占据大部分的市场份额，Payoneer（派安盈）和 World First（万里汇）为领头羊。近几年，伴随着跨境电商行业的深入发展，中国本土的跨境收款方式也不断涌现，其中以 PingPong（乒乓）和 Skyee（收款易）为代表。

知识点1: Payoneer

Payoneer，中文名称派安盈，成立于 2005 年，总部设在美国纽约，是万事达卡组织授权的具有发卡资格的机构。为支付人群分布广而多的联盟提供简单、安全、快捷的转款服务。Payoneer 的合作伙伴涉及的领域众多并已将服务遍布到全球 210 多个国家或地区，支持个人和企业注册。

Payoneer（P 卡）是亚马逊官方推荐的收款方式之一，目前支持的币种主要有美元、欧元、英镑、日元、加元、澳元和墨西哥币七种，所有币种均支持多平台店铺。Payoneer 网银转款到国内，人民币到账的提现渠道不受 5 万美元结汇限制，即提款金额无上限。

一、Payoneer 有卡账户与无卡账户

Payoneer 分有卡账户和无卡账户两种，有卡账户管理费用为每年 29.95 美元，无卡账户则不需要年费。有卡账户可以选择使用 Payoneer 卡在 ATM 取现或消费，但万事达卡国际组织会收取汇损，一般在急需资金或境外旅游时使用。二者的区别见表 6-2。

表 6-2

项目	Payoneer 无卡账户	Payoneer 有卡账户
注册类型	支持公司或个人注册，自动签发美国和欧洲支付服务	仅支持个人注册，默认签发美国支付服务，提交申请签发欧洲支付服务
收取资金	账户审核通过即可收款和提现至银行	账户审核通过即可收款
提现方式	支持提现到本地银行账户和多币种转账	需要先激活卡，支持提现到银行账户和多币种转账，也可使用实体卡在 ATM 取现和 POS 消费
卡片费用	无卡片相关费用	收取卡片相关费用，消费时收取跨境费或货币兑换费
提现与取款费用	完全相同，详情请查看 Payoneer 官网公布的费用及优惠	

二、Payoneer 的跨境收款角色及衍生功能

Payoneer 类似于国内商家版的支付宝，主要作用是收取来自跨境电商平台的销售款项，充当了在跨境电商平台上类似于支付宝这样的收款角色。中国卖家在跨境电商平台开店，销售收益可以直接存入由 Payoneer 提供的当地国银行账户，然后再提现到国内银行。也就是说，跨境电商卖家在 Payoneer 注册账户后，会自动获得 Payoneer 在当地国开设的银行账号，可以理解为一个二级账户。这些账号可以用来接收来自当地电商平台的销售款项，卖家将收到由当地货币自动兑换成的人民币，并转入自己在国内的银行账户中。

近年来，Payoneer 在跨境电商生态圈上下了很大功夫。现在，卖家可以用 Payoneer 收到的资金在线缴纳物流服务商的费用、ERP 软件使用费用、广告服务商的费用甚至 VAT 税收费用等。这种闭环模式，可以减少卖家因为货币转换、结汇带来的麻烦和损失。Payoneer 此举旨在提升客户黏性，因为市场上出现了越来越多的收款公司，而且手续费越来越低甚至免费，物流费、ERP 使用费、VAT 税费都可以用 Payoneer 来支付，将整个跨境电商业务流程串联起来，无疑是将它的客户绑得紧紧的。

三、Payoneer 与 PayPal 的区别

Payoneer 与 PayPal 的最大区别在于 Payoneer 只能收取来自合作平台的资金，中国卖家不能往自己的 Payoneer 充值，也不能接受来自个人的付款，更不能随意将 Payoneer 集成在自己的独立网站上，接受买家付款。所以，在中国，Payoneer 更多扮演的是电商平台收

款的角色。PayPal 则开放得多，不仅支持 eBay、Wish 等跨境电商平台的收款，也允许个人充值、收款、付款，自建站集成 PayPal 收款更是其一大主营业务，所以 PayPal 自然成为全球最广泛使用的收付款工具。然而，PayPal 的自由开放特性也给自身带来了不少麻烦，不少自建站卖家销售仿品，通过 PayPal 收取资金，这是违规行为，一旦有权益方进行举报，卖家的 PayPal 账户就会被查封冻结，每年没完没了的官司占据了 PayPal 的大量工作。另外，大量资金存放在 PayPal 上也有一定的风险，国内每年都有许多卖家账户被冻结、款项被划走的案例发生。

相比之下，Payoneer 似乎简单得多，因为不接受未经审核的付款，不接受来自自建站的付款，也就是说钱款进入 Payoneer 之前已经被电商平台审核过了，出了问题，也是平台的问题，跟 Payoneer 无关。因为 Payoneer 提前规避了这些风险，所以极少碰到那些因为侵权导致卖家的 Payoneer 账号被查封或者资金被强制划走的情况。

知识点 2：World First

World First，中文名称万里汇，简称 WF，成立于 2004 年 4 月，是一家注册于英国的国际汇款公司，总部设在金融高度发达的英国伦敦，曾获得美国邓白氏公司（Dun and Bradstreet）的 3A2 级企业商业资信评级。2019 年 2 月宣布完成所有权变更，成为蚂蚁金服集团全资子公司。成立将近 20 年以来，World First 集诸多荣誉于一身，如图 6-7 所示。

图　6-7

一、World First 跨境收款服务介绍

World First 于 2010 年进入中国，提供国际电商平台收款及结汇服务，为跨境电商卖家提供美元、欧元、英镑、日元、加元、澳元、新西兰元七个币种的国际收款服务，目前服务超过 60 000 家中国跨境电子商务卖家。全球超过 30 000 名活跃客户，每年交易流水超过 10 亿美元。

World First 为跨境电子商务卖家提供收款方案，解决跨境收款问题。卖家在跨境电子商务平台上销售商品，收入会以外币结算，如中国卖家在亚马逊美国站上销售，销售收入就会以美元结算。卖家如果没有美国身份证和美国当地银行卡，就会面对如何将美元收入转回国内这个难题。World First 正好能帮助卖家解决这个问题，为个人卖家和公司卖家免费开通当地银行卡，提供跨境收款服务，帮助他们将电子商务平台的收入转换为本地货币，再转回国内银行账户。

World First 没有任何的隐藏费用，免开户费，无年费，无账户管理费，也没有提款额度限制，每次转款汇损在 1%~2.5%，转款金额越大越优惠。

二、World First 的收款安全优势

作为全球领先的国际金融机构，World First 在客户资金安全方面秉持谨慎的态度，保证每一笔款项每一个环节的安全可靠。World First 严格遵守各国当地法规政策，拥有英国、澳大利亚、中国香港、新加坡，以及美国 48 州的许可执照，受到当地法律法规监管。World First 与全球领先清算行合作，如美国花旗银行、英国巴克莱银行等，保障客户资金的安全可靠。World First 公司资金与客户的资金严格分离管理，客户提款成功率 100%。

三、World First 的收款流程

以亚马逊跨境电子商务平台为例，中国卖家使用 World First 进行跨境收款的流程如下。

（1）注册 World First。直接在线注册，填写信息。在开户经理和卖家核对好资料后，1~3 个工作日内即可收到卖家的专属海外银行账户。

（2）绑定亚马逊收款。将 World First 为卖家开通的海外银行账户添加到卖家的亚马逊店铺后台，亚马逊会定期将销售货款打到该银行账户内。

（3）提现至国内银行账号。登录 World First 后台，添加卖家国内的银行账户，将亚马逊打给卖家的货款，随时提现到卖家国内银行账户内。

知识点 3：PingPong

PingPong，中文名称乒乓，成立于 2015 年，是一家来自中国本土的第三方跨境支付公司与跨多区域收款品牌，专门致力于为中国跨境电子商务卖家提供低成本的海外收款服务。服务 25 万多家的中国出海企业，业务覆盖区已超过 43 个国家或地区，日交易峰值达 1 亿美元，PingPong 累计为中国出海企业节省 10 亿元收款成本。PingPong 无入账费用，提现费用为 1%，最低提现金额 50 美元，最快 2 小时到账。

一、与 PingPong 合作的收款平台

以跨境收款业务为基础的 PingPong 目前已接入亚马逊全球十大站点、Wish、Newegg、Shopee 等电商平台，是唯一一家同时在美国、欧盟、日本、中国香港拥有支付牌照的中资企业，支持美元、英镑、欧元、日元、澳元、加元六个币种的转账收款。

二、PingPong 的旗下产品

除了跨境收款业务，PingPong 还提供包括光年借贷、VAT 缴纳、福贸出口退税等增值服务，具体的产品有以下三种。

（1）PingPong 跨境收款。PingPong 跨境收款最快 2 小时即可提现到账，并为客户提供更多本地化的增值服务。

（2）PingPong 光年。PingPong 光年，为跨境卖家超前收款，分为光加速赚和光年指日达产品。光年加速赚可保证客户在亚马逊出账的同时即可提现到账，最快可比正常到账时间提前 7 天。光年指日达产品则可以在亚马逊、Wish 订单产生之后提现到账。

（3）PingPong 福贸。PingPong 福贸一站式出口退税产品，旨在协助客户实现外贸流程合规化。福贸亦是 PingPong 助力卖家品牌化和合规化转型的重要一步。

现今，PingPong 已经正式接入 Wayfair 的收款服务及其他衍生的金融科技服务，为跨境卖家提供更加方便、快捷、高效的服务体验。

知识点 4：Skyee

Skyee，中文名称收款易，成立于 2016 年，是广州市高富信息科技有限公司旗下服务于中国出口外贸的一站式资金管理平台。Skyee 为跨境电商卖家、传统外贸企业及跨境物流企业提供海外账户开立、本地收付、汇率管理及全球清分结算服务，专注于亚马逊、eBay 与 Cdiscount 3 个平台的跨境收款，支持美元、英镑、欧元与日元 4 个币种的收款服务。

作为中国第一家欧元电商收款服务商，Skyee 在短短两年时间内迅速发展壮大，为超过万家企业用户提供了跨境结算服务，平台交易量累计突破百亿，成为跨境金融服务行业一匹成长最快的黑马。

一、Skyee 的优势

Skyee 外贸收款服务将解决外贸企业开户难、程序烦琐、开户时间长的难题，并把境内银行、境外银行的优势产品服务整合在一起，降低进出口企业的制度性交易成本。

Skyee 具有很多领衔市场的优势。除了在安全合规方面同时持有美国 MSB（货币服务业务）及中国香港 MSO（货币服务经营者）牌照，在美国接受 FinCEN（金融犯罪执法网络）监管，在中国香港接受香港海关监管，实现了多重监管之外，Skyee 在优惠性方面同样卓尔不群，让竞品难以望其项背。据悉，比起中国香港银行牌价，Skyee 一般可以优惠 0.2% 左右。此外，Skyee 还具有要求简单、结汇方便、汇率透明、支持 10 个币种收款、操作便捷等优点。

用 Skyee 在亚马逊收款，费用 0.5% 封顶，而且没有任何额外费用。当前，除了针对做亚马逊和 eBay 卖家的收款，传统贸易 B2B 客户也可以使用 Skyee 的离岸账号进行收款。

二、Skyee 的注册流程

跨境电商卖家只需以下四步，即可申请 Skyee 开户。

（1）打开官网，点击注册。

（2）申请离岸账户，提交公司资料。

（3）完善企业信息，填写经营范围。

（4）开户成功，马上收款。

目前，亚马逊最主要的收款方式有美国银行账户、中国香港银行账户、World First、Payoneer、PingPong 和 Skyee。表 6-3 对这六种收款方式进行对比，希望有助于卖家选择最有利的跨境收款工具。

表　6-3

名称	Skyee	Payoneer	World First	PingPong	美国银行账户	中国香港银行账户
提现人民币	√	√	√	√	×	×
注册费	0	0	0	0	注册美国公司的费用	注册中国香港公司的费用
入账费	0	0～1%	0	0	0	3%～5% 兑换成港币的费用
提现费用	0.5%	1%～2%	1%～2.5%	1%	45 美元 / 笔	与具体的银行有关
年费	无	实体卡有年费	无	无	无	与具体的银行有关
最低提现额度	无	100 USD	200 USD	50 USD	/	/
支持币种	欧元、美元、日元	美元、欧元、英镑、日元	美元、欧元、英镑、日元	美元	美元	港币
提现速度	1～3 个工作日	1～3 个工作日	1～3 个工作日	1 个工作日	7 个工作日内	7 个工作日内
备注	总费用仅 0.5%	总费用 1%～3%	总费用 1%～2.5%	总费用 1%	需要注册美国公司	强制兑换成港币，有美元账户也需要先兑换成港币

1. 网上支付　online payment

2. 第三方平台　third-party platform

3. 跨境结算　cross-border settlement

4. 购汇　foreign exchange purchasing

5. 收汇　receipt of foreign exchange

6. 结汇　settlement of foreign exchange

7. 外汇额度　foreign exchange quota

8. 交易限额　transaction limit

9. 外汇牌价　foreign exchange rate

10. 交易牌价　trading price

11. 当天工作日到账　*T*+0

12. 第二个工作日到账　*T*+1

13. 当天到账（包括休息日，节假日）　*D*+0

14. 第二天到账（包括休息日，节假日）　*D*+1

15. 延期付款　deferred payment

16. 分期付款　installments/ progressive payment

17. 付款通知　payment order

18. 支付凭证　pay order

19. 汇付　remittance

20. 托收　collection

21. 货到付款　cash on delivery （COD）

一、填空题

1. 第三方支付，是指具备＿＿＿＿、采用＿＿＿＿、提供＿＿＿＿的网上支付模式。

2. 中国第三方支付机构针对跨境电商所提供的跨境支付，主要包括＿＿＿＿和＿＿＿＿两类业务。

3. 作为第三方支付方式，国际支付宝对卖家的优势体现在＿＿＿＿、＿＿＿＿、＿＿＿＿。

4. Payoneer 支持转账的币种有＿＿＿＿、＿＿＿＿、＿＿＿＿、＿＿＿＿、＿＿＿＿、＿＿＿＿、＿＿＿＿。

5. World First 支持转账的币种有＿＿＿＿、＿＿＿＿、＿＿＿＿、＿＿＿＿、＿＿＿＿、＿＿＿＿、＿＿＿＿。

二、选择题（可多选）

1. 跨境电子商务支付企业的类型有（　　　　）。

A. 专业信用卡机构涉足跨境支付业务

B. 专业第三方支付企业从事的跨境支付业务

C. 社交媒体新增跨境支付业务

D. 手机企业开发跨境支付业务

2. 跨境电子商务支付方式的影响因素有（　　　）。

A. 跨境支付方式的普及率与覆盖范围　　　B. 跨境支付方式自身的优劣势

C. 跨境支付方式的使用成本　　　D. 跨境买家的使用偏好

3. 可用于全球速卖通收款的支付服务是（　　　）。

A. PingPong　　　B. PayPal　　　C. World First　　　D. 国际支付宝

4. 亚马逊店铺后台可以绑定的收款方式有（　　　）。

A. PayPal　　　D. T/T　　　C. Payoneer　　　D. World first

5. Payoneer 与 World First 共同支持转账的币种有（　　　）。

A. 美元　　　B. 欧元　　　C. 新西兰元　　　D. 墨西哥币

三、简答题

1. 简要描述第三方跨境支付流程。

2. 跨境电商卖家如何防范与 PayPal 关联的信用卡投诉？

3. 跨境电商卖家如何避免 PayPal 账户被冻结？

4. 国际支付宝与 PayPal 的区别有哪些？

5. Payoneer 与 PayPal 有什么区别？

四、思考分析题

1. 作为第三方支付平台的国际支付宝与 PayPal，对买卖双方来说各有优势与劣势，请从一个中国跨境电商卖家的角度出发，选择你认为更安全的一种支付方式，思考你会如何说服国外卖家选择你所偏好的支付方式。

2. 请以亚马逊平台为例，对比分析该平台上支持的各种跨境收款工具，并阐述你会选择哪一种。

了解跨境电子商务支付考核评价表

序号	评价内容	得分 / 分			综合得分 / 分
		自评	组评	师评	
1	概念的掌握				
2	术语的掌握				
3	练习的准确率				
	合计				

注 综合得分 = 自评 × 30%+ 组评 × 30%+ 师评 × 40%。

学习项目6 总结与评价

建议学时

1学时。（总结本学习项目各任务的学习情况。）

总结与评价过程

一、汇报总结

序号	汇报人	值得学习的地方	有待改进的地方
1			
2			
3			
4			
5			
6			

二、综合评价

1. 专业能力评价

序号	项目名称	得分
1	学习任务1	
2	学习任务2	
3	学习任务3	
综合得分		

注 综合得分为本学习项目中各学习任务得分的平均值。

2. 职业素养能力评价

序号	评价内容	评价标准	得分 / 分			综合得分 / 分
			自评	组评	师评	
1	平台的熟悉度	能否用外语向跨境买家熟练描述平台支持的跨境支付方式				
		能否掌握防范与 PayPal 关联的信用卡投诉、防止 PayPal 账户被冻结的技巧				

续表

序号	评价内容	评价标准	得分/分			综合得分/分
			自评	组评	师评	
2	流程的熟悉度	能否熟悉不同的跨境支付方式的流程				
		能否理解不同的跨境收款工具的账号申请与注册				
3	交易内容理解	能否利用所学的跨境支付方式与收款工具的知识，开发与维护跨境买家				
4	学习态度	是否主动完成任务要求中的内容				
		是否自主学习寻找方法解决疑惑				
综合得分						

3. 综合得分

学习项目1综合得分 = 专业能力评价得分 × 60%+ 职业素养能力评价得分 × 40%+ 创新素养能力评价得分。

注：创新素养能力是指学生在学习的过程中提出的具有创新性、可行性的建议的能力；创新素养能力评价得分，满分10分（由老师根据学生表现评定），为加分项。

学习项目7
熟悉跨境电子商务物流

跨境物流是制约整个跨境电子商务产业发展至为关键的一个因素。出口跨境物流主要采取传统邮包、国际快递、专线物流与海外仓储四种模式，进口跨境物流则有直邮进口与保税进口两种主要模式。跨境电商物流仍处于粗放发展时代，成本高、时效慢、信息追踪难以及关税与清关等政策性问题是当前亟待解决的难题，海外仓与定制化物流解决方案或是未来发展方向。

1. 了解跨境电子商务物流与跨境电子商务的关系。

2. 了解跨境电子商务海关新型监管模式与清关流程。

3. 熟悉出口跨境电子商务物流的四大模式。

4. 了解进口电子商务跨境物流的两种模式。

5. 了解第四方物流模式与递四方速递。

6. 熟悉跨境电子商务物流的痛点与物流解决方案。

4学时。

学习任务 1　跨境电子商务物流概述

1. 了解物流的概念与职能。
2. 了解跨境电子商务物流的概念及与跨境电子商务的关系。
3. 了解跨境电子商务新型海关监管模式。
4. 了解跨境电子商务清关流程。

1 学时。

企业情景引入

在跨境电子商务 B2C 平台速卖通上的店铺没开多久，这天一早，小陈打开"发货管理"栏一看，发现居然有 8 个待发货订单，这让他又喜又忧。喜的是店铺在短时间里就能收到订单，说明自己的产品得到国外买家的认可；忧的是这些远在国外的买家下单之后，肯定期望尽早收到货物，否则可能就会申请退款。可是怎样才能以最快的时间发货，跨境物流又要经历哪些流转环节呢？这是身为跨境电子商务新手的小陈必须熟悉的一个流程。

知识点 1：物流概述

一、物流概念的形成与物流的定义

物流的概念最早在美国形成，起源于 20 世纪 30 年代，原意为"实物分配"或"货物配送"；1963 年被引入日本，日文意思是"物的流通"。20 世纪 70 年代后，日语的"物流"

一词逐渐取代了"物的流通"。中国的"物流"一词是从日文资料引进来的外来词，源于日文资料中对"logistics"一词的翻译"物流"。

根据国家标准《物流术语》的定义，物流是物品从供应地向接收地的实体流动过程。根据实际需要，将运输、储存、装卸、搬运、包装、流通加工、配送、信息处理等基本功能实施有机结合。

二、物流的职能

从上述的物流定义可以看出，物流包括物品的运输、仓储库存控制、包装、搬运、流通加工、配送以及信息管理七个环节。

（1）运输职能。配送是使用设施和工具，将物品从一个点向另一个点的物流活动。

（2）仓储库存控制职能。仓储库存控制是对库存数量和结构进行控制分类与管理的物流作业活动。

（3）包装职能。包装是为在流通过程中保护产品、方便储运、促进销售，按一定技术方面而采用的容器、材料及辅助物等的总体名称。

（4）搬运职能。搬运是在同一场所内为产品的货物运输和保管的需要而进行的作业。

（5）流通加工职能。流通加工是物品在从生产地到使用地的过程中，根据需要施加包装、分割、计量、分拣、刷标志、拴标签、组装等简单作业的总称。

（6）配送职能。配送是物流进入最终阶段，以配货、送发形式最终完成社会物流，并最终实现资源配置的活动。

（7）信息管理职能。信息管理是对于物流有关的计划、预测、动态信息及有关生产、市场、成本等方面的信息进行收集和处理，使物流活动能有效、顺利进行。

三、现代物流

电子商务的不断发展促使物流行业重新崛起，全球物流产业有了新的发展趋势。物流业所提供的服务内容已远远超过了仓储、分拨和运送等服务，现代物流服务的核心目标是在物流全过程中以最小的综合成本来满足客户的需求。物流公司提供的仓储、分拨设施、维修服务、电子跟踪和其他具有附加值的服务日益增加，物流服务商根据客户需要而增加新的服务，正在变为客户服务中心、加工和维修中心、信息处理中心和金融中心。

由于电子商务的快速崛起和行业的需求，商家对于仓储物流配送这一重要环节的要求也在不断提高，第三方公司在市场行业中扮演着越来越重要的角色，甚至能够协助商家在终端和渠道端提供广泛的服务。这类企业的服务不仅仅是简单的发货，更重要的是需要站在商家的角度去做好仓储库存物流配送的环节，使电子商务的整体流程形成良性发展。

知识点 2：跨境电子商务物流概述

一、跨境电子商务物流的概念

跨境电子商务物流是指分属不同关境的交易主体通过电子商务平台达成交易，进行支付结算，并通过跨境物流送达商品、完成交易的一种国际商业活动。跨境电子商务物流影响着跨境电商卖家的管理规划、运营成本、利润空间、货物交付、客户体验等方面，涉及国内外的仓储、运输、海关、订单管理、库存管理及配送管理等多个环节。从空间上看，跨境电子商务物流包含国内段物流与国际段物流前后两部分，跨境物流业务的关键节点如图 7-1 所示。

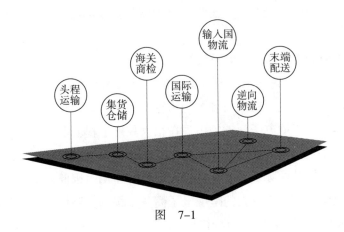

图　7-1

二、跨境电子商务物流与传统物流的区别

不论是跨境电子商务物流还是传统物流，都是基于货物的流动。然而，二者之间的区别仍很明显，具体表现在如下六个方面。

1. 运输效率

传统物流需经过多层转运，最后到达门店，终端用户上门自提；跨境电子商务物流企业直达用户，送货上门。

2. 储存方式

一般情况下，传统物流存储区和拣配区域共用，库内设施一般为平面库，立体高位货架；跨境电子商务物流需要应付多品种、小批量的特点，同时在目前以人工作业为主的前提下，必须以专门的存储区来提高存储利用率，以专门的拣货区提高拣选效率。

3. 复核方式

传统物流出库的复核程序基本上基于数量清点、零头箱，以及品种校验，大多是人工单独完成；跨境电子商务物流的复核几乎是重新清点，通过电子设备终端一一完成校验。

4. 拣货方式

传统物流出库批量大，可以用叉车直接拣货，在衡量拣货效率时多以箱数为主要单位；

跨境电子商务物流拣货多用拣货小车、周转箱。

5. 信息元素

传统物流货物上的信息元素要求不高，发票可以和货物异步流通；跨境电子商务物流严格要求标签信息规范性和完整性，发票也必须和货物同步流动。

6. 包装

传统物流一般出厂后不需再次调整包装，故没有明显的包装线；跨境电子商务物流有专门包装线。因商品需要经过重组，"新产品"则处于无包装状态，所以跨境电子商务对于仓库包装线有严格要求。

总的来说，跨境电子商务物流与传统物流的区别可以简单理解成：传统物流单数少、货量大，企业为主，数据系统简单；而跨境电子商务物流单数多、货量小，个人为主，数据系统复杂。

三、跨境电子商务物流与跨境电子商务的关系

（1）跨境电子商务为跨境电子商务物流的发展带来市场。传统商务模式越来越不能满足消费者的需求，新时代下的消费者更为重视商品的质量与种类丰富程度，此外消费者会更为看重购物体验。跨境电子商务的出现在很大程度上提升购物便捷性，满足消费者的需求，优化消费者购物体验。同时，跨境电子商务在改善企业服务质量、提高供应链有效性、增进企业经营效益、提升国际贸易成交量等方面发挥作用。因此，很多传统企业都纷纷引入跨境电子商务经营模式，而巨大的跨境电子商务市场则为跨境电子商务必备环节即跨境电子商务物流的发展提供了巨大的市场机遇。

（2）跨境电子商务物流是构建跨境电子商务供应链的必备环节。跨境电子商务的流程包括谈判、立约、支付、物流等多个环节，跨境电子商务中企业与消费者合约践行的基础就在于非虚拟性的跨境电子商务物流，而影响消费者购物体验的因素就在于物流的效率及成本。因此，跨境电子商务更为跨境物流的发展带来挑战，跨境电子商务物流的发展水平也成为影响跨境电子商务供应链融合及跨境电子商务企业经营效益的关键因素。

总之，跨境电子商务和跨境电子商务物流的发展相辅相成。跨境电子商务的快速发展带动了跨境物流的发展和升级，为跨境物流的发展提供了广阔的空间。跨境电子商务的发展是物流、信息流和资金流的协调发展，跨境电子商务物流作为一个重要的环节，其发展状况影响着整个跨境电子商务行业的发展。

知识点 3：跨境电子商务海关政策解读

跨境电子商务较之国内电子商务更为复杂，因为增加了海关通关这一环节。从海关监管机制上看，跨境电子商务是一种特有的海关清关通道，区别于常规的个人快件清关通道、一般贸易清关通道等。作为跨境电商卖家，有必要了解海关通关政策。

一、跨境电子商务海关监管的意义

海关监管，是指海关为规范和管理进出境行为，实现贸易及其管理目标而设定的进出口申报、查验、征税制度。当前，跨境贸易电子商务飞速发展，给传统的海关监管带来了严峻的挑战。海关作为进出境监督管理部门，承担跨境贸易电子商务的监管职责，一方面要提供便利、促进发展；另一方面要控制风险、打击违法，为跨境电商提供公平公正、规范有序的市场竞争环境。

中国海关作为跨境电子商务监管链条的关键环节，在跨境电子商务政策制定上有着较高的权力。近年来，海关已经通过出台多项举措来保证跨境电子商务快速发展。如海关对跨境电子商务监管实行全年 365 天无休息日，货到海关监管场所 24 小时内办结海关手续，开展跨境电子商务监管业务的海关制定了联动工作作业机制、应急预案和全年无休日跨境电子商务通关总体工作方案等，加大海关便捷措施的宣传力度，全面落实有关要求，确保电子商务企业充分享受通关便利。因不同的国家在货物进出口上会有不同的要求和规定，跨境电子商务卖家必须了解每个国家的进出口细节，才能避免在关键时候出问题。

二、跨境电子商务新型海关监管模式

2014 年之前，跨境电子商务的通关方式多以灰色为主，国家并未出台相关的管理或服务方式，导致大量的国家外汇收益流失，国内出口的货物也无法正常退税。为适应跨境贸易电子商务的发展，海关总署于 2014 年初提出了一般出口、特殊区域出口、直购进口和网购保税进口四种新型海关通关监管模式，积极探索适合跨境电子商务发展的相关政策和监管措施。由海关总署开发的全国统一的跨境贸易电子商务通关系统于 2014 年 7 月 1 日正式上线运行，并率先在广东省投入使用。这个通关系统依托电子口岸平台，实现和电子商务、物流、支付三方企业的高效对接，通过"清单核放、汇总申报"的方式，实现便捷通关和有效监管，提高通关效率，降低企业成本。

1. 一般出口模式

一般出口模式采用"清单核放、汇总申报"的方式，电子商务出口商品以邮、快件方式分批运送，海关凭清单核放出境，定期把已核放清单数据汇总形成出口报关单，电商企业或平台凭此办理结汇、退税手续。一般出口海关监管的具体流程如图 7-2 所示。

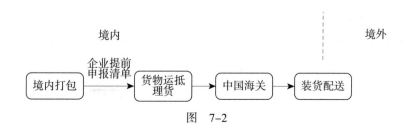

图　7-2

2. 特殊区域出口模式

特殊区域出口模式俗称保税电商备货模式。简单来说，商家将商品批量备货至海关监管下的保税仓库，消费者下单后，电商企业根据订单为每件商品办理海关通关手续，在保税仓库完成贴面单和打包，经海关查验放行后，由电商企业委托物流配送至消费者手中。特殊区域出口海关监管的具体流程如图 7-3 所示。

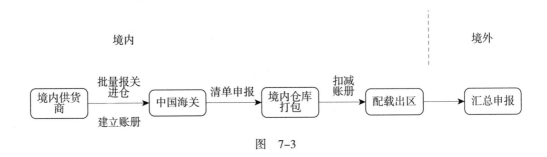

图　7-3

3. 直购进口模式

直购进口是一种"先下单，后发货"的模式，对代购类、品类较宽泛的电子商务平台以及海外电子商务来说比较适用，商家可从海外直接发货，在商品种类的多样性上具有优势。简而言之，国内消费者在跨境电子商务网站订购境外商品，企业即将电子订单、支付凭证、电子运单等实时传输给海关，随后在海外将商品打包，以海运、空运、邮运等方式直接运输进境，通过电商服务平台和海关通关管理系统对订单、支付、运单等信息进行申报，并按税率缴纳关税，实现快速通关，每个订单附有海关单据。直购进口海关监管的具体流程如图 7-4 所示。

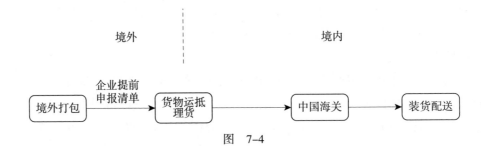

图　7-4

4. 网购保税进口模式

保税进口是一种"先备货，后接单"的模式，也叫"保税网购"，是指国外商品整批抵达国内海关监管场所和保税监管场所，如保税港区等。消费者下单后，商品从保税区直接发出，在海关、国检等监管部门的监管下实现快速通关，能在几天内配送到消费者手中。网购保税进口在价格和时效上具有优势，适用于品类相对专注、备货量大的电商企业。网购保税进口海关监管的具体流程如图 7-5 所示。

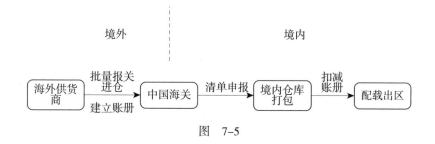

图　7-5

知识点 4：跨境电子商务清关流程

一、清关的概念

清关即结关，英文是 customs clearance，是指进口货物、出口货物和转运货物进入或出口一国海关关境或国境必须向海关申报，办理海关规定的各项手续，履行各项法规规定的义务。

清关只有在履行各项义务，办理海关申报、查验、征税、放行等手续后，货物才能放行，货主或申报人才能提货。同样，载运进出口货物的各种运输工具进出境或转运，也均需向海关申报，办理海关手续，得到海关的许可。货物在清关期间，不论是进口、出口或转运，都处在海关监管之下，不准自由流通。

二、跨境电子商务的清关模式

目前，在跨境电子商务中，各国转运公司的运输方式分为电商清关、行邮清关和邮政清关三种。

1. 电商清关模式

电商清关即所说的阳光清关，绝大部分商品税率都是 11.9%，少数奢侈品、高级化妆品、手表类是 26.37%，没有免税额度，每单必征，关税计算公式为

$$关税 =（商品价值 + 国际运费）× 税率$$

电商清关模式每单限额为人民币 2 000 元，单件不可分割物品除外，每个身份证每年限额人民币 20 000 元。每单超过 2 000 元，年度累计超过 20 000 元则会被海关退运，多次超额还可能会被扣货甚至没收处理。所以大家下单时一定要核算好汇率，并留出一定汇率波动空间，一旦超出限额，处理起来就很麻烦。

2. 行邮清关模式

行邮清关是以个人物品的形式报关，税率根据物品分为三档，食品、保健品等普货为 13%，纸尿裤、衣服鞋子、剃须刀、电动牙刷、一般化妆品等为 20%，高档手表、奢侈品、高端化妆品、香水等为 50%。具体计算公式为

$$关税 = 完税价格（或申报价值）× 行邮税率$$

完税价格和行邮税率详见海关总署网站。

3. 邮政清关模式

邮政清关是转运公司或者亲友从海外邮局直接将海淘的商品寄往国内的一种转运方式，运费价格相对较高，但由于万国邮政联盟（Universal Postal Union）有协议，成员国海关对于邮寄给个人的物品以抽检的方式开箱查验，抽检率视各地海关而异，一般为10%左右。

电商清关模式的优势是税率低、清关迅速、运费低廉，适合运送体积、重量大及价值不高的物品。行邮清关模式的优势在于有50元的免税额，只要合理分箱，就可以达到避税的目的，适合运送税率为15%的物品，如保健品。邮政清关模式最适合运送单价高、体积重量小的电子产品，如手机。由于是抽检清关，被抽中的概率很低，无税到手的概率很大，虽然运费贵点，但绝对是值的。

三、进口跨境电子商务清关流程

我国对进出境商品区分为货物和物品，执行不同的税制。其中，对进境货物征收进口关税和进口环节增值税、消费税；对非贸易属性的进境行李、邮递物品等，将关税和进口环节增值税、消费税三税合一，合并征收进境物品进口税，俗称行邮税。为了引导跨境电子商务市场的规范化、合理化发展，2016年4月8日，我国对跨境电子商务零售进口商品实行了新税制，简称"四八新政"。

"四八新政"完善了跨境电子商务的相关税制，即跨境电子商务零售进口商品不再按物品征收行邮税，而是按货物征收关税、增值税、消费税，不再设立免税额。同时要求对于通过跨境电商入境的商品过往海关时三单合一，即支付单、订单、物流单三单要一致匹配。支付单由有支付资质的企业推送给海关，订单和物流单由跨境电商平台或提供保税仓仓储物流服务的第三方公司推送给海关，海关核对三单信息，核验放行后才可进行境内段配送。具体而言，跨境进口电子商务清关流程有以下七步，流程如图7-6所示。

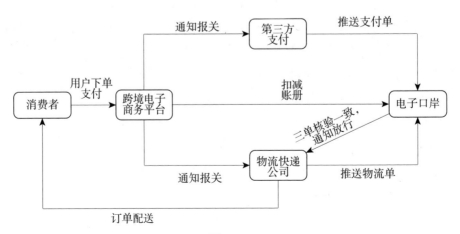

图 7-6

（1）消费者在跨境电子商务平台下单完成支付。

（2）跨境电子商务平台通知第三方支付公司，将支付单报送至各关区清关服务平台。

（3）跨境电子商务平台将消费者订单报送至各关区清关服务平台。

（4）跨境电子商务平台通知第三方代理清关公司（保税仓）待清关订单信息。

（5）第三方代理清关公司（保税仓）获取电子运单号，结合待清关订单信息生成清单，报送至各关区清关服务平台。

（6）清关服务平台将支付单、订单、物流单、清单进行初步校验，通过后报送关、检、税、汇各管理部门业务系统。

（7）清关服务平台获取海关校验结果后（通过或者不通过），回传清关结果至代理清关公司。若通关，代理清关公司进行后续打包、清关等操作。

各业务单据报送均为异步执行，可分别报送至清关服务平台，但是电子商务平台为了提高清关成功率，一般会优化该清关流程，如会在收到支付单报送成功信息回执后，再向海关推送订单信息。跨境电子商务清关业务执行过程中的各关键节点流程如图7-7所示。

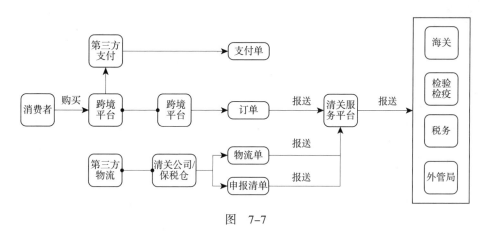

图　7-7

需要指出的是，在电子清关过程中，有两个比较特殊的角色不可忽视，即第三方代理清关公司与清关服务平台。

第三方代理清关公司是在保税备货模式下，对于没有能力自建保税仓的平台，需要与区内第三方公共保税仓合作，商品运达境内关区完成商检后，进入第三方保税仓。一般情况下，区内保税仓公司通常具备代理清关资质，能够完成订单申报、代缴税费等工作，同时区内保税仓公司通常有合作的境内物流公司。因此，第三方代理清关公司往往承担着仓储、订单作业、清关、物流配送等各项服务。

知识拓展 7.1

清关服务平台即"海关单一窗口"，在各关区没有清关公共服务平台前，跨境电子商务需要分别与地方海关、检验检疫、税务、外管局系统进行对接；清关公共服务平台整合了各管理部门内部系统，形成一套统一的申报接口，从而有效降低了三单合一系统对接难度。

学习任务 2　出口跨境电子商务主要物流模式

1. 熟悉邮政物流模式。

2. 熟悉国际快递物流模式。

3. 了解专线物流模式。

4. 熟悉海外仓储模式。

5. 了解第四方跨境物流服务商。

1.5 学时。

一日之内，小陈就收到来自不同国家的买家的订单金额不等的多个订单。针对不同的目的地国和订单金额，小陈寻思着该选择什么样的物流模式，既能让自己节省跨境物流运费，又能让买家及时收到订单。于是，小陈联系了他的货运代理，有来自中国邮政的 e 邮宝，有国际快递业巨头 DHL 和 FedEx，还有第四方物流公司。

众所周知，出口跨境电商具有数量少、批次多、订单不稳定等特征，所以从事出口跨境电子商务的卖家大多采取邮政物流、国际快递、专线物流、海外仓储四种模式。

知识点 1：邮政物流

当前，跨境电子商务物流业务主要由邮政物流承担，邮政物流也成为我国当前主要的跨境物流服务企业。在各国和地区的大力支持下，邮政网络已经覆盖了全球绝大部分国家或地区。由于邮政在经营过程中有国家的大量补贴，因此其向消费者提供的国际货运业务收费相对低廉。邮政物流包括各国及中国香港邮政局的邮政航空大包与小包，以及中国邮政速递物流股份有限公司推出的 e 邮宝与 EMS 等。

一、中国邮政平常小包 +

中国邮政平常小包 +（China Post Ordinary Small Packet Plus）是中国邮政针对订单金额 5 美元以下、重量 2 千克以下小件物品推出的空邮产品，由中国邮政提供国内段收寄、封发、计划交航等信息，不提供国外段跟踪信息。

1. 体积重量限制

中国邮政平常小包 + 体积重量限制见表 7-1。

表　7-1

包裹形状	重量限制	最大体积限制	最小体积限制
方形	≤ 2 千克	长 + 宽 + 高 ≤ 90 厘米，单边长度 ≤ 60 厘米	至少有一面的长度 ≥ 14 厘米，宽度 ≥ 9 厘米
圆柱形		2 倍直径及长度之和 ≤ 104 厘米，单边长度 ≤ 90 厘米	2 倍直径及长度之和 ≥ 17 厘米，单边长度 ≥ 10 厘米

2. 资费与时效

运费根据包裹重量按克计费，30 克及以下的包裹按照 30 克的标准计算运费，30 克以上的包裹按照实际重量计算运费。每个单件包裹限重在 2 千克以内，免挂号费。

计费公式：运费 = 重量 × 价格 × 折扣（如有发生）。中国邮政平常小包 + 的资费标准可以在速卖通网站进行查询。

正常情况下，邮政小包 16 ~ 35 天到达目的地，如遇节假日、政策调整、偏远地区等特殊情况，则需要 35 ~ 60 天才能到达目的地。

3. 其他常用的邮政小包介绍

中国香港小包（HongKong Post Air Mail）是指通过中国香港邮政发送到国外客户手中的国际小包。时效中等，价格适中，处理速度快，上网速度快。

新加坡小包（Singapore Post）价格适中，服务质量高于邮政小包一般水平，是目前常见的手机、平板等含锂电池商品的运输渠道。

荷兰小包（Post NL）是荷兰邮政（TNT POST）专门为电子商务卖家推出的一项欧洲快捷小包业务。立足于荷兰，辐射整个欧洲，依托荷兰邮政的网络和清关系统，打造高品质区域性小包服务：清关好，派送快，查询优。

邮政小包是目前中国跨境出口电子商务物流最主要的物流模式，其特点是覆盖面广，覆盖全球超过 230 个国家或地区，无论世界哪个角落几乎都可以送达。据不完全统计，我国跨境电子商务出口业务中，70% 的包裹通过邮政系统投递，其中中国邮政约占 60%。新加坡邮政、荷兰邮政等也是中国跨境电子商务卖家常用的物流方式。然而，因为其物流时效太慢，邮政小包越来越无法满足跨境电子商务的发展，中国邮政速递跨境物流产品 e 邮宝应运而生。

二、e 邮宝

e 邮宝即 ePacket，是中国邮政速递物流为适应跨境电子商务轻小件物品寄递市场需要推出的经济型国际速递业务，通过与境外邮政和电子商务平台合作，为中国跨境电子商务卖家提供方便快捷、时效稳定、价格优惠、全程查询的寄递服务。该产品以 EMS 网络为主要发运渠道，利用邮政渠道清关，出口至境外邮政后，通过目的国邮政轻小件网投递邮件。

1. 体积重量限制

e 邮宝体积重量限制见表 7–2。

表 7–2

包裹形状	重量限制	最大体积限制	最小体积限制
长方形	小于 2 千克（不包含）	长 + 宽 + 高 ≤ 90 厘米，单边长度 ≤ 60 厘米	至少有一面的长度 ≥ 14 厘米，宽度 ≥ 11 厘米
圆柱形		2 倍直径及长度之和 ≤ 104 厘米，单边长度 ≤ 90 厘米	2 倍直径及长度之和 ≥ 17 厘米，单边长度 ≥ 11 厘米

2. 资费与时效

计费根据包裹重量按克计费，美国、俄罗斯、新西兰、日本按照 50 克起重计费，乌克兰按照 10 克起重计费，其他国家或地区无起重要求。单件包裹除了俄罗斯限重 3 千克，英国、以色列限重 5 千克，其他国家和地区单件包裹限重在 2 千克以内。

计费公式：运费 = 重量 × 价格 × 折扣（如有发生）+ 挂号费。e 邮宝的资费标准可在中国邮政速递官网进行查询：http：//shipping.ems.com.cn/product/findDetail?sid=500033

正常情况下，除了俄罗斯、乌克兰、沙特需要 7 ~ 15 个工作日，e 邮宝 7 ~ 10 个工作日到达目的地，而遇到特殊情况时则需要 15 ~ 20 个工作日，特殊情况包括生产旺季（如"双11"、圣诞季等）、节假日、政策调整、偏远地区等。

3. e 邮宝的优势

相比于邮政小包，e 邮宝具有以下三大优势。

（1）经济实惠，支持按总重计费，50 克首重，续重按照每克计算，免收挂号费。

（2）时效快，7 ~ 10 天即可妥投，帮助卖家提高物流得分。

（3）服务优良，提供包裹跟踪号，一站式操作。

三、EMS

EMS 即邮政特快专递服务，是由万国邮联管理的国际邮件快递服务，在中国境内是由中国邮政提供的一种快递服务。该业务在海关、航空等部门均享有优先处理权，它以高质量为用户传递国际、国内紧急信函，文件资料，金融票据，商品货样等各类文件资料和物品。

1. 体积重量限制

除伊朗 EMS 不可超过 6 千克之外，EMS 限重 30 千克。具体的尺寸限制如下。

标准 1：任何一边的尺寸都不得超过 1.5 米，长度和长度以外的最大横周合计不得超过 3 米。

标准 2：任何一边的尺寸都不得超过 1.05 米，长度和长度以外的最大横周合计不得超过 2 米。

标准 3：东京、大阪指定区域为 1.8 米 × 3 米，其他地区执行标准 1。

标准 4：最长一边不得超过 0.6 米，长、宽、高合计不得超过 0.9 米。圆卷形长度不得超过 0.9 米，直径的两倍和长度合计不得超过 1.04 米。

标准 5：邮件单边长度不超过 1.52 米，长度和长度以外最大横周合计不超过 2.74 米。

2. 资费与计抛

计费公式：运费 =[首重费用 +（重量 ×21）× 续重费]× 折扣（如有发生）+ 报关费。EMS 资费可以在 EMS 官网进行查询。

计抛，或称计泡，是快递行业的一种收费模式，是对体积大、质量轻的东西，也就是体积重大于实际重量货的计费方式。不计抛是对体积和质量相当的，也就是实际重量大于或接近体积重量的非抛货的计费方式。因此，计抛的货物称为抛货或者泡货，计重的货物称为重货，如图 7-8 所示。

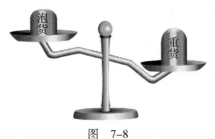

图　7-8

当包裹任意一边小于 60 厘米，则不算体积重，计费重 = 实际重量；当包裹单边大于等于 60 厘米，则计抛，按体积重收费，体积重 = 长 × 宽 × 高 /8 000，取体积重和实际重量二者中较大者为计费重。

3. EMS 的优势

（1）EMS 国际快递全世界通邮，可到达全球 230 个目的地。适合发往俄罗斯、巴西、印度等不容易清关的国家。

（2）运费相比商业快递便宜，时效也有保障。正常情况下，EMS 一般 5 ~ 15 个工作日妥投。东南亚南亚地区 3 天内可以妥投，欧美国家 5 天可以妥投。

（3）通关能力强。EMS 邮件享有优先通关权，海关在邮政派驻专门的人员进行快递监管，提升快递的运输效率。

（4）能寄送的产品种类多。国际 EMS 渠道专门为一些商业快递比较敏感的货物或敏感区域而准备，如邮寄食品、带电池的产品等。

（5）无燃油附加费及偏远附加费。相较而言，针对销售小货的中国跨境电子商务卖家来说，EMS 的体积和重量标准已经足够使用了，而且较低的费率、覆盖全球的快递网络和极强的出关能力是非常优秀的，国际 EMS 因此占据了国内大约 30% 的国际贸易物流份额。

知识点 2：国际快递

国际快递是出口跨境电子商务绕不开的物流模式之一。国际快递是以国际快递三大巨头的快递服务为主的物流运输模式，分别是联邦快递（FedEx）、中外运敦豪（DHL）和联合包裹。这三大国际快递商通过自建的全球网络，利用强大的 IT 系统和遍布世界各地的本地化服务，为网购中国产品的海外买家带来极好的物流体验。

2016 年 5 月 24 日，联邦快递以 44 亿欧元收购了 TNT 快递。联邦快递和 TNT 强强联手，发挥两家公司的优势，把世界最大的空运网络和一个无与伦比的欧洲公路运输网络进行整合，大幅拓展联邦快递已有的服务组合，重塑全球交通运输和物流行业，在全球各地联系更广阔的客户群，开拓更广泛的服务范围。原是包含 TNT 在内的四大国际快递正式变成三大国际快递，可能会形成"三足鼎立"之势。

一、国际快递的优势

（1）时效快。国际快递物流模式依托于统一的信息化平台操作，其显著性的优点在于货物运输时间较短。例如，邮寄一件 500 克的产品到美国，选择 FedEx 只需要 5 天左右，是邮政小包速度的 3～7 倍。

（2）物流跟踪信息更新及时准确、全程化，能够向消费者提供实时的物流信息，深得各跨境电商平台和跨境买家的青睐。

（3）清关能力强，货物在运输过程中的丢包率较低。

综合考虑产品单品的售价较高、利润空间较大、体积不大以及提升买家的购物体验等因素，国际商业快递不失为跨境电商卖家最好的选择。比如，当亚马逊 FBA 模式对货物的入仓上架时效要求过于紧急，国际快递成为亚马逊卖家的理想选择。

二、国际快递的清关问题

在跨境物流中使用 DHL、UPS、FedEx 三大国际快递服务，清关是跨境电商卖家需要面对的一个问题。很多跨境卖家认为货运代理会处理所有的通关问题，事实上不是。在从目的地海关到收件人手中的三大快递服务中，货运代理可以做的事情其实非常少。因而，跨境电商卖家有必要了解以下五种国际快递的清关类型。

1. 一般是各个快递公司先代收件人清关

DHL、UPS、FedEx、Aramex 等快递公司，因为快递提供门到门服务，快递公司通常会先对货物进行统一报关，而海关快递公司会因清关而提前支付货款，并在发货时寻找客户来收取。值得一提的是，巴西和俄罗斯等难以通关的国家通常选择 EMS 进行邮寄。这背后的原因是国与国之间的邮政系统通关，这在一定程度上避免了海关可能无法通关的问题，是许多货运代理的选择。欧洲和美国等市场经济国家法律制度健全，通关顺畅，没有任何问题。时间久了，外贸商可能会认为这是由货运代理办理的清关手续。

2. 快递公司清关，有问题时找收件人协助如果出现任何问题，通常要求客户确认某些货物的信息，如货物的价值、税号、授权货物所需的文件以及收件人的地址信息，这些都是未知的。解决这样的问题相对简单，通常，只需要一个电话和一封邮件。这种情况有时会导致延误，而其他问题通常不会发生。

3. 收件人的清关代理清关

有时看到这样的信息 "Delivered to broker as requested"（快递已经交给收件人指定的清关代理人进行清关和交付），这通常是收件人的代理代客户清关，这时候只需要与收货人确认货物是否已经收到。收件人设立代理人帮助其清关通常归为三点：本国难清关；客户外贸进出口金额大，安排代理省心便捷；保证货物清关时效。

4. 收件人自己清关

收件人自己清关通常发生在难以通关的国家。这种现象普遍较少，像南美洲的一些国家，客户指定使用联邦或者是 DHL 进行投递。可能的原因是客户与当地海关关系好，影响力大等。

5. 货物不能清关，被退回或者没收

当海关认为货物涉及侵权或假冒许可证，或者当地政府明确禁止进口货物时，通常会发生这种情况。一些货运代理在交货前会明确表示，它们不接受任何敏感商品和敏感货物。

三、DHL、FedEx 与 UPS 的比较选择

DHL 是快递公司的龙头老大，绝大多数快递货物经手人是 DHL。DHL 的价格便宜、服务好，清关率也比较高，是快递行业的佼佼者，就算寄一些小货，其丢失率也极低。相比同行业的快递，DHL 到欧洲、美洲、中东及非洲国家价格都是比较便宜的。此外，DHL 对货物的限制比较少，这有赖于 DHL 飞机是宽体型的，装运比较方便。

UPS 是美国本土稳坐"武林盟主"位置的快递公司，在欧洲及北美洲有一定的市场份额。但 UPS 对货物的限制比较多，如单件重量不能超过 70 千克，单件的规格，即长 +[（2×宽）+（2×高）] 不能大于 330 厘米，单边最长不能超过 270 厘米，若超过其中一项则被加收 388 元人民币。另外，UPS 在部分国家没有提供服务，如荷兰等。

FedEx 的优势在东南亚、美国、加拿大等国家或地区。FedEx 在东南亚的价格实惠，服务及速度都受东南亚等国的欢迎。TNT 的优势在于其在不稳定地区很有优势，比如在中东等地区 TNT 的通关超强。

国际快递的服务模式为门到门的包裹递送服务，适用于 B2C 模式，如 eBay、Wish、速卖通等平台，也适用于亚马逊 FBA 头程。然而，国际快递对于运送的物品类型有较大限制，国际快递的业务范围因此受到了较大限制。当前，国内的顺丰等快递企业也在逐步开展国际快递业务，这对于跨境物流发展起到了实际的促进作用。

知识点 3：专线物流

在国际物流业中，专线物流是一种较为常见的模式。跨境专线物流是指专门通往某一

个国家的线路运输，往往采取包舱运输，即集中一大批货物，在统一的时间内包下飞机进行专门运输。同时，这种运输方式还依赖所在国本地的物流企业。在飞机抵达目的地后，具体的分流任务则由当地物流企业承担。专线物流对于那些短时间内发货量较大、发货目的地较为集中的跨境电子商务企业而言是一种较为合适的方式。

专线物流具有点对点的运输特点，点对点方式下的固定运输路线已经十分成熟，可以极大地提高通关效率，双方之间的合作也可以极大地提高包裹的安全性。此外，由于其能够集中大批量到某一特定国家或地区的货物产生规模效应，降低成本，其价格一般比商业快递低。因此，跨境专线物流在速度、安全性和成本优势上均有保障。目前，主要的物流专线有中东专线、俄罗斯 CDEK 专线与东南亚专线。

一、中东专线

中东专线又称 Aramex 专线，创建于 1982 年，中东专线提供的服务范围包括国际和国内快递、货运代理、物流和仓储、档案和信息管理、电子商务和网络购物等。

1. 体积重量限制

重量：限重 30 千克以内。

最大体积：单边尺寸不超过 120 厘米，围长不超过 330 厘米。

体积重量计算公式为：（长 × 宽 × 高）厘米 /5 000，如果邮包体积重量大于实际重量，则按体积重量计费。

2. 参考时效

邮包 5～7 个工作日可送达。

3. 中东专线优势

（1）价格优势，运费低至 EMS 公布价的四折，没有偏远附加费用。

（2）速度优势，邮包从宅配通物流发出后，4～7 个工作日即可送达收件人手中。

（3）全程跟踪，邮包交宅配通物流处理完后即可获得邮包跟踪号，查看到邮包在中东当地的收件记录、处理进度及发往收件人手中的每一步跟踪信息。

（4）增值服务，可提供货物保险、退件安排等增值服务。

二、俄罗斯 CDEK 专线

俄罗斯 CDEK 专线，是阿里电子商务物流与俄罗斯本土快递 CDEK 合作共同推出的俄罗斯路向专线服务，是针对中国卖家物流需求而设计的物流产品，价格同比其他物流产品更低，包裹重量不受限制，所有物流数据与速卖通后台同步更新。俄罗斯 CDEK 专线为俄罗斯本土第二大快递，网点众多，清关实力强。

1. 体积重量限制

重量：起重 100 克，单件限重 40 千克。

材积：三边长度相加 ≥ 80 厘米需计抛，实际重量与体积重量 [（长 × 宽 × 高）厘米 / 6 000] 比较后取大者计费。

2. 参考时效

整体时效 20～25 天，偏远地区除外。

3. 俄罗斯 CDEK 专线优势

（1）价格比其他物流产品更低。

（2）商业白关渠道，可送达俄罗斯全境，尾程由俄罗斯 CDEK 快递公司派送上门。

（3）可发产品线广，包括普货、带电带磁、纯电池、膏状、液体化妆品等。

（4）可全程跟踪物流信息。17TRACK、菜鸟网络和 CDEK 官网均可查至妥投，物流数据与速卖通后台同步更新。

综合来说，跨境专线物流通过规模效应降低物流成本，其价格低于一般的商业快递，并且物流速度快，丢包率较低。然而，与邮政小包相比，当前跨境专线物流的运费成本仍然较高，且在国内的快件揽收范围主要集中于东部沿海的一线城市，覆盖地区需进一步扩大。

知识点 4：海外仓储模式

海外仓是指在除本国地区的其他国家建立的海外仓库，货物从本国出口，通过海运、货运、空运的形式储存到该国的仓库，在当地仓库直接进行仓储、分拣、包装和配送的一站式控制和管理服务。当卖家收到订单后只需在网上操作，对海外仓库下达指令完成订单履行。海外仓储服务由网络外贸交易平台、物流服务商独立或共同为卖家在销售目的地提供，货物从买家所在国发出，大大缩短了卖家从本国发货物流所需要的时间。

一、海外仓储的组成

海外仓储包括预定船期、头程国内运输、头程海运或头程空运、当地清关及报税、当地联系二程拖车、当地使用二程拖车运输送到目的仓库并扫描上架和本地配送这几个部分。不同的环节会涉及相关费用，如图 7-9 所示。

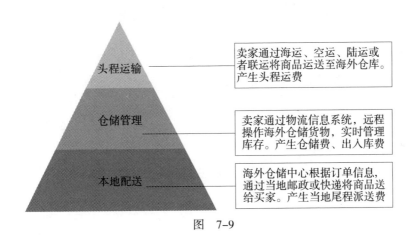

图　7-9

（1）头程运输：中国商家通过海运、空运、陆运或者联运将商品运送至海外仓库。

（2）仓储管理：中国商家通过物流信息系统，远程操作海外仓储货物，实时管理库存。

（3）本地配送：海外仓储中心根据订单信息，通过当地邮政或快递将商品配送给客户。

二、海外仓储的优势

1. 降低物流成本

从海外仓发货，特别是在当地发货，物流成本远远低于从中国境内发货。例如，在中国发 DHL 到美国，1 千克的货物要 124 元，在美国发货只需 5.05 美元。

2. 提升物流时效

从海外仓发货，可以节省报关清关所用的时间，并且按照卖家平时的发货方式，DHL 需要 5~7 天，FedEx 需要 7~10 天，而 UPS 则需 10 天以上。若是在当地发货，客户就可以在 1~3 天内收货，这样大大地缩短了运输时间，加快了物流的时效。

3. 提高产品曝光率

如果平台或者店铺在海外有自己的仓库，那么当地的客户在选择购物时，一般会优先选择当地发货，因为这样对买家而言可以大大缩短收货的时间。海外仓的优势，也能够让卖家拥有自己特有的优势，从而提高产品的曝光率，提升店铺的销量。

4. 提升客户满意度

因为并不是所有收到的产品，都能让客户满意，这中间可能会出现货物破损、短装、发错货物等情况，这时客户可能会要求退货、换货、重发等，这些情况在海外仓内便可调整，大大节省了物流的时间，在一定层面上不仅能够重新得到买家的青睐，也能为卖家节省运输成本，减少损失。

5. 有利于开拓市场

海外仓更能得到国外买家的认可，如果卖家注意口碑营销，自己的商品在当地不仅能够获得买家的认可，也有利于卖家积累更多的资源去拓展市场，扩大产品销售领域与销售范围。

三、海外仓储的模式与选择

目前，跨境电子商务行业的海外仓储大致可分为以下三类。

1. 电商平台海外仓

电商平台海外仓模式是指由平台提供海外仓储服务，出口跨境电子商务建立海外仓的情况见表 7-3。其中，亚马逊 FBA 和速卖通菜鸟海外仓服务是这种海外仓模式的代表。

表 7-3

平台	海外仓情况
亚马逊	在全球建立了近 90 个仓储中心
eBay	2013 年携手万邑通推出海外仓服务，目前已开通英国、美国、澳大利亚、德国四大海外仓

平台	海外仓情况
Wish	2014 年携手出口易推出海外仓服务，目前仅限于美国
速卖通	2015 年上线海外仓服务，拥有美国、英国、西班牙、法国、德国等 9 个海外仓
环球易购	在美国、德国、美国、法国以及日本设有海外仓储，仓储占地超 1 万平方米
兰亭集势	2014 年初欧洲海外仓投入运营；2015 年 2 月首个北美海外仓正式投入使用

亚马逊平台为商家提供 FBA 服务，指亚马逊提供的包括仓储、拣货打包、派送、收款、客服与退货处理的一条龙式物流服务。FBA 仓的物流水平是海外仓行业内的标杆，FBA 仓的日发货量、商品种类、消费者数量都远远超过第三方海外仓，可以想象到 FBA 面临的巨大的管理难度，但是除了运费贵、退货麻烦外，FBA 的物流几乎让卖家无可挑剔。

菜鸟海外仓服务是阿里巴巴集团旗下全球速卖通及菜鸟网络联合海外优势仓储资源及本地配送资源，同时整合国际头程物流商和出口退税服务商共同推出的物流服务，为速卖通商家提供国内揽收、国内验货、出口清关退税、国际空海干线运输、进口清关、送仓、海外仓储管理、仓发、本地配送、物流纠纷处理、售后赔付一站式的物流解决方案。

2. 第三方海外仓

第三方海外仓模式是指由第三方企业（多数为物流服务商）建立并运营的海外仓，并且可以提供多家跨境电商企业的清关、入库质检、接受订单、商品分拣、配送等服务。换句话说，第三方海外仓模式就是指由第三方企业掌控整个跨境物流体系。

一个成熟优秀的第三方海外仓，应该满足以下条件。

（1）时效快，有完善的仓储系统和发货系统支持平台对接。

（2）规模在 5 000 平方米以上，仓储管理团队经验丰富。

（3）在当地有一定的社会关系。

（4）能够拿到 DHL、FedEx、UPS 等物流的折扣。

3. 自营海外仓

目前，第三方海外仓的服务水平还比较初级，不能满足客户的个性化需求，有不少电商企业选择自建海外仓。FBA、菜鸟网络也非尽善尽美，所以有不少跨境电子商务商家企业选择自己建立并且运营海外仓，仅为本企业的产品提供仓储、配送等服务。换言之，整个跨境物流过程都是由跨境商家企业自身控制。

4. 不同海外仓模式的选择

选择平台相关的海外仓，如亚马逊 FBA，亚马逊平台会给卖家产品一定的优惠，如更多的曝光、更低的运费等，但风险是仓储货物将与卖家账号紧密捆绑，万一卖家的账号出问题，仓库里的货处理就会变成很大的问题。

在选择第三海外仓的时候，要考虑第三方的 IT 系统提供的订单管理系统是否符合企业的订单整合需求。还要关注的一点是这些第三方海外仓除了提供海外仓储服务之外，还有没有其他的附加服务，如整柜出口、清关、退税、仓储地法律支持等。

四、海外仓储的运作

海外仓的建立对于出口跨境电子商务物流来说仍然是利大于弊的，那么对于跨境电子商务卖家来说，海外仓应该如何运作？在海外仓的运作过程中，跨境电子商务卖家应该考虑以下五个问题。

1. 自建还是租用海外仓的问题

一般来说，由于自建建的成本过高，缺乏一定资金实力时的出口跨境电子商务卖家通常会与第三方合作，合作模式常见的有合作建立与租用两种。合作建立模式通常只会产生物流费用，租用则涉及操作费用、物流费用和仓储费用等。

2. 入仓产品的选择问题

适合海外仓的产品必须是畅销品或者周转快的单品，如类似小五金这样的商品。标准化、SKU 不多、比较重又方便管理的商品就非常适合海外仓，通过批量海外仓存储，可以明显降低物流成本。

3. 入仓产品的数量问题

对于中小卖家而言，最好一次性准备 500 个左右的海外仓单品。入仓产品从运输到入库，尽量选择使用空运，因为空运一般只需 7 天左右，而海运通常需要 30 天以上，选择海运一般是在数量非常大的情况下。

4. 发货问题

通常生成订单后，卖家即可发货。多种方式可以实现海外仓发货，建议有能力的情况下选择 API（应用程序接口）对接的方式进行，因为这样的方式数据基本上可以保证实时。

5. 补货问题

海外仓产品何时补货主要看商品的售卖程度以及第三方共享的实时库存信息，通常需要提前准备向海外仓发货。常见的方式有设置库存预警值。

当然，海外仓是一把双刃剑。海外仓的仓储成本较高，不同的国家费用也会有所差异。因此，卖家在选择海外仓的时候一定要计算好成本的费用，与自己目前发货方式所需要的成本进行对比选择。此外，海外仓储对卖家在供应链管理、库存管控、动销管理等方面提出了更高的要求，要求卖家有一定的库存量，而有库存就意味着有滞销的风险。

总体而言，出口跨境电子商务物流模式的选择会直接影响跨境买家的购物体验与跨境卖家的风险控制和成本控制，只有信息化、专业化和集约化的现代物流模式才能更好地支持跨境电子商务发展。在物流模式的选择上，跨境电子商务出口卖家应考虑：①充分考虑产品的性能，在效率、成本等各个方面进行综合评估选择合适的物流模式。②根据产品的市场销售阶段不同灵活选择物流模式，如在产品淡季时选择价位较低的邮政小包，旺季时选择国际快递。

知识点 5：第四方物流与递四方速递 4PX

伴随着国际贸易的深入发展，货主或者托运人越来越追求供应链的全球一体化，以适应跨国经营的需要，跨国公司由于要集中精力于其核心业务，必须更多地依赖于物流外包。于是，第四方物流（fourth party logistics，4PL）应运而生。

一、第四方物流的概念

1998 年，美国埃森哲咨询公司率先提出第四方物流的概念。第四方并不实际承担具体的物流运作活动，而是专门为第一方、第二方和第三方提供物流规划、咨询、物流信息系统、供应链管理等活动。

第四方物流是一个供应链的集成商，是供需双方及第三方物流的领导力量。它不是物流的利益方，而是通过拥有的信息技术、整合能力以及其他资源提供一套完整的供应链解决方案，以此获取一定的利润。它帮助企业降低成本和有效整合资源，并且依靠优秀的第三方物流供应商、技术供应商、管理咨询以及其他增值服务商，为客户提供独特的和广泛的供应链解决方案。

二、第四方物流的优势及与第三方物流的关系

1. 第四方物流的优势

第四方物流具有诸多优势，它能给客户提供最接近要求的完美的服务，能提供一个综合性的供应链解决方案，能利用第四方的信息资源、管理资源和资本规模为企业打造一个低成本的信息应用平台，能为企业提供低成本的信息技术。而第三方物流是由物流劳务的供方、需方之外的第三方去完成物流服务的物流运作模式，主要是为企业提供实质性的具体的物流运作服务，其不足之处在于本身的技术水平不高，能为客户提供的技术增值服务比较少。第四方物流正好相反，其专长是物流供应链技术，它具有丰富的物流管理经验和供应链管理技术、信息技术等。

与第三方物流相比，第四方物流提供的服务内容更多，覆盖的地区更广，对从事货运物流服务的公司要求更高，要求它们必须开拓新的服务领域，提供更多的增值服务。第四方物流和第三方物流的显著区别在于前者偏重于通过对整个供应链的优化和集成来降低企业的运行成本，后者则是偏重于通过对物流运作和物流资产的外部化来降低企业的投资和成本。

2. 第四方物流与第三方物流的关系

第四方物流以第三方物流为基础，是供应链的集成者，整合了整个供应链的物流资源和技术，能够使企业更有效率地快速反映供应链的整体需求，最大限度地满足客户的需求，从而提高客户满意度，提高供应链的竞争力。第四方物流的思想必须依靠第三方物流的实际运作来实现并得到验证，第三方物流迫切希望得到第四方物流在优化供应链流程与方案方面的指导。要发展第四方物流就必须大力发展第三方物流企业，为第四方物流的发展做铺垫，提高物流产业水平。因此，只有二者结合起来，才能更好、更全面地提供完善的物流运作和服务。将二者的外部协调转化为内部协调，使得两个相对独立的业务环节能够更和谐地运作，物流运作效率就会得到显著的改善，进而降低物流成本，扩大物流服务供应商的获利空间。

总之，第四方物流的最大优越性在于它能保证产品"更快、更好、更廉"地送到需求者手中。第四方物流不只是在操作层面上进行外部协作，在战略层面上也能借助外界的力量，昼夜提供"更快、更好、更廉"的物流服务，它的不足在于自身不能提供实质的物流运输和仓储服务。第三方物流要么独自提供服务，要么通过与自己有密切关系的转包商来为客户提供服务，它不大可能提供技术、仓储和运输服务的最佳整合。因此，第四方物流成了第三方物流的"协助提高者"，也是货主的"物流方案集成商"。

三、递四方速递 4PX

递四方速递，英文是 4PX Express，是一家致力于为跨境电子商务提供全球物流和全球仓储领先服务的专业物流方案提供商。4PX 是"the fourth party express"的简写，创意来源于美国埃森哲咨询公司提出的 fourth party logistics，清楚地表明 4PX 的行业定位，专注于国际速递的渠道和平台建设，为客户提供渠道广泛、形式多样、成本低廉、安全可靠的综合跨国物流服务。同时，"第四方"谐音"递四方"，传递四方，表明公司的网络和服务遍及全球。

公司旗下拥有三大类、50 余种物流产品和服务，全面覆盖物流、仓储服务，以及反向物流解决方案，能够满足不同类型和不同规模跨境电商的需求。递四方的核心产品包括全球仓储及订单履约服务——FB4，全球小包专线服务——联邮通，4PX 全球速递专线服务，GRS 全球退件服务以及面向海淘消费者的全球集货转运服务等。2016 年，递四方获得阿里巴巴集团旗下菜鸟网络投资，成为阿里集团实现"买全球、卖全球"战略的核心物流伙伴。

递四方速递是 eBay、PayPal、亚马逊、Alibaba 等跨境电子商务机构的全球物流合作伙伴，目前服务的活跃跨境电商商户逾 10 万家。成立 10 多年以来，递四方速递以持续提升运转效率和客户体验为宗旨，专注跨境电商物流服务领域，注重软硬件科技应用，坚持产品和服务创新，不断优化操作流程，降低物流成本，以专业的物流解决方案和优质的服务水准赢得了广大客户的信任及赞誉，降低了跨境电子商务的从业门槛，为中国跨境电子商务行业的快速发展起到了积极推动作用。

现在，学术界普遍认为第四方物流是整个物流体系的领导者，它通过运用现代科技，统筹共享社会资源，形成一套整体的物流解决方案，以帮助企业达到提高物流供应效率和降低物流成本的目标，同时在物流信息、物流咨询等方面实现价值增值。未来物流服务商真正提供给跨境电子商务卖家的不仅仅是流于表面的、粗放式的基础运输服务，还有越来越精细化的增值服务。而这些需求点可能会绝大多数集中在发货建议、咨询、物流跟踪、索赔等中间环节，侧重在卖家真正所关心的精细化运作受理及服务上。

学习任务 3　进口跨境电子商务主要物流模式

1. 了解直邮进口模式。
2. 了解保税进口模式。

0.5 学时。

企业情景引入

　　虽然小陈主营出口跨境电子商务业务，对出口流程已是了然于心，也积累了一定的行业经验，但他觉得有必要关注进口跨境电子商务的发展现状，说不定可以在跨境电子商务领域更有作为。近年来，京东全球购得到越来越多国内消费者的认可，所售商品涉及全品类，让中国普通老百姓不出国门就可以买到海外商品。于是，小陈也萌生了入驻京东全球购的想法，他最关注的一个问题就是进口跨境电商物流模式。

　　进口跨境电子商务主要是跨境电子商务平台或海外卖家将商品直销给境内的买家，然后由境外发给国内消费者。目前，进口跨境电子商务的主要物流模式是直邮进口模式和保税进口模式，这两种模式都以个人物品入境申报，缴纳行邮税，且50元人民币以内的免征税。

知识点 1：直邮进口模式

　　直邮进口模式是指我国消费者在跨境电商平台下单后，经过境外物流、海关清关、国内配送物流快递三个阶段后送达消费者手中的模式。通常来说，直邮物流配送比较稳定可靠，目前是亚马逊平台采用的主要方式，一般 7~30 天即可完成。

跨境直邮模式更适应消费者个性化、多元化的海淘需求，具有时效性、稳定性、低风险性等特点。而且，海外直邮是以个人包裹形式入境，仍然采用行邮清关方式。随着跨境电子商务的持续发展，国内跨境电子商务纷纷开展直邮合作，打通东北亚至中国、中国香港至内地等跨境通道，将时间缩减得更短。

一、直邮进口模式的流程

跨境进口电子商务的直邮物流模式在包裹从境外配送至境内买家经历了以下八个流转环节，具体如图 7-10 所示。

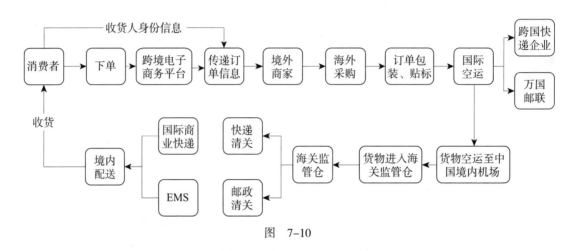

图 7-10

（1）用户在网站上下单，并提供收货人身份信息和收货地址信息。

（2）海淘网站负责采购商品，并包装、包裹化，装入货品装箱单和贴快递面单。

（3）通过跨国快递或万国邮政联盟进行快速通关，并通过国际空运到中国。

（4）包裹落地后进入机场海关监管仓，等待海关查验。

（5）海关对包裹进行查验，防止偷税以及危禁商品入境。

（6）快递换快递面单，方便国内配送投递。

（7）使用国际商业快递或 EMS 快速清关。

（8）海关放行后将通过国内快递配送到消费者手里。

二、直邮进口模式的劣势

（1）从境外商家直接快递的包裹，通过国际空运、国内快递 /EMS 清关、境内配送等过程，从下单开始到收到货物，通常经历 1 个月左右时间。随着"四八新政"的实行，包裹开包率上升、个人购买境外商品超限率上升，都可能造成包裹入境后进行快递清关或邮政清关时被海关扣下，消费者需要到海关进行补交税款才可拿到包裹。因此，直邮模式下的物流时效非常低，导致消费者满意度也较低。

（2）直邮模式通常由境内配送快递或 EMS 邮政提供清关服务。消费者必须按照要求提供报关身份证扫描件以及详细收货信息，卖方需要提前向海关备案邮寄的货品，不在备案范围内的货品将被退运。通关申请通过后，包裹放行并进行配送。如果消费者个人购买跨境商品超过缴税限额则暂扣，消费者需要向海关缴纳税款才可放行配送，海关给消费者开具税单。通关申请没有通过的，或超限不主动报关缴税的，将勒令退运。

（3）直邮模式下的商品是由境外商家自主选择快递商进行运送，在运输的几个环节都可能出现商品的损坏或丢失，而消费者无法通过相关渠道进行追责或退货，退货无门的现象时有发生。

三、洋码头的直邮进口模式分析

洋码头，英文是 Ymatou，成立于 2009 年，是国内第一家引进海外零售商的跨境进口的电商平台，中国消费者可以在网站上直接购买海外零售商的产品。另外，洋码头首创了买手 App，直播正式海外扫货场景。2013 年，洋码头扫货神器——移动端产品"洋码头"App 上线，"扫货直播"中的海外认证买手遍布全球，买手实时发布商品和直播信息，用户如有兴趣可直接付定金购买，为用户提供 C2C 服务。而"洋货团"频道引入海外零售商直接对接国内消费者，提供 B2C 服务。可见，洋码头的业务形态包括 C2C 和 B2C 两块，平台上 SKU 均来自海外个人买手（C2C）及加盟的海外零售商（B2C）。

洋码头在成立之初，就讲求供应链效率和流通效率的优化，并认为要先解决物流再做电商。洋码头优先打造了跨境物流体系——贝海国际速递，向跨境卖家提供"自由 + 报关清关"服务。为了避免中国消费者对买手提供的产品质量的担忧，洋码头会对个人买手资格进行认证。再者，物流模式选择国际干线物流和支线物流相结合的直邮模式，在收到个人买手的商品后，包裹直接集货空运到中国，清关后通过 EMS 国内配送到消费者手里。可以说，洋码头保证直邮的商品包裹 100% 报关缴税，也避免了消费者由于清关缴税等问题无法及时拿到货引起的担忧。洋码头提供的直邮模式如图 7-11 所示，商品标注"直邮"。

洋码头直邮模式的清关流程如下：确认订单后，国外供应商使用国际快递将商品直接从境外邮寄到消费者手里。如果商家使用机场快递清关，则四大商业快递自行报关；如果

图　7-11

商家使用邮政清关，则可使用万国邮联渠道或两国快递合作来进行报关。订单无海关单据。

关于洋码头直邮模式的售后服务，由于卖家商品运送到消费者手里要经过多个不同主体节点，如果出现售后问题，将无法定责，所以，一般不支持退换货、已发货退款等售后申请。

知识点 2：保税进口模式

保税进口模式即保税仓备货模式，是指商家提前从国外批量备货到国内保税仓，待客户下单后，再从保税仓打包，完成通关后使用国内物流配送给消费者的模式。以保税进口模式进行海淘，货物从国内出发，基本 3 天内就能到达。在税收方面，保税进口模式收取行邮税，而非进口税＋增值税，且 50 元以下税额免税。

自 2013 年起，跨境电子商务试点在上海、杭州、宁波等各大城市迅速展开，这其中，保税进口模式被认为是未来海淘最具潜力的商业模式。当前，众多跨境电子商务都是将进口货品先囤在进口口岸的保税区中，等消费者下单后，再直接从保税区发给消费者。目前，中国的主要电商网站和物流公司均已进入该领域，开展跨境"直购进口"和"保税进口"业务，见表 7-4。

表 7-4

公司	通关物流模式	保税仓储布局
天猫国际	以保税进口为主，海外直邮为辅	上海、广州、郑州、杭州、宁波 5 个试点城市保税区已经和天猫国际达成合作，菜鸟物流打通直邮、集货、保税三种模式，开通了中美、中美、中澳、中日和中韩 5 条进口专线
苏宁国际	以保税进口为主，海外直邮为辅	先后建有 8 个海外仓和 10 个保税仓
京东国际	保税进口＋海外直邮	跨国干线物流与 DHL 合作，并在杭州、广州、宁波建立保税仓，京东自建物流专注"最后一公里"
唯品国际	以海外直邮为主，保税进口起步	在郑州设有保税仓初步开展保税进口业务
蜜芽	保税进口＋海外直邮	入驻重庆保税区、郑州保税区
洋码头	保税进口＋海外直邮，自建跨境物流体系贝海国际	贝海国际在美国拥有 3 个集货站，在国内 6 个试点城市建设保税仓，境内与 EMS 合作完成"最后一公里"

一、保税进口模式的流程

保税进口模式实际上是货物先入保税区，下单后才清关，要求必须全部报关，即"先物流，后订单"，具体经历了以下八个流转环节，如图 7-12 所示。

（1）跨境电子商务从海外采购境外商品，品类要求在"正面清单"内。

（2）由于是提前备货，因此可适当使用海运降低成本，进入保税区。

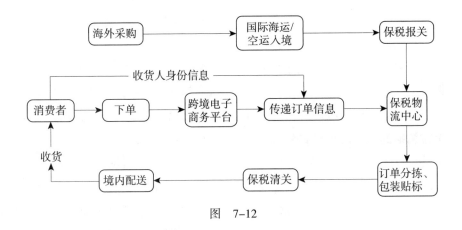

图　7-12

（3）跨境电子商务主动进行报检，同一般贸易通关单。

（4）报检通过后进行报关，品类在"正面清单"内，海关予以放行。

（5）货物入保税物流中心，仓库收货质检、上架。

（6）当用户在跨境电子商务平台上下单后，跨境电子商务负责主动报关缴税，国检进行布控抽检。

（7）国检、海关放行后，保税物流中心拣货、出库。

（8）通过国内配送 2~3 天内送达消费者手里。

二、保税进口模式的优劣势

与传统物流全程串联的形式不同，保税进口实现了跨境运输补货与国内货物发送的并联进行。作为进口跨境电子商务的主要物流模式之一，保税进口因其自身优势明显而备受国内消费者的欢迎。

（1）保税进口模式采用的是试点货物暂存模式，消费者在平台下单之后，货物直接从保税仓发出，避免了国际运输线上花费时间，能够较快取到货物，对消费者而言能够有较好的消费体验。

（2）保税进口模式可享受税收优惠政策，大幅降低进口环节税，而集中采购能够大幅降低商品的采购成本和物流成本，以上因素能够为进口产品带来更高的利润和更具竞争力的价格。

（3）保税进口备货的商品在进口通关方面全程接受严格监控，各流程信息阳光透明，能够更好地保证商品本身的质量以及消费者的利益。

（4）保税进口模式明确了电子商务企业"清单核放、汇总申报"的报关模式。电子商务企业先按照清单通关，海关通关系统会定期汇总清单形成报关单进行申报，避免了传统通关中每批货物通关都要走一遍完整流程的窘境。

尽管保税备货模式一直是进口电子商务不可或缺的模式之一，但是与此同时，保税备货模式也存在着明显的劣势。首先，因其为备货存货模式，加上各平台对市场把控不是很精确，因此掌控进口货物的量一直是各平台很头疼的问题，进货多了怕囤积，进货少了怕爆仓。其次，保税备货模式因其对产品的量有较大的要求，无法灵活地根据市场动态做出细节调整，对于新兴、量少的货物覆盖率较低。最后，在保税进口模式下，如果商品放在保税仓过期了，需要在海关的监督下进行销毁，跨境电子商务平台和商家需要承担商品销毁的费用。因此，这种保税区模式适用于标品、热款商品、利于销售的商品。

三、考拉海购的保税备货模式分析

从 2015 年 1 月网易考拉海购低调公测，到 2016 年 3 月 29 日网易宣布旗下"考拉海购"正式上线，除了海外直邮类目外，其品类从 3 个品类发展到 7 个品类，SKU 数量更达到了近 3 万个。网易考拉海购依托网易数亿用户量优势，SKU 数量急速扩充，使其一年时间内就跻身跨境电商行业第一梯队，成长为中国最大的自营跨境电商平台。2019 年 9 月 6 日，阿里巴巴集团宣布 20 亿美元全资收购考拉海购。考拉海购已经在杭州、宁波、郑州、重庆拥有了超过 15 万平方米的保税仓。考拉海购将逐步完成全国保税区仓储布局，提升其在跨境电商行业中的仓储和物流优势。

考拉海购的部分商品由获取授权的全球知名品牌直接供货，也有部分来自大型商超，所采购商品将直接进入保税仓存储。由于是直接对接品牌商和优质经销商，因此最大限度压缩了中间环节费用，商品性价比高。由于需要提前备货，库存周转天数要控制在合理范围内，这样才可在有限的保税库存空间中满足海量 SKU 发展目标。考拉海购的自营商品进行保税区备货，直接从国内保税区发货，具体流程如图 7-13 所示。

国外供货商　海运/空运　到港　国检商检　转关　囤放保税区　用户下单　清关　国内配送

图　7-13

保税备货模式需要布局保税仓储资源，保证国际物流、落地配送时效。只有抢占更多保税仓存储资源，才能满足海量 SKU 的存储需求。保税备货模式的核心资源在于 B2C 保税物流中心，而很多跨境进口电商平台，特别是一些快速起步的垂直电商，由于没有相关资质，无法直接获得仓库资源，而选择大型平台或龙头物流公司等拥有保税仓库资源的第三方服务。

由于是提前备货，保税备货模式对于国际物流方面不需要太关注时效，可以选择海运等成本较低的运输方式。考拉海购在运输方式上选择与中海运合作，以提升国际物流配送质量和时效。另外，考拉海购需要通过优质的配送资源保证落地配送的时效和质量，有鉴于此，考拉海购选择与顺丰合作，配送时效为全国 2～3 天（图 7-14）。

Powered by SF (PBS)顺丰服务保障，是顺丰为电子商务
提供的官方物流服务保障，代表物流服务品质达到顺丰品质。
PBS顺丰服务保障与网易考拉海购品质、安全、健康的形象
相匹配，联合为消费者提供优质服务，传递美好网购体验。

图　7-14

　　目前，考拉海购已经成为跨境电商中拥有保税仓规模最大的企业。未来，考拉海购还将陆续开通华南、华北、西南保税物流中心。在海外，考拉海购初步在美国建成两大国际物流仓储中心，并将开通韩国、日本、澳大利亚、欧洲等国家或地区的国际物流仓储中心。

　　总体而言，在保税进口模式下，卖家的响应速度快，发货周期较短，下单之后国内买家大约 3 天之内就可以收到商品，若与自贸区政策结合，其成长空间和想象空间巨大。随着跨境电商的纵深发展，直邮进口模式和保税进口模式因各有特色，满足不同类型的消费者，将会在较长的时间内共存。

1. 物流作业　logistics operation
2. 物流成本　logistics cost
3. 物流管理　logistics management
4. 物流网络　logistics network
5. 物流信息　logistics information
6. 国际物流　international logistics
7. 第三方物流　third-party logistics（TPL）
8. 品质控制（质检）　quality control（QC）
9. 计量单位的简写（块、件、片、篇、张、条等）　pieces（PCS）
10. 库存预警　inventory warning
11. 库存盘点　inventory check
12. 库存周转率　inventory turn over（ITO）
13. 电子数据交换　electronic data interchange
14. 无形损耗　intangible loss
15. 中转运输　transfer transport
16. 集装箱运输　container transport

17. 门到门　door-to-door

18. 整箱货　full container load（FCL）

19. 拼箱货　less than container load（LCL）

20. 物品储备　article reserves

21. 库存周期　inventory cycle time

22. 前置期　lead time

23. 搬运不慎　improper handling ／ carrying

24. 销售包装　sales package

25. 运输包装　transport package

26. 配送中心　distribution center

27. 分拣　sorting

28. 自动化仓库　automatic warehouse

29. 虚拟仓库　virtual warehouse

30. 保税仓库　bonded warehouse

31. 班轮运输　liner transport

32. 租船运输　shipping by chartering

33. 船务代理　shipping agency

34. 国际货运代理　international freight forwarding agent

35. 国际货物运输保险　international transportation cargo insurance

36. 报关　customs declaration

37. 进出口商品检验　import/export commodity inspection

38. 物流战略管理　logistics strategy management

39. 库存控制　inventory control

40. 订单管理系统　order management system（OMS）

41. 物流成本管理　logistics cost control

42. 企业资源计划　enterprise resource planning（ERP）

43. 供应链管理　supply chain management（SCR）

44. 业务外包　outsourcing

一、填空题

1. 物流包括物体的运输、_____、_____、搬运装卸、流通加工、_____以及相关的_____七个环节。

2. 从空间上看，跨境电子商务物流包含_____与_____前后两部分。

3. 跨境电商的清关模式有_____、_____、_____三种。

4. "四八新政"要求对于通过跨境电商入境的商品过往海关时需要三单合一，即_____、_____、_____三单要一致匹配。

5. 海外仓储的模式有_____、_____、_____三种。

二、选择题（可多选）

1. "四八新政"完善了跨境电商的相关税制，即跨境电商零售进口商品不再按物品征收行邮税，而是按货物征收（　　　），不再设立免税额。

A. 企业所得税　　　　B. 关税　　　　　　C. 增值税　　　　　　D. 消费税

2. 从事出口跨境电子商务的卖家大多采取（　　　）等模式。

A. 传统邮政包裹　　　　　　　　B. 国际商业快递

C. 专线物流　　　　　　　　　　D. 海外仓储

3. 海外仓储的组成包括（　　　）。

A. 头程运输，即中国商家通过海运、空运、陆运或者联运将商品运送至海外仓库

B. 仓储管理，即中国商家通过物流信息系统，远程操作海外仓储货物，实时管理库存

C. 本地配送，即海外仓储中心根据订单信息，通过当地邮政或快递将商品配送给客户

D. 海外仓储服务由网跨境电商平台、物流服务商独立或共同为卖家在销售目的地提供

4. 亚马逊店铺后台可以绑定的收款方式有（　　　）。

A. FBA　　　　　　　　　　　　B. 国际快递

C. 卖家自发货　　　　　　　　　D. 第三方海外仓

5. 一个成熟的海外仓，应该具备的条件有（　　　）。

A. 时效快，有完善的仓储系统和发货系统支持平台对接

B. 规模起码 5 000 平方米以上，仓储管理团队经验丰富

C. 在当地有一定的社会关系

D. 能够拿到 DHL、FedEx、UPS 等物流的折扣

三、简答题

1. 简要阐述跨境电商物流与跨境电子商务的关系。

2. 简要阐述跨境电商四种新型海关监管模式。

3. 跨境电子商务卖家如何选择 DHL、FedEx、UPS 三大国际快递？

4. 海外仓储具有哪些其他物流模式不可比拟的优势？

5. 在海外仓的运作过程中，跨境电子商务卖家应该考虑哪些问题？

四、思考分析题

1. 请以敦煌网为例，结合某个敦煌网卖家的实际运营，对比分析该卖家与平台支持的物流解决方案，并提出你对未来物流解决方案的展望。

2. 请结合进口跨境电子商务的直邮进口与保税备货物流模式知识，分别对京东全球购和贝贝网的进口物流模式进行分析，并提出你认为需要完善之处与措施。

熟悉跨境电子商务物流考核评价表

序号	评价内容	得分 / 分			综合得分 / 分
		自评	组评	师评	
1	概念的掌握				
2	术语的掌握				
3	练习的准确率				
	合计				

注 综合得分 = 自评 ×30%+ 组评 ×30%+ 师评 ×40%。

学习项目 7　总结与评价

建议学时

1 学时。（总结本学习项目各任务的学习情况。）

总结与评价过程

一、汇报总结

序号	汇报人	值得学习的地方	有待改进的地方
1			
2			
3			
4			
5			
6			

二、综合评价

1. 专业能力评价

序号	项目名称	得分
1	学习任务 1	
2	学习任务 2	
3	学习任务 3	
综合得分		

注 综合得分为本学习项目中各学习任务得分的平均值。

2. 职业素养能力评价

序号	评价内容	评价标准	得分 / 分 自评	得分 / 分 组评	得分 / 分 师评	综合得分 / 分
1	平台的熟悉度	能否理解跨境电商物流与跨境电子商务的关系				
		能否熟悉跨境电商物流模式				
2	流程的熟悉度	能否熟悉跨境电商新型海关监管模式与跨境电商清关流程				
		能否理解第四方物流的运作模式				
3	交易内容理解	能否针对不同的跨境电商物流痛点，选择相应的物流解决方案				
4	学习态度	是否主动完成任务要求中的内容				
		是否自主学习寻找方法解决疑惑				
综合得分						

3. 综合得分

学习项目 1 综合得分 = 专业能力评价得分 ×60%+ 职业素养能力评价得分 ×40%+ 创新素养能力评价得分。

注：创新素养能力是指学生在学习的过程中提出的具有创新性、可行性的建议的能力；创新素养能力评价得分，满分 10 分（由老师根据学生表现评定），为加分项。

8 学习项目 8
防范跨境电子商务风险

在跨境电子商务交易中，存在着不亚于传统国际贸易中的风险，如物流风险、支付风险、知识产权侵权风险与汇率风险等。跨境电子商务卖家应该树立风险防范意识，增强对跨境电子商务交易中可能存在的风险的预判，尽可能提前规避和降低各种风险的发生，以减少不必要的损失。

项目目标

1. 熟悉跨境电子商务物流风险，处理因物流异常状况引起的纠纷。
2. 熟悉信用卡拒付与 PayPal 欺诈风险，应对信用卡拒付纠纷。
3. 熟悉跨境电子商务知识产权侵权风险，树立知识产权保护意识。
4. 熟悉跨境电子商务汇率风险的内外影响因素，防范汇率风险。

建议学时

4 学时。

学习任务 1　跨境电子商务物流风险

1. 了解跨境电子商务物流风险的主要类型。
2. 了解跨境电子商务异常物流情况。
3. 掌握跨境电子商务常见物流纠纷的处理技巧。

建议学时

1 学时。

企业情景引入

正值每年一度的圣诞旺季，每天登录速卖通平台卖家后台账号的小陈，关注的除了店铺中最新的订单数之外，就是已发货订单的物流状态与纠纷中的订单数了。因为这是小陈最为困扰的一个问题，纠纷很多时候又是由物流问题引起的。一旦买家投诉物流延误或者所收到的包裹破损、丢失，小陈很可能就会面临财货两空的风险。

物流对于跨境电子商务卖家来说是一个至关重要的环节，因为物流配送的快慢、顺利与否直接影响到海外买家的购物体验以及是否重复下单，同时关系到跨境电子商务卖家能否及时收回货款。然而，在跨境物流运输途中，包裹破损、丢失甚至退回以及海关扣关的现象时有发生，这给跨境电子商务卖家带来极大的风险隐患。特别是在旺季的时候，跨境电子商务卖家最为困扰的一个问题就是物流纠纷。所以，跨境电子商务卖家有必要熟悉跨境物流中存在的风险以及由此产生的与买家之间的各类物流纠纷，针对不同的物流纠纷采取相应的处理方法。

知识点1：跨境电子商务物流风险类型

跨境物流是一个极为复杂的过程，与国内物流模式最大的区别在于跨境，涉及国内外的仓储、运输、海关、订单管理、库存管理及配送管理等多个环节。在这一系列环节中，跨境电子商务卖家可能遭遇诸如物流成本高、配送周期长、包裹破损或丢失以及自然灾害与节假日爆仓导致物流延误等物流风险。

一、运输风险

跨境电子商务首先需要国内发货，这个过程中本身存在一定的风险。当进入目的地海关时，因为商品的自由流动受到了关境的限制，同样面临相关的风险。

1. 物流成本高，配送周期长

物流不仅仅是运输，而是包含了仓储、货代等业务的现代化综合产业。跨境电子商务跨越了关境，其相对漫长的物理距离对中小跨境电子商务卖家在商品运送的及时性构成了巨大的挑战。跨境物流一时难以解决国际运输周期长、成本高等诸多痛点，而报关、商检等环节也大大拖延了国际物流的进程，使得跨境运送的效率相比于境内物流大打折扣。同时，跨境电子商务卖家的海外订单零散，碎片化趋势愈加明显，而高昂的跨境物流成本和滞后的跨境配送速度削弱了它们发挥在价格与便捷性方面的优势，跨境电子商务快速发展的步伐也因此受到羁绊。

2. 包裹破损或者丢失

当前，跨境电子商务物流主要以邮政小包的形式实现，但是，由于跨境的运输距离长，从物流员工揽件到最后将物品送交到海外买家的手上需要经历多次的转运，途中包裹破损的情况难以避免，甚至出现丢件的现象。然而，中小跨境电子商务卖家的风险承受能力也相对较差，货损的发生不仅会扩大其运营成本和运营风险，也会使中小卖家经营的稳定性无法得到保障，对他们的持续发展构成了威胁。另外，货损问题的出现不但可能导致中小企业及物流公司在损失赔偿方面付出高昂的代价，也会降低海外买家对跨境电子商务卖家物流服务的评价，以致失去海外买家的信任，客户黏性也随之降低。

3. 自然灾害与节假日爆仓导致物流延误

恶劣天气或者自然灾害爆发，如洪水、台风、地震等，都会影响跨境货物的运输与配送。除此之外，一旦碰上中国的节假日，物流公司都要暂停揽收包裹，而每年一度的圣诞采购旺季总会出现爆仓，这些无形之中增加了跨境电子商务卖家的运营风险。假如跨境电子商务卖家不及时告知买家，最终将不得不面对买家发起的物流纠纷。

二、海关扣关风险

海关是对出入国境的一切商品和物品进行监督、检查并照章征收关税的国家机关。在跨境电子商务贸易中，跨境商品都必须经过海关检查。然而，现实中经常出现冲关问题，一些货代会建议商家虚报货值、货量较大商品的品名和价格冲关，一旦被海关查出，货物将会被退回，严重的还将被罚款。另外，海关也规定了许多禁止出口的产品，对假冒产品的打击力度也非常大，一旦出现这些产品，就无法通过海关检查，甚至还会被没收。

三、物流管理风险

物流管理风险是指在商品的跨境流转过程中因管理不当而造成的风险。物流包括诸多环节，如配送、装卸、存储、加工、包装等，每一个环节都需要进行有效的管理。如果跨境物流服务商未能对货物进行有效的管理，未能按照要求开展相关工作，就会造成货物在运输的过程中出现破损，甚至出现丢件的情况。

知识点 2：跨境电子商务物流纠纷

跨境电子商务虽然缩短了买卖双方的空间距离、简化了交易流程，但货物从一个关税区运输到另一个关税区，仍需经历一个较为漫长的过程。因此，在实践中，卖方和买方之间往往会因为发货时间、运输时效或者运输过程中造成的货物破损而发生纠纷。据统计，物流纠纷占跨境电子商务所有纠纷类型的 60% 左右。

目前，跨境电子商务物流纠纷主要是因以下物流异常状况引起的：货物状态长期未更新、包裹破损或丢失、货物扣关、节假日爆仓延误、官网显示到达取件或包裹被撤回、遭遇天气等不可抗力因素等。这些物流纠纷都是跨境电子商务卖家在运营过程中所要面对的物流风险。因此，跨境电子商务卖家在发货之后，应该时刻关注包裹的物流动态，追踪物流信息，主动联系买家，将所获取到的最新物流信息告知买家，这样不仅可以给买家带来更好的购物体验，而且可以避免因异常物流处理不及时导致买家不满意而出现纠纷、退款甚至差评的情况。

针对异常物流情况，平台卖家应该及时采取相应的处理方法，具体如下。

（1）包裹上网速度慢。一般正常的物流渠道从揽收货物后到有第一条物流信息需要 1～2 天，具体还要看货代公司的效率。如果物流信息上网速度太慢引起买家不满，跨境电子商务卖家应该及时更换物流企业，或者多对比几家，择优而选。

（2）包裹破损或丢失。跨境电子商务卖家在发货之前，应该认真检查每一个包裹的打包能否经受跨境物流的颠簸。一旦买家投诉收到的货物破损，卖家应及时提出有效的解决方案。此外，包裹刚开始物流信息更新及时，后面突然没有了更新，卖家在与物流公司核实丢包之后，应尽快联系买家，决定是做重发还是退款处理。

（3）货物被海关扣押。遇到海关加强管制，货物可能会停留在海关审查几天，这时，跨境电子商务卖家可以给买家发一封邮件说明情况并请求耐心等待，毕竟清关速度不可控。假如当地海关要求买家前往清关，卖家应尽量提供相应的资料，积极配合买家清关。如果最后确认海关扣关，卖家应尽快做好给买家重发或者退款的准备，并告知相应的处理方法，以减少买家的担忧。

（4）节假日物流延误。遇到春节、劳动节、国庆节等法定节假日，物流公司没办法及时揽收，同时时逢国外的节假日也会引起物流延误，所以跨境电子商务卖家需要告知买家具体的放假时间与上班时间，并表示假期一结束就发货。

（5）遭遇天气、自然灾害等不可抗力因素。一般来说，每年的6—8月是台风季，而冬季时美国、加拿大等国经常遭遇暴风雪等自然灾害的袭击，国内外的航班可能因此取消，铁路封闭，导致物流运输延误的情况，此时跨境电子商务卖家需要及时通知买家并跟进后续的物流动态。

（6）物流状态长期未更新。导致物流状态长期未更新的原因可能是上述的节假日爆仓或者遭遇天气等不可抗力因素，跨境电子商务买家需要做的就是与买家主动保持顺畅的沟通，做到让买家安心，对物流状况心中有数。

知识点3：跨境电子商务常见物流纠纷案例解析

结合跨境电子商务卖家经常遇到的物流纠纷问题，下文我们对最常见的四种情况进行分析：买家只收到部分货物、卖家未在承诺时间内送达货物、买家收到的货物破损与货物被海关扣押，分别从买家提起纠纷的原因、提起纠纷后买卖双方的做法、平台介入后如何处理以及卖家如何避免该类纠纷展开。

一、买家只收到部分货物

1. 买家提起纠纷的原因

该笔订单中产品数量为10件，卖家通过两个包裹发货。其中一个包裹已经妥投，另一个包裹物流信息显示仍然在途，因此买家以全部未收到货提起纠纷并要求部分退款。

2. 提起纠纷后买卖双方的做法

买家提起纠纷，声称：

I wrote to you twice and you had more than 10 days to answer me. It is obvious you do not want to solve this issue. One of the packages arrived weeks ago, but the other one did not.

卖家拒绝纠纷，提供另一个在途包裹的运单号给买家，并建议买家延长收货时间，等待另一个包裹到达。邮件内容如下：

Dear friend, so sorry for late response. Recently we were too busy dealing with many orders. I tracked this tracking number which said it was in shipping and not returned. I just extended 15 days for the delivery time.

买家同意继续等待并询问包裹状态，回复如下：

Sure, but before I cancel the dispute, could you tell me what is the last known location of my package? And how old is the information?

卖家接着说明包裹状态，并告知买家大致的等待天数，建议修改退款金额，邮件内容如下：

The tracking information just shows it's in shipping. I can't get more information. I just extended the delivery time and you have 29 days to confirm this delivery. At least, my friend, if you don't cancel the dispute, please change the amount of the refund, as you have already received part of this order. Thanks!

3. 平台介入后如何处理

平台介入后，发邮件告知双方该纠纷订单的情况。

（1）平台告知买家部分包裹在途，建议继续等待，如果包裹妥投请确认收货，邮件内容如下：

The tracking number shows the goods are in transit, so we'll ask the seller to contact his shipping company to confirm the status of your package within 3 calendar days. If you have received the goods in good condition, please cancel this dispute and confirm the delivery of this order.

（2）平台给卖家发了邮件，告知卖家货物运输时间已经超过承诺运达时间，建议卖家积极与买家沟通。邮件内容如下：

关于此纠纷订单，自包裹发货之日起至今，货物在途的时间已经超过了您设置的承诺运达时间。买家方面也因迟迟未收到货而提起纠纷，且在此期间并未对发起的纠纷进行撤诉。因此，请您积极与买家进行良好的沟通，及时处理因为客观原因导致的超时问题，获取买家的理解和支持。

纠纷响应期限到期后，包裹仍未妥投，卖家最终同意部分退款：

We have agreed to refund you. We refused your dispute at first because this parcel RB59****564CN was still in transit. We hoped it would arrive soon, so we extended the delivery time for you. Again we're sorry for all the delay and inconvenience.

（3）平台操作部分退款并关闭了纠纷。

4. 卖家如何避免该类纠纷

（1）积极关注纠纷案件。在买家提起纠纷尚未上升至仲裁平台介入前，积极予以响应。

（2）核对发货数量、退款金额。在确认部分包裹未妥投的情况下，积极与买家核对部分退款金额信息。

（3）在双方协商一致的情况下，将一致信息反馈到纠纷平台。

二、卖家未在承诺时间内送达货物

1. 买家提起纠纷的原因

该笔订单中承诺运达时间到期，买家未收到货物，提起纠纷。

2. 提起纠纷后买卖双方的做法

买家提起纠纷，提出全额退款。（Full refund please.）

卖家拒绝纠纷，表示愿意线下打款，要求买家提供打款账号，邮件内容如下：

Dear friend, I agree to refund to your PayPal, but please cancel the dispute, thanks!

3. 平台介入后如何处理

平台介入后，邮件告知买卖双方纠纷订单情况。告知买家部分包裹在途，建议等待，如果包裹妥投请确认收货。同时，平台告知卖家货物运输时间已经超过承诺运达时间，建议积极与买家沟通。邮件内容如下：

尊敬的卖家，关于此纠纷订单，自包裹发货之日起至今，货物在途的时间已经超过了您设置的承诺运达时间。买家方面也因迟迟未收到货而提起纠纷，且在此期间并未对发起的纠纷进行撤诉。因此，请您积极与买家进行良好的沟通，及时处理因为客观原因导致的超时问题，获取买家的理解和支持。

纠纷响应期限内，卖家与买家沟通线下打款，卖家与买家确认打款账号，邮件内容如下：

Dear friend,

so your PayPal is ****1@gmail.com, right? I just want to confirm it before I send you the refund.

纠纷响应期限到期后，包裹未妥投，平台邮件双方要求卖家提供打款成功凭证。在卖家提供打款成功的凭证后，平台操作款项并且关闭纠纷。

4. 卖家如何避免该类纠纷

（1）卖家应该积极关注纠纷进展。在买家提起纠纷尚未上升至仲裁平台介入前，积极予以响应。

（2）即时关注物流进展。在物流无法承诺运单时间妥投的情况下积极与买家协商是否延长运送时间。如果买家不同意延长运送时间，应退款至买家提供的账号。

（3）在双方协商一致的情况下，双方将有关退款成功的信息反馈至纠纷平台。

三、买家收到的货物破损

1. 提起纠纷的原因

该笔订单商品是衣架，买家投诉收到的衣架破损。

2. 提起纠纷后买卖双方的做法

买家提起纠纷，要求部分退款 16 美元，并且提供了有效的证据，邮件内容如下：

Dear seller,

Please check the photos attached. As evidenced, the hangers are broken, and I have to say it is a poor product. So I ask for a partial refund of 16 USD.

卖家拒绝纠纷，表示不存在破损，不同意部分退款。于是，买家提起仲裁。

3. 平台介入后如何处理

平台介入后，邮件双方告知情况。

告知买家：由于买家购买了多件产品，所以需要买家举证全部产品。邮件内容如下：

Meanwhile, please kindly understand that our mediation is on the basis that you provided enough evidence for your claim. We noticed you bought more than 1 piece. In order to support your claim, please provide sufficient pictures to illustrate all the defective pieces in one picture within 3 calendar days.

告知卖家：平台会继续向买家取证，也建议卖家积极与买家协商。邮件内容如下：

尊敬的卖家，针对买家投诉问题，由于买家购买了多件产品，我方限期买家3天之内提供更多件产品的举证予以说明。请您关注买家的反馈并积极联系买家沟通协商。若在此期间，买家补充了重要的证据，我方将根据实际情况发出裁决意见并通知到买卖双方；若在此期间双方通过协商达成一致，请您点击"回应"并在响应内容中写明一致意见，我方将按照双方的一致意见处理该纠纷订单。

纠纷响应期限内，买家向平台提供了新的视频举证，证明产品破损。同时，卖家通过仲裁再协商功能，提出部分退款10美元的申请，但是由于买家未接受卖家的结案申请，所以平台给出了自己的建议：部分退款10.2美元。

平台发给卖家关于双方的退款协议邮件内容如下：

我们查看了您和买家所有的沟通记录，您和买家至今无法协商一致。根据买家退款理由的描述和现有的举证情况，我方给出的最终裁决方案为：部分退款USD 10.2。请您务必于3天内积极与买家协商部分退款或者退货退款等解决方案。若在此期间，任何一方补充了重要证据，我方将根据实际情况修改裁决意见并再次通知到买卖双方；若双方协商达成一致，请您点击"回应"并在响应内容中写明一致意见，我方将按照双方的一致意见处理该纠纷订单。若逾期双方依然无法达成一致，我方将按照上述退款方案给买家退款并关闭此纠纷订单。

平台给出建议后，买家接受了卖家在系统上提出的仲裁再协商申请——部分退款10.2美元，至此，订单完结。

4. 卖家如何避免该类纠纷

对于货物破损的纠纷，卖家应该注意什么？

（1）纠纷前，卖家应该仔细检查产品情况，确保发货前产品完好无损。发货前做好相关的防护措施，避免因包装不当造成物流途中产品破损，同时提醒买家收货前检查包裹的完好程度。

（2）纠纷中，卖家要积极与买家协商解决问题，达成一致的解决意见。如果是物流途中造成的破损，应主动联系物流公司商谈索赔的事宜。

四、货物被海关扣押

1. 买家提起纠纷的原因

该笔订单中买家未收到货物，包裹处于清关状态，买家提起纠纷。

2. 提起纠纷后买卖双方的做法

买家提起纠纷，声称"Customs is holding my package"，并要求卖家退款。

卖家拒绝纠纷，双方从协议纠纷上升至平台仲裁。

3. 平台介入后如何处理

平台介入后，邮件双方告知情况。

告知买家：当前包裹处于清关状态，支付关税属于买家责任，其他情况需要提供相关文件。邮件内容如下：

Dear buyer,

According to the shipping information, it is your local customs that is holding this package and delaying the delivery. Please notice that it is the buyer's duty to clear customs and pay the tax. Please confirm with your local customs and provide them with official documents to clarify the exact reason for the detention to AliExpress within 7 calendar days.

告知卖家：货物位于海关，需要卖家配合清关。邮件内容如下：

尊敬的卖家，买家国海关已扣留了该订单的货物，因清关是买家的责任，我方将限期7个自然日要求买家清关，但同时您有配合买家清关的义务。若买家无法清关，我方会进一步要求买家提供扣关证明，以明确扣关原因。请注意，若因申报价值不符、假货仿货、缺少进口国所需证照等原因导致扣关，卖家需要承担责任。

纠纷响应期限到期后，因买家未提供相关文件，平台操作款项并且关闭纠纷。

4. 卖家如何避免该类纠纷

（1）积极关注纠纷案件。在买家提起纠纷尚未上升至仲裁平台介入前，积极予以响应。

知识拓展 8.1

（2）关注包裹物流进展。在物流处于海关状态时，积极与买家联系配合清关。

（3）在双方协商一致的情况下，将一致信息反馈于纠纷平台。

学习任务 2   跨境电子商务支付风险

1. 了解跨境电子商务支付风险的类型。

2. 熟悉信用卡拒付风险。

0.5 学时。

深谙网络消费者行为习惯的小陈很清楚信用卡付款深受欧美国家人们的喜爱，而信用卡也是速卖通平台买家优先选择的一种支持方式。他也知道，尽管信用卡消费与人们的信用记录休戚相关，持卡人一般不会对正常的交易发起拒付。但是，从事跨境电子商务的这段日子以来，小陈仍然担心每一笔订单的支付存在一定的风险，不管买家选择的是信用卡支付还是 PayPal 等其他支付方式。小陈寻思着如何在日后的跨境电子商务交易中尽量避免这方面的风险。

在学习项目 6 了解跨境电子商务支付中，我们了解了几种主流的支付方式，包括西联、信用卡、PayPal 与国际支付宝等。其中，信用卡与贝宝支付是最受国外买家欢迎的两种支付方式，而跨境电子商务卖家最为担心的一个问题就是资金安全。卖家应该对跨境支付中存在的各种风险有所了解，降低由跨境支付引起的损失。

知识点 1：跨境电子商务支付风险的类型

一、跨境支付交易风险

因为跨境支付的整个交易流程涉及各方主体的交互，所以跨境支付的交易风险也一直是影响跨境支付健康发展的一大痛点。跨境支付交易风险主要分为两类，一类是第三方支付机构本身产生的不合规交易带来的交易风险，另一类是用户遭遇的交易风险。

前者的产生是因为目前跨境电子商务还是跨境贸易的一种新型业态，行业的一系列规则和法规还不成熟。所以第三方支付机构在国家还没有出台具体的法律法规之前，可能会以追求利益最大化的原则，省去没有规定但却有一定成本的工作流程，比如放弃成本较高但效果更好的大数据分析来审核相关信息，而采用成本较低的方式来审核客户的身份信息。这一定程度上会造成主体身份的虚假信息泛滥，增加跨境支付的交易风险，并且境内外个人也可能会趁机以服务贸易或虚假货物贸易的方式来转移外汇资金，从而逃避外汇管理局的监管，这在严重影响跨境支付交易秩序的同时，还威胁到了国家的资金安全。

后者主要源自跨境支付交易过程中可能遭遇的各类网络支付安全问题。境内消费者将面对个人隐私信息被窃取、账号被盗、银行卡被盗用、支付信息丢失等情况，这些都对跨境支付的系统安全提出了更高的要求。

二、跨境支付欺诈风险

跨境支付欺诈是跨境电子商务卖家最为头疼的一个问题，而因担心风险损失拒绝潜在客户的案例比比皆是，这不仅对跨境电子商务企业造成不小的损失，还严重影响了企业的发展和客户的体验。

在欧美主流的跨境电子商务消费市场，信用卡普及率非常之高，当地消费者也习惯于通过信用卡消费，所以跨境电子商务平台或者卖家通常都会接受国际卡组织 Visa、MasterCard 等发行的信用卡。而目前通行的互联网支付方式大致可以分为凭密支付和无密支付，凭密支付一般需要发卡行、收单行等多方验证及支持，授权的失败率比较高，尤其是在美国等传统习惯于无密支付的国家，授权失败率能高达 50%。为了降低授权失败率、提升用户的支付体验，大多数跨境电子商务企业倾向于无密支付，用户只需输入卡号、有效期以及 CVV2 即可完成支付流程。尽管这样提升了境外买家支付的成功率，却也给犯罪嫌疑人进行交易欺诈留下了空间。

与此同时，不同于境内支付交易，跨境支付交易过程中发生的大多数欺诈交易的追溯流程需要经历的路径也非常漫长、烦琐，往往需要 2 ~ 3 个月才能判定一笔交易是否属于欺诈交易，这实际上非常考验跨境支付过程中风险管理的有效性。此外，跨境支付交易的来源方往往遍布全球各地，跨境支付交易的风险管理还得承受全天 24 小时来自全球犯罪嫌疑人的攻击，这一系列的跨境支付欺诈风险都对跨境支付交易风险管理提出了巨大的挑战。

三、跨境交易资金风险

很多从事跨境电子商务的中小卖家由于自身资金实力不足，除了跨境支付交易过程中的安全性、支付成本、放款效率，资金的安全也一直是他们非常关心的一方面。然而，中小卖家并未完全吃透跨境电子商务平台的相关条款，更不了解国外的相关法律法规，经常因此吃亏。

比如，Wish 和 eBay 等跨境电子商务平台往往以维护买家的利益为主，当买家发起纠纷时多会为买家站台，而让卖家遭受损失，近几年发生的 eBay 和 Wish 的大规模纠纷事件就直接反映了中国的跨境电子商务卖家在面对纠纷时的不利局面。当发生知识产权纠纷或交易纠纷的时候，卖家的资金常被跨境电子商务平台迅速冻结，由于这些平台在中国没有合适的法律主体，中国卖家要向平台申诉还要远赴海外聘请当地律师。从中国中小卖家的角度出发，他们既没有时间和精力来承担相应的上诉流程，而且严格上讲这些账户被冻结的跨境电子商务卖家的知识产权确实存在瑕疵，这就成为中国的跨境电子商务发展的一大诟病。

此外，第三方支付方式在跨境电子商务支付与结算中的市场份额日益增大，也给跨境电子商务卖家的资金安全带来隐患。大多数支付平台都采用二次清算的模式，导致客户资金在第三方支付账户中的沉淀，随着用户数量的增加，这一沉淀的资金量十分巨大。第三方支付可以直接支配客户的交易资金，甚至具有越权调用资金的风险，一旦第三方携款潜逃，对交易双方将产生极大的损失。

知识点 2：信用卡拒付风险

对于跨境电子商务卖家而言，信用卡支付是他们需要提供的一项重要服务，但是不少跨境电子商务卖家都声称遭遇信用卡拒付的情况，有些卖家觉得有些不可思议，不懂得信用卡为何会拒付。事实上，导致信用卡拒付的原因有很多，这也是跨境电子商务交易中不可避免的一种风险。

一、信用卡拒付的概念和常见原因

信用卡拒付，是指持卡人在支付后一定期限内（一般为 180 天，某些支付机构可能规定更长的期限），可以向银行申请拒付账单上的某笔交易。拒付必须依照信用卡组织的规则在规定的时限内提出。接受信用卡付款的所有卖家都要承担遭遇拒付的风险。拒付是接受信用卡做国际贸易时一种不可避免的成本，许多卖家已将这种成本纳入其业务的风险模式之中。由于网络交易和面对面交易的差异性，无论跨境电子商务卖家使用哪个平台，此类风险都无法完全避免。

跨境电子商务交易中，买家提起信用卡拒付的原因主要包括未授权交易、未收到货、货不对版、恶意拒付或诈骗四种。

1. 未授权交易

未授权交易是指未获得真正持卡人授权的交易，如盗卡或信用卡被偷，导致持卡人拒付。

2. 未收到货

买家付完款之后长时间内没有收到货，如卖家没有发货或者货物被海关扣留或者被快递公司弄丢，导致持卡人拒付。

3. 货不对版

货不对版即买家收到的产品与卖家的产品描述不符合，导致持卡人拒付。

4. 恶意拒付或诈骗

恶意拒付或诈骗意即此笔消费是持卡人消费的，但是持卡人却拒绝为此笔交易付款。这种情况比较少见。

二、跨境电子商务平台中的信用卡拒付流程

下面，我们主要介绍亚马逊、速卖通和敦煌网平台上的信用卡拒付流程。

1. 亚马逊平台上的信用卡拒付流程

（1）亚马逊平台上的买家在平台上下订单付款后，向其信用卡的发卡银行提出撤单拒付的申请。

（2）信用卡发卡行直接或通过国际卡组织向亚马逊平台提出撤单拒付。

（3）亚马逊平台通知相关卖家。

（4）如果卖家接受撤单，则亚马逊退款给发卡行；如果卖家不同意撤单，则卖家必须在收到亚马逊撤单通知邮件的 11 天之内，向亚马逊提出撤单抗辩，并且必须向亚马逊平台提交下列资料：交易的状态、货物和服务的描述、持卡人已经收到货物或服务的证据。此外，如果卖家能够提供下列材料会有所帮助：订单的确认邮件、订单的有关费用、退款的情况、货物快递的跟踪号、货物的照片、货物的描述、卖家的退货退款政策以及与客户的沟通记录。

（5）亚马逊收到卖家提供的撤单抗辩后会审核文件，然后把相关资料提供给信用卡发卡行或信用卡公司。亚马逊会收费 20 美元作为代表卖家抗辩的费用。对于符合亚马逊付款保护政策的，即撤单退款类型是"非货物类型"，只要卖家配合亚马逊平台提供相关详细资料，亚马逊平台就不会要求卖家承担信用卡撤单拒付的责任，并且豁免 20 美元的代表卖家抗辩的费用。

（6）如果发卡行或信用卡公司通知需要提供进一步资料的话，亚马逊平台会联系卖家。

（7）发卡行或信用卡公司向国际信用卡组织提出仲裁要求，国际信用卡组织一般会在 100 天内做出最终的裁决。

（8）如果裁决是撤单拒付成立的话，亚马逊平台会从卖家账号内扣款，符合亚马逊付款保护政策的除外。

2. 速卖通平台上的信用卡拒付流程

（1）买家向信用卡公司提出拒付申请。

（2）买家的信用卡公司向速卖通或支付宝的商家银行通报拒付，并向速卖通或支付宝扣除相应资金。

（3）速卖通或支付宝暂时冻结被拒付的交易。

（4）速卖通或支付宝立即向卖家发出电子邮件，要求其提供附加信息，用于对拒付提出抗辩。

（5）速卖通或支付宝会判定拒付的承担方。假如卖家无责，则速卖通或支付宝会解除先前冻结的交易；假如卖家有责，速卖通或支付宝可按卖家要求提起抗辩并等待买家信用卡公司对抗辩的反馈。

综上，速卖通平台上的买家发起信用卡拒付的流程如图 8-1 所示。

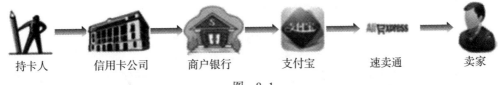

持卡人　　　信用卡公司　　　商户银行　　　支付宝　　　速卖通　　　卖家

图 8-1

与亚马逊平台类似，速卖通平台针对盗卡类和其他类的信用证撤单拒付，会结合订单详情审核交易情况，保留追偿的权利。对于货物类信用卡撤单拒付，由于其与卖家的发货时间以及产品、服务有直接关系，故货物类拒付风险由卖家承担。与亚马逊平台不同之处在于，如果拒付进入仲裁阶段，速卖通卖家需预先交付 450 美元到 500 美元不等的仲裁费，阿里巴巴才会代表卖家参与仲裁程序。而亚马逊平台则仅需要收取 20 美元作为代表卖家进行抗辩的费用。可以看出，亚马逊平台的这类收费比速卖通低廉很多。

3. 敦煌网平台上的信用卡拒付流程

（1）买家向发卡行提出质疑，发卡行核实后，向国际信用卡组织提出。

（2）国际信用卡组织转交投诉给收单银行。

（3）收单银行通知跨境电子商务平台，平台通知卖家。

（4）卖家接受或拒绝撤单退款。假如拒绝，卖家必须提供相应的证据。

（5）平台通过收单行，将卖家证据提交给国际信用卡组织，由国际信用卡组织转交发卡行。

（6）发卡行进行裁决 / 提交国际信用卡组织裁决。

可见，敦煌网平台的买家信用卡撤单退款的流程与亚马逊平台的信用卡拒付流程基本一致，具体如图 8-2 所示。

三、跨境电子商务卖家应对买家信用卡拒付的措施

作为跨境电子商务卖家，可以采取以下措施来预防或者应对买家信用卡拒付的风险。

1. 产品描述要与实物相符

卖家的产品描述应该详尽，产品描述选词要精确到位。产品图片要展示不同角度、展示放大的细节图等。同时，积极回答买家关于产品的任何疑问。当买家提起货不对版的信用卡拒付时，应该积极与买家沟通，分析是自身产品存在问题还是买家无理取闹。假如是自身产品存在问题，应该主动向买家道歉，在价格等方面给予买家补偿，请求对方不要再坚持拒付，以争取共赢。假如是买家无理取闹，卖家与之努力沟通之后仍然无法劝说买家取消拒付，就应该权衡进行抗辩的成本效益。如果卖家决定进行抗辩，那么应该及时向跨境电子商务平台提供能证明自己完全履行约定的证据以及平台要求的其他文件，请平台代表自身进行抗辩。

2. 积极响应买家的要求，与买家保持充分的站内信沟通

卖家一定要通过平台支持的沟通工具与买家进行充分的沟通，对买家的询盘能一一作

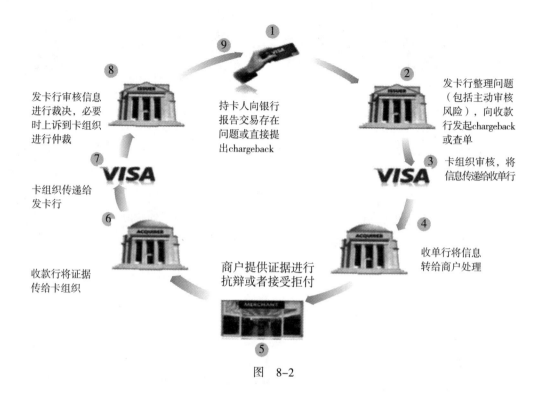

图 8-2

出迅速又专业的回复，让买家及时了解订单的状况，告知买家订单处理时间以及预计到货时间等。卖家还要提供有效的客户服务或联系方式，这样出现问题时买家可以联系到卖家，他可能就不会提出拒付。此外，卖家应该掌握尽可能多的买家信息，并保留沟通记录。

3. 迅速准确地发货，及时与买家更新物流信息

在备货期内，卖家应该尽快发出订单产品，减少虚假发货。如有问题确实不能发货，请务必提前跟买家进行沟通，避免买家升级成信用卡拒付。卖家需要将物品运送到"交易详情"页面上列出的买家地址，并保留可以在线跟踪的送货证明和签收证明。一旦发生发货延迟、物流导致货物延迟到达，要及时通知买家。

对于单价较高的货物，应该选择有物流跟踪信息、能提供买家签收记录的运输方式，以便日后发生纠纷时，提供买家签收货物的证据。并且，最好在发货前对货物进行拍照留底，以便纠纷时作为证据。

4. 设置合理的退货退款规则

卖家最好在跨境电子商务平台上清楚地展示正常的退货退款政策，这样买家可以通过正常的渠道来退货或退款。假如买家没有正常的渠道来退货或退款，一旦他选择通过信用卡撤单拒付的方式来退货或退款的话，卖家就会陷入极为不利的被动之中。

需要注意的是，某些法律和信用卡发卡方政策规定，买家对任何未发货或有缺陷的商品都有提出拒付的权利，即使卖家已事先说明所有交易都不得反悔且不允许退货。此外，请务必注明退货运费相关问题，避免因运费造成的拒付。

5. 加入跨境电子商务平台提供的拒付保障服务

例如，敦煌网于 2015 年 1 月推出了拒付保障服务方案，2017 年 5 月又对该方案进行了优化革新。拒付保障服务是敦煌网为了全方位保障卖家利益，针对跨境电子商务平台顽疾——信用卡拒付问题专门打造的一套全新解决方案。只要卖家加入拒付保障服务，订单无论发生何种原因的信用卡撤款，只要不是卖家责任，敦煌网都会给予卖家一定比例的补偿。

6. 建立反欺诈数据库

有条件的跨境电子商务卖家可以建立反欺诈数据库，把那些无理取闹、不诚信的恶意买家放在数据库里，杜绝今后与这类买家交易。将某些经常发生拒付案件的海外区域列为高风险区，谨慎交易或者不交易。

总之，跨境电子商务的路上，信用卡拒付时时有。卖家务必未雨绸缪，防患于未然。

学习任务 3 跨境电子商务知识产权侵权风险

任务目标

1. 了解知识产权的概念与跨境电子商务知识产权侵权类型。
2. 了解跨境电子商务知识产权侵权案件。
3. 掌握跨境电子商务知识产权保护的技巧。

建议学时

1 学时。

企业情景引入

跨境电子商务中，一直有一个"致命"的问题，那就是侵权。一旦涉嫌知识产权侵权，跨境电子商务卖家的店铺就会被封，在售的产品也会被禁售甚至被销毁，账号里的资金也会被跨境电子商务平台或 PayPal 冻结。除此之外，卖家还可能面临权利人提出的巨额赔偿，如 2017 年闹得沸沸扬扬的"指尖猴子"侵权事件。刚走上跨境电子商务正道的小陈可不想哪天遭遇这种困扰，因此，最近他参加了一个关于跨境电子商务知识产权保护的培训，希望学习相关的法律知识，在今后的业务中用法律维护自己的权利。

常言道，不怕店铺不出单，就怕收到 GBC 投诉函。GBC、EPS、Keith、SMG 这四大金刚律所一出手，跨境电子商务卖家便瑟瑟发抖。这句话说的是跨境电子商务卖家在店铺运营过程中所面临的侵权风险。跨境电子商务的一个典型特征是流行什么就卖什么，但其中往往蕴藏着极大的知识产权侵权风险。如果跨境电子商务卖家在售的产品有任何侵犯他人知识产权的行为，就很容易被权利人起诉，并可能因此面临巨额的索赔。所以，跨境电子商务卖家应该树立知识产权保护的意识，既不能侵犯他人的知识产权，也要维护自己的知识产权不受侵犯。

知识点 1：知识产权的概念与跨境电子商务知识产权侵权类型

"知识产权"一词是在 1967 年世界知识产权组织成立后出现的。英文为 intellectual property，其原意为"知识（财产）所有权"或者"智慧（财产）所有权"，也称为智力成果权。知识产权是指权利人对其智力劳动所创作的成果和经营活动中的标记、信誉所依法享有的专有权利，一般只在有限时间内有效。各种智力创造比如发明、外观设计、文学和艺术作品，以及在商业中使用的标志、名称、图像，都可被认为是某一个人或组织所拥有的知识产权。

目前，跨境电子商务中的知识产权侵权主要包括产品的商标侵权、专利侵权、版权侵权与图片展示中的盗图现象等。

一、商标侵权

关于商标侵权，最常发生在跟卖别的卖家的 Listing 时。当前亚马逊平台上大部分的卖家都注册了自己的商标，而如果在未经授权的情况下跟卖任何一个已注册商标下的 Listing，都是属于侵权行为。针对这种情况，为了账号的安全和长期稳定的运营，卖家应该尽量避免跟卖别人的产品。除了不跟卖别人的产品外，卖家在发布产品时，还要避免在自己的 Listing 中使用别人的商标，无论是标题、产品描述，还是关键词列表，都应该避免写入他人的商标。

二、专利侵权

专利主要分发明专利、外观专利和实用专利三种，要想识别一个产品是否具有专利，至少需要知道专利名、专利号和专利人三方面中的一个。如果知道专利人或者专利号，那自然知道该专利存在了。如果无法判定一个产品是否具有专利，也可以根据产品本身及产品特征，用关键词去专利网站上查询。

三、版权侵权

版权主要包括有版权的图片和图案，别人设计并做了版权备案的模板，别人的产品描述文案等，为了避免版权侵权，卖家在发布产品时要识别图片、图案的版权问题，同时，发布产品时，一定要避免直接复制别人的产品描述了事，表面上是省事了，却也等于给自己埋下了一颗不定时炸弹。

四、盗图

盗图主要发生在发布产品的图片为非自己拍摄的图片时，无论图片是供应商提供的，还是从其他电子商务平台上找到的，只要不是自己拍摄的，都有可能触及盗图问题。所以，跨境电子商务卖家所发布的任何一个产品，自己拍图才是最安全的。

知识点 2："指尖猴子"侵权事件与跨境电子商务卖家懂法律的重要性

一、"指尖猴子"事件始末

2017 年，备受追捧的"指尖猴子"流年不利，一夜之间销售此物的上千卖家遭遇封杀，他们收到了来自美国法院的临时禁令，PayPal、国际支付宝账号资金被冻结，品牌商追溯法律责任，对于正处于旺季备战关口的跨境卖家来说确实是一个噩耗。

雨果网曾做过"指尖猴子"的相关报道，并组建了"指尖猴子侵权咨询群"，短时间内引发了上百位卖家的咨询和关注，一位来自阿里巴巴国际站的卖家表示："因为线上销售的指尖猴子被告知外观专利侵权，目前我们的 PayPal 账号已经被冻结了。"一位亚马逊卖家表示："我们卖指尖猴子的货款大概在 10 000 美元，截至目前店铺账号已经被封了。"卖家账号冻结邮件通知如图 8-3 所示。

> We received a court order on October 17, 2017, affecting your access to your PayPal account due to possible infringement of intellectual properties of WowWee Fingerlings. Until further notice, your ability to send payments, receive payments, withdraw funds, or access the funds in your PayPal account has been limited.
> A judgment order may follow and require us to take further actions on the funds in your PayPal account. If you have any questions about this infringement action, it is important that you contact the plaintiff's representative outlined below to respond to this issue:
> Epstein Drangel LLP
> mail@ipcounselors.com.
> Court order details
> Court: U.S. District Court for the Southern District of New York
> Plaintiff: WowWee Fingerlings
> Court case number: WowWee Group Limited et al v Aaiwa Electronic Technology

图 8-3

此外，包括速卖通、eBay、Wish 等平台在内的卖家也向雨果网表示了他们主要的担忧。有亚马逊卖家反映称："我的亚马逊店铺昨天才刚刚上新了一款指尖猴子，请问这种情况下不下架的话是不是比较危险，会受到侵权的打压吗？"Wish 平台卖家称："目前，我们是还没有收到侵权通知，那还能在平台上售卖吗？"……针对以上卖家的疑惑，Wish 平台招商经理 Mandy 表示："针对 Wish 平台而言，除非官方品牌方的授权销售，否则其他售卖指尖猴子系列产品的卖家一致作为'仿品'处理，希望卖家予以重视。"而其他平台招商经理也同样表示了如上看法。对于已销售但如今已下架是否会影响汇款，亚马逊招商经理则表示要看对方是否能抓到之前的售卖证据，如果有的话不排除对方追诉。

涉事卖家发给亿恩网的邮件内容显示 PayPal 在 2017 年 10 月 17 日收到了来自法院的命令，指出该卖家所售卖的指尖猴子有可能侵犯了 WowWee Fingerlings 的知识产权。在此期间卖家的付款、收款、提款功能已经受到限制，158 位卖家已遭 WowWee 起诉。这些被投诉的卖家中，其产品的商标和名字等全部都和 WowWee 旗下的指尖猴子一模一样，因为指尖猴子的商标、版权、多款产品不同的颜色、产品包装都申请了版权。幸免于难的 1 000 多位卖家只被要求产品下架，主要是因为售卖了假冒伪劣产品或者是在产品描述中使用了"WowWee"一词，并未直接抄袭商标等知识产权，这类卖家的账户暂时不会被封，但也提醒这类卖家及时提款尽早下架，以避免遭受更大的影响。

二、跨境电子商务卖家懂法律的重要性

此前，指尖陀螺从火爆热销到被投诉、产品侵权、被海关扣押，甚至被亚马逊禁售仅仅是几个月时间内发生的事情，单纯拼低价却无法保证质量，最终造成价格大幅跳水，虽然前期并无侵权问题，但是随着其热销的趋势，部分卖家已经不满足于蝇头小利开始动脑筋抢注外观专利、包装专利，并向海关备案，因此造成很多卖家的货到达海关被查扣，大量堆积。虽说指尖陀螺的发明者因个人原因并未申请专利，使指尖陀螺成为社会共同财产，前期并未出现侵权方面的问题，但指尖猴子不一样，它是 WowWee 旗下的智能玩具，并且已经成功注册了发明专利，对于 WowWee 这样的大公司，必然不会轻易放过产品专利被侵的问题。

纵观这一系列的事件，跨境电子商务卖家必须思考的一个问题就是为什么一夜之间销售指尖猴子的卖家国际账号能全部被掌握。多位卖家证实自己确实遇到了伪装成买家的原告方，他们千方百计地套取到卖家的 PayPal 或者国际支付宝账号，然后到美国法院起诉。据涉事卖家讲，此次对方维权与历次维权的套路如出一辙，都是采取"钓鱼执法"的形式，虽然这种取证方式仍然值得商榷。

从这些侵权事件的最终结果来看，跨境电子商务卖家也应该懂得一些法律，至少要具备法律意识，懂得用法律维护自己的权利，别被别人利用法律的空隙要挟。为规避此类事件的再次发生，跨境电子商务卖家在店铺运营过程中至少需要做到以下四个方面。

（1）不要卖侵权的产品。选品前，先查询该产品的商标注册情况，国内可通过中国商标局，国际可通过世界知识产权组织等平台进行查询，做到心里有数，销售起来才能得心应手。

（2）注意"钓鱼执法"等问题，提高警惕，规避风险。部分不法分子会问及卖家是否销售某些侵权产品，利用卖家邮件等回复信息作为证据，以样品单、打款的形式骗取卖家的款项账户，最后索要赔偿。

（3）卖家在选取收款账户要谨慎小心，可适当选择第三方收款机构进行规避。

（4）在绑定的收款账户中，卖家尽可能在收到货款的第一时间进行提现，不要在收款账户内存留太多的流动资金，避免账户被冻结，造成巨大的经济损失。

知识点 3：跨境电子商务企业应对知识产权侵权的具体措施

意识到知识产权保护在跨境贸易中的重要性，跨境电子商务企业应该如何进行知识产权保护呢？

（1）跨境电子商务企业要正视知识产权的重要性，增强知识产权保护的意识。要多了解知识产权的规则，及时注册商标、专利、版权，把握主动权，在面对其他企业侵权的时候可以有效运用知识产权维护企业利益，申请过程中可以自己办理或者通过代理公司来办理。

（2）跨境电子商务企业应当积极了解产品销售地的知识产权保护政策和同行业商品的知识产权注册情况。切不可心存侥幸，若有必要，及时聘请律师进行尽职调查，对产品所使用的商标、装潢、宣传语、外观设计等进行检索、分析，以判断自己是否可能涉及侵权。

（3）跨境电子商务企业应当尽早对自己享有的知识产权进行海关备案。进行知识产权备案是海关采取主动保护措施的前提条件。备案可以对企图进行侵权的其他企业产生震慑作用，可以迫使已经在生产、销售侵权货物的企业停止侵权，还可以使非恶意侵权的企业避免"误打误撞"的侵权。

（4）对跨境电子商务企业来说，产品为王。只有注重产品的创新，打造自己的商标品牌，研发自己的专利设计，同时学会保护自己的知识产权，才能在跨境电子商务道路上走得长远。坚持合规，坚持创新，才能开创美好的跨境电子商务未来！

知识拓展 8.3

学习任务 4　跨境电子商务汇率风险

1. 熟悉影响跨境电子商务汇率风险的内外因素。

2. 熟悉跨境电子商务支付结算环节与物流配送环节的汇率风险。

3. 熟悉跨境电子商务汇率风险防范措施。

0.5 学时。

自从事跨境电子商务以来，小陈需要及时做出权衡的一件事就是何时将速卖通卖家账号中的资金从美元兑换成人民币，因为汇率合适与否对小陈意味着能否到手更多的钱。随着人民币对美元汇率跌幅再度扩大，离岸人民币对美元汇率也一同下跌，一度跌破7.19关口。而此前，人民币对美元汇率一直徘徊在7左右。这一跌势再次引起小陈的关注，因为提现1万美元相比之前可以多拿2 000元人民币啊！不过，除了关注汇率，小陈还得时刻留意订单的物流状态，因为物流延误或者包裹丢失等也会影响到他能否在最优的汇率期回款。

在传统的跨境贸易中，中国企业都是紧跟美元的稳定汇率前进，但随着汇率制度的改革，中国跨境电子商务企业将会遭到无法预测的汇率波动风险。简而言之，当汇率提升、人民币升值时，跨境出口会被抑制，而当汇率下跌、人民币贬值时，跨境出口则被刺激。

相比跨境支付和境外收款不到1%的服务费率，以及短期资产管理1%的收益，汇率波动能够大幅影响跨境电子商务企业的利润率。在影响跨境电子商务汇率风险的内外因素的综合作用下，跨境电子商务企业外汇风险的痛点正在发作。在世界新经济形势下，跨境电子商务企业应该及时准确地把握外汇风险，经受汇率波动带来的考验和影响，逐渐成长为世界经济发展中的一个强力引擎。

知识点1：影响跨境电子商务汇率风险的内外因素

一、跨境电子商务交易时效产生外汇风险

跨境电子商务完成交易过程的各阶段时效是影响外汇风险的重要因素。以跨境B2C收款为例，从用户下单到商家将货款结汇到国内账户，要经历四个阶段：①用户下单、商家发货到用户收货的物流时间，视不同国家和物流方式，需要3～15天。②用户收到产品后确认收货的时间，因用户操作习惯而异，平台自动确认收货通常为5～7天。③商家发起提款，

平台将货款划转到对应的收款账户，各个平台从国外买家确认收货到将货款划转到对应的收款账户期限不等，一般为 7～14 天。④商家通过收款服务商，从海外账户转到国内账户并完成结汇。不同平台受时效影响存在一定差异，如速卖通受全部四个阶段时效影响，而亚马逊、eBay 则不需要买家确认收货，因此不受第一、二阶段时效影响。

二、利润率下降放大汇率风险影响

我国是制造业大国，加工贸易是中国出口行业的主力之一。但受到国际经济下行、贸易保护主义抬头等外部因素及供给侧改革、劳动成本上升等内部因素的影响，劳动及资源密集型的加工贸易产业利润率不断下滑，仅有 2.1%～3.9%。同样地，上游供应端成本上升和全球市场需求增速放缓等因素也影响了一般贸易出口及跨境电子商务 B2B 出口，很多企业利润率通常不及 5%。跨境电子商务零售出口利润率水平普遍不低，但在充分竞争的市场，毛利是不断下行的。同时，由于国内电子商务流量成本激增，大量品牌开始瞄准国外市场，行业利润被摊薄。目前，我国跨境电子商务零售出口企业中利润率低于 10% 的超过三成，40% 以上企业利润率为 11%～25%。我国外贸出口各模式利润率情况如图 8-4 所示。

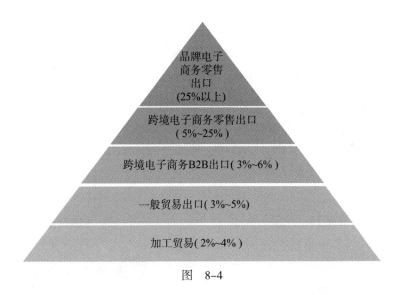

图　8-4

在利润率下行的背景下，外汇风险尤其明显。对于毛利率约 30% 的出口企业，10% 的汇率波动可能蒸发企业 40% 的毛利；而对于毛利率普遍低于 10% 的跨境电子商务 B2B 企业，即使是 1% 的人民币升值幅度，都有面临亏损的风险。

三、国际市场环境不稳定直接影响汇率

"一带一路"倡议之下的跨境电子商务新市场更容易面临汇率波动。自 2013 年俄罗斯跨境电子商务市场红利爆发以来，巴西、中东欧、东南亚、中东乃至非洲地区都成为跨境电子商务出口的热点市场。其中，俄罗斯和土耳其这两个单体市场规模过百亿的国家，都是汇率风险的重灾区。土耳其里拉在 2018 年 8 月经历了崩盘式暴跌，单日跌幅超 16%；

俄罗斯卢布则在 4 月和 8 月遭遇两次暴跌。如图 8-5 所示，2016 年 4 月至 2018 年 10 月土耳其里拉对人民币汇率走势经历了釜底抽薪式的暴跌。

图 8-5

四、跨境电子商务中小企业缺乏汇率风险规避手段

面对不断扩大的外汇风险管理需求，适合跨境电子商务企业的汇率风险管理产品却尚未应需而生。银行的外汇风险管理服务有门槛高、申请流程复杂、涉及文件繁多、受理周期较长的特点，审批结果有很强的不确定性，且银行以服务金融机构及大型企业的标准化产品为主，无法满足跨境电子商务企业的交易场景和碎片化需求。图 8-6 显示的是 2017年我国跨境电子商务出口卖家销售额情况。

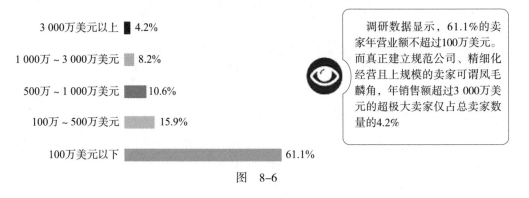

调研数据显示，61.1%的卖家年营业额不超过100万美元。而真正建立规范公司、精细化经营且上规模的卖家可谓凤毛麟角，年销售额超过3 000万美元的超极大卖家仅占总卖家数量的4.2%

图 8-6

第三方金融服务商主要集中在即期汇率风险管理，通过提供锁定汇率的方式以降低汇损。例如，空中云汇提供实时交易型外汇产品，锁定实时汇率。连连支付采用中国银行实时现汇买入价，提现界面锁定实时汇率 3 分钟。在此类服务模式下，需要用户自己判断汇率变动，在不具备专业知识的情况下，无法通过判断中短期汇率波动降低汇兑成本。

知识点 2：跨境电子商务交易环节中的汇率风险

一笔跨境电子交易一般包括交易、支付结算、物流配送等配套服务环节以及监管部门监管等。从接收订单到采购、发货再到支付资金的时间差，会不可避免地出现汇率变动，将给跨境电子商务企业带来汇兑的影响，中小企业更易面临价格竞争和汇率波动的双重压力，甚至可能在市场整合中被淘汰出局。通常，跨境电子商务汇率风险主要涉及支付结算环节的汇率风险和物流配送环节的汇率风险。

一、支付结算环节的汇率风险

目前，我国跨境电子商务的支付币种包括人民币结算和外汇结算，外币主要结算货币为美元、英镑、欧元等。跨境转账汇款渠道主要有第三方支付平台、商业银行和专业汇款公司，其中第三方支付平台是最受青睐的、占绝对主导地位的支付方式。

在第三方支付模式下，支付资金从消费者经第三方机构建立的专门的平台流向卖家。但是，第三方支付模式管理资金存在汇率风险。由于收到买方的确认货到通知后，第三方才会支付资金给卖方，其间的时间差无法避免，因此支付资金在第三方支付平台上会停留一段时间，成为沉淀资金，而沉淀资金一般会停留 2 ~ 3 周，在这段时间差中可能产生的汇率变动无疑会给跨境电子商务企业带来不小的风险。

二、物流配送环节的汇率风险

跨境电子商务物流经历了从本国发出地到本国物流、本国海关、国际物流、目的国、目的国物流，最后到达消费者的一系列流程，太多的中间环节大大增加了不可控因素。通常情况下，等买家签收商品后，货款才能转到卖家账户中。因此，跨境电子商务物流的漫长过程，无疑将给我国跨境电子商务企业带来汇率风险。

那么，汇率变动给跨境电子商务卖家带来的风险到底有多高？举个例子，假如买家采购一件产品时以汇率 6.6 的价格报关出口，而实际卖出后汇率将近 6.9，最终卖家的换汇收入以人民币结算，这期间就会赚取额外的"差价"。假设某卖家月销售额 1 000 万美元，这波汇率波动就可以产生 300 万元人民币的汇兑收益。但是，假如卖家为了赶在年底美国关税提高前，在汇率为 6.9 的水平出口了 1 000 万美元，最后在汇率为 6.7 的汇率水平销售产品以回款，这就产生了 200 万元人民币的汇兑损失。如果人民币继续升值，卖家的损失将会更大。可见，汇率的波动完全能使一家跨境电子商务企业一年的盈利消失殆尽，甚至变为亏损。因此，汇率风险管理与控制应当成为跨境电子商务卖家重点关注的一个问题。

知识点 3：跨境电子商务企业防范汇率风险的措施

一、构建外汇风险管理体系，选择适当外汇结算方式，改变外汇结算时间

在国际金融市场动荡的大环境下，跨境电子商务企业应密切关注国际经济的发展趋势，

及时把握金融市场动态，积极搭建外汇风险信息平台，建立系统的汇率风险评估预警机制和管理体系，及时进行风险信息的收集与处理，从而有效地规避外汇风险。同时，依托跨境电子商务平台或银行机构，建立汇率变动联动机制，实现外汇风险的转嫁，具体实现方式主要有远期外汇交易、外汇期货交易、外汇期权交易、套汇交易和掉期交易等。例如，某跨境电子商务出口企业预计 6 个月后将收到 10 万美元的货款，目前人民币升值预期较高，为消除外汇风险，该企业同银行签订卖出 6 个月的远期外汇合约，价格为 6.992 8，将 6 个月后价格锁定为 6.992 8，避免届时因人民币汇率上升引起的损失，从而规避了外汇风险。除此之外，选择适当的结算方式以及结算货币也可以降低汇率风险，因为在对外贸易中跨境电子商务企业使用本国货币计价结算不必承担汇率风险。改变外汇结算时间也能够防范外汇风险的发生，企业可以根据货币汇率变动的情况，更改或拖延货币收付日期。

二、选择人民币作为跨境支付结算币种

随着跨境人民币业务各项政策相继出台，跨境人民币业务规模不断扩大，人民币已成为中国第二大跨境支付货币、全球第四大支付货币、第二大贸易融资货币。人民币跨境支付系统（Cross-border Interbank Payment System，CIPS）是由中国人民银行组织开发的独立支付系统，旨在进一步整合现有人民币跨境支付结算渠道和资源，提高跨境清算效率，满足各主要时区的人民币业务发展需要，提高交易的安全性，构建公平的市场竞争环境。该系统于 2012 年 4 月 12 日开始建设，2015 年 10 月 8 日上午正式启动。有条件的跨境电子商务企业可逐步使用该系统，使用人民币交易，以降低汇率波动带来的风险。"一带一路"倡议的推进，同样给我国跨境电子商务带来红利，政府应积极同"一带一路"沿线国家和地区开展有关跨境电子商务的交易规则、支付条款设定等的交流，并促进以人民币作为主要的计价和交易币种的发展，推动人民币跨境支付系统及人民币在跨境电子商务交易中的广泛应用。

三、利用海外仓，提升物流配送效率

在学习项目 7 中我们讲过，跨境电子商务的发展与跨境物流发展息息相关，跨境物流体系的落后会制约跨境电子商务的发展。作为跨境电子商务物流的一大创新与未来趋势，海外仓实现了一次性的批量运输与批量报关，从而降低了物流成本，缩短了配送时间，极大地解决了跨境电子商务卖家的物流痛点。跨境电子商务物流企业可以建立当地账户，帮助跨境电子商务卖家存储收到的当地货款，然后选择适当的时机进行结汇，从而有效地规避汇率风险。当然，对于跨境电子商务中小企业来说，海外仓成本过高，可以使用第三方物流企业建立的公共海外仓，同样可以降低物流配送环节带来的汇率风险。

四、提高产品自身附加价值，增强产品国际竞争力

当前，跨境电子商务企业多以销售低价的产品为竞争手段，而产品质量与自身附加值才是企业竞争力的最佳载体。跨境电子商务企业应着力转变经营策略，通过提高商品质量、拓展中高端市场等方式增强在国际市场中的竞争能力。此外，通过实施品牌化战略，增加

高附加值商品，提高商品议价能力，进而转嫁汇率损失。最后，企业还可以通过多市场、多平台经营、多产业、多产品等方式分散汇率变动风险。当汇率小幅下跌时，出口跨境电子商务可以相应提高产品价格，由于产品具有高附加值，具备一定的竞争优势，价格的上浮并不会对产品销量产生较大影响，从而会保证产品利润率，避免汇率变动给企业经营带来的风险。

知识拓展 8.4

关键词

1. 物流风险　logistics risk
2. 物流纠纷　logistics dispute
3. 投递延误　delivery delay
4. 包裹丢失　packet loss
5. 海关扣关　customs detention
6. 支付风险　payment risk
7. 侵权　infringement
8. 汇率　exchange rate

学生练

一、填空题

1. 常见的跨境电子商务物流风险包括＿＿＿＿、＿＿＿＿和＿＿＿＿等。

2. 跨境电子商务支付风险包括＿＿＿＿、＿＿＿＿和＿＿＿＿等。

3. 信用卡拒付的常见原因包括＿＿＿＿、＿＿＿＿＿＿、＿＿＿＿和＿＿＿＿。

4. 跨境电子商务知识产权侵权主要包括产品的＿＿＿＿、＿＿＿＿、＿＿＿＿和＿＿＿＿等四种。

5. 跨境电子商务汇率风险主要涉及＿＿＿＿环节的汇率风险和＿＿＿＿环节的汇率风险。

二、选择题（可多选）

1. 跨境电子商务物流异常状况有（　　　　）。

A. 包裹上网速度慢　　　　　　　　　　B. 货物被海关扣押

C. 物流状态长期未更新　　　　　　　　D. 节假日物流延误

2. 为了防止买家通过 PayPal 恶意欺诈，跨境电子商务卖家应该（　　　　）。

A. 检查客户的 PayPal 地址及姓名是否与客户的收货地址及姓名一致

B. 了解通关事宜并保存发货凭证

C. 忌到款就提现，账面留余额　　　　　D. 金额较大的付款，让买家分开付款

3.影响跨境电子商务汇率风险的因素有（　　　　）。

A.跨境电子商务交易时效产生外汇风险

B.利润率下降放大汇率风险影响

C.国际市场环境不稳定直接影响汇率

D.跨境电子商务中小企业缺乏汇率风险规避手段

4.跨境电子商务企业可以通过（　　　）等方式分散汇率变动风险。

A.多市场　　　　　B.多国家　　　　　C.多产品　　　　　D.多平台经营

三、简答题

1.简要阐述跨境电子商务卖家所面临的各种风险。

2.跨境电子商务卖家如何处理买家提起的货物破损的物流纠纷？

3.跨境电子商务卖家如何应对买家信用卡拒付风险？

4.跨境电子商务企业应该如何应对知识产权侵权风险？

5.跨境电子商务卖家如何降低汇率风险？

四、思考分析题

1.请结合你所了解跨境电子商务支付风险知识，对你所在城市的跨境电子商务企业开展问卷调查，了解它们在支付结算环节所遭遇到的各种风险，并就此提出规避此类风险的建议。

2.很多跨境电子商务卖家在选品的时候往往会选择爆款热卖款，而热卖产品通常都有知识产权保护，贸然跟卖会导致侵权。有些卖家可能会问，我已经在国内注册过商标或者在国内申请过专利了，这种情况下从事跨境贸易会有侵权的风险吗？请关注近期的跨境电子商务侵权事件，并结合国内外相关的知识产权法律，谈谈你对该事件的思考，并提出你对跨境电子商务卖家保护知识产权的建议。

防范跨境电子商务风险考核评价表

序号	评价内容	得分 / 分			综合得分 / 分
		自评	组评	师评	
1	概念的掌握				
2	术语的掌握				
3	练习的准确率				
	合计				

注 综合得分 = 自评 ×30%+ 组评 ×30%+ 师评 ×40%。

学习项目 8　总结与评价

建议学时

1 学时。（总结本学习项目各任务的学习情况。）

总结与评价过程

一、汇报总结

序号	汇报人	值得学习的地方	有待改进的地方
1			
2			
3			
4			
5			
6			

二、综合评价

1. 专业能力评价

序号	项目名称	得分
1	学习任务 1	
2	学习任务 2	
3	学习任务 3	
4	学习任务 4	
综合得分		

注 综合得分为本学习项目中各学习任务得分的平均值。

2. 职业素养能力评价

序号	评价内容	评价标准	得分 / 分			综合得分 / 分
			自评	组评	师评	
1	平台的熟悉度	能否处理物流异常状况引起的物流纠纷				
		能否熟悉跨境电子商务支付风险				
2	流程的熟悉度	能否处理买家信用卡拒付纠纷				
		能否熟练应对知识产权侵权风险				

续表

序号	评价内容	评价标准	得分/分			综合得分/分
			自评	组评	师评	
3	交易内容理解	能否规避支付结算环节与物流配送环节中的汇率风险				
4	学习态度	是否主动完成任务要求中的内容				
		是否自主学习寻找方法解决疑惑				
综合得分						

3. 综合得分

学习项目 1 综合得分 = 专业能力评价得分 ×60%+ 职业素养能力评价得分 ×40%+ 创新素养能力评价得分。

注：创新素养能力指学生在学习过程中提出具有创新性、可行性的建议的能力；创新素养能力评价得分，满分 10 分（根据表现由老师评定），为加分项。

参考文献

[1] 李静，韩玉麒. 电子商务实务 [M]. 天津：天津大学出版社，2013.

[2] 徐桥秀. 网店经营实务 [M]. 北京：清华大学出版社，2016.

[3] 陈民利. 营销技能综合实训 [M]. 北京：中国人民大学出版社，2013.

[4] 张卫民. 电子商务基础 [M]. 北京：高等教育出版社，2013.

[5] 陈明. 电子商务实用教程 [M]. 北京：北京理工大学出版社，2016.

[6] 何传添. 国别电子商务概论 [M]. 北京：经济科学出版社，2015.

[7] 中国国际贸易学会商务专业考试培训办公室. 跨境电商操作实务 [M]. 北京：中国商务出版社，2015.

[8] 邓志超，崔慧勇，莫川川. 跨境电商基础与实务 [M]. 北京：人民邮电出版社，2017.

[9] 杨银辉. 网店运行实践 [M]. 北京：北京理工大学出版社，2012.

[10] 曲维玺，张莉. 中国企业跨境电商出口指南 [M]. 北京：中国商务出版社，2017.

[11] 柯丽敏，洪方仁. 跨境电商理论与实务 [M]. 北京：中国海关出版社，2016.

[12] 于立新. 跨境电子商务理论与实务 [M]. 北京：首都经济贸易大学出版社，2017.

[13] 白东蕊，岳云康. 电子商务概论 [M]. 2 版. 北京：人民邮电出版社，2013.

[14] 段平方，侯淑娟. 全球跨境电子商务规则综述 [J]. 电子商务，2019（6）.

[15] 董向温，朱振荣. 跨境电商的汇率风险与防范 [J]. 现代商贸工业，2017 (27).

[16] 网经社电子商务研究中心. 2019 年全球电子商务数据报告 [EB/OL].（2019–11–05）. http://www. 100ec.cn/zt/2019sjbg_world.

[17] 中国国际电子商务中心研究院. 2017 年世界电子商务报告 [EB/OL].（2018–04–12）. https://www. 100ec.cn/detail--6444577.html.

[18] 中国日本商会. 中国经济与日本企业 2019 年白皮书 [EB/OL].（2019–06–19）. http://www.168i.cn/ soft/show.asp?id=252917.

[19] Q & Me. Vietnam cosmetics market 2019[EB/OL].（2020–01–12）. https://oscartranads.com/wp-content/ uploads/2019/04/cosmetics–2019–v3–final–012819.pdf.

[20] World Trade Organazation. World trade report 2019[EB/OL].（2019–11–14）. https://www.wto.org/ english/res_e/booksp_e/00_wtr19_e.pdf.

[21] BIGCOMMERCE.B2B ecommerce 2018:transforming buying and selling[EB/OL]. （2018-03-28）. https://www.emarketer.com/content/b2b-ecommerce-2018.

[22] 日本貿易振興機構（ジェトロ）海外調査部. ジェトロ世界貿易投資報告 2017 年版 [EB/OL]. （2017-07-13）.https://www.jetro.go.jp/ext_images/_News/releases/2017/7aea93e5ad0dc1c8/2.pdf.

[23] 日本経済産業省，商務情報政策局，情報経済課. 平成 29 年度我が国におけるデータ駆動型社会に係る基盤整備報告書 [EB/OL]. （2019-02-01）. https://www.meti.go.jp/press/2018/04/20180425001/20180425001-2.pdf.

[24] 日本貿易振興機構（ジェトロ）. カナダの越境 EC/ ジェトロ特集 [EB/OL]. （2017-12-04）. https://www.jetro.go.jp/biz/areareports/special/2017/12/b525405a72e203b9.html.

[25] 搜狐网.【速卖通新手运营】跨境电商常见纠纷案例解析！ [EB/OL]. （2018-04-21）. https://www.sohu.com/a/229009593_421247.

[26] 无忧支付网. 第三方跨境支付体系及存在的风险 [EB/OL]. （2014-11-10）. http://www.wyzhifu.com/yjwendang/379.html.

[27] 网经社. 浅析：跨境电商外汇风险管理的需求及挑战 [EB/OL]. （2019-08-08）. https://www.100ec.cn/detail--6521959.html.

[28] 搜狐网. 从"指尖猴子"侵权事件来看跨境电商懂法律的必要性 [EB/OL]. （2017-10-31）. https://www.sohu.com/a/201395836_99934344.

[29] 雨果网. 跨境电商好还是传统物流好？跨境电商物流与传统物流的区别 [EB/OL]. （2020-03-02）. https://www.cifnews.com/article/61641.

[30] 肖运华. 营销 4 I 理论：网络营销 / 新媒体营销的一个核心指导原则 [EB/OL]. （2016-10-25）. http://www.xiaoyunhua.com/1027.html.

[31] 吴小华. 卖家必读：跨境电商行业最有效的 3 种定价策略 [EB/OL]. （2017-09-12）. https://www.cifnews.com/article/28760.

[32] 跨境电商必须知道的 7 个电子邮件营销技巧 [EB/OL]. （2017-03-28）. https://www.chinabrands.cn/dianshang/article-email-1282.html.

教师服务

感谢您选用清华大学出版社的教材！为了更好地服务教学，我们为授课教师提供本书的教学辅助资源，以及本学科重点教材信息。请您扫码获取。

≫ 教辅获取

本书教辅资源，授课教师扫码获取

≫ 样书赠送

电子商务类重点教材，教师扫码获取样书

 清华大学出版社

E-mail: tupfuwu@163.com
电话：010-83470332 / 83470142
地址：北京市海淀区双清路学研大厦 B 座 509

网址：http://www.tup.com.cn/
传真：8610-83470107
邮编：100084